KB122874

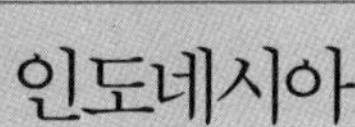

인도네시아

국경과 민족을 넘어 코스모폴리탄 사회로

동남아 한인 연구 총서 3

인도네시아

국경과 민족을 넘어 코스모폴리탄 사회로

엄은희 지음

눌민

머리말

필자는 박사 논문을 준비하기 위해 2006년 필리핀에 방문하기 시작한 이래로 15년 가까이 동남아시아 지역연구를 업業으로 삼고 있다. 한국의 동남아 연구자들은 대체로 박사학위 논문의 사례 국가와 연구주제를 중심으로 지역 혹은 국가적 전문성을 인정하는 분위기이다. 이는 현장연구를 중시하는 학계의 풍토 때문인데, 모름지기 동남아 연구자라면 현지 언어를 구사하고 장기간의 현장연구를 통해 해당 국가, 지역, 주제에 전문성을 쌓는 것을 기본 중의 기본으로 삼기 때문이다.

고백하면 필자의 바하사 인도네시아Bahasa Indonesia(인도네시아어) 실력은 여전히 신통치 못하고, 인도네시아 사회문제에 대한 종합적이거나 통찰력 있는 연구를 한국 사회에 내놓지도 못했다. 이런 상황에서 인도네시아 한인 이주사에 관한 단독 저서의 집필은 영광스러운 일이면서 동시에 오랜 기간 큰 부담으로 짊어지고 있었다.

필자가 처음 인도네시아에 발을 들인 계기는 인도네시아에 진출한 한국 기업을 연구하는 과제에 참여하면서부터이다. 사실상 선택했다기보다 주어진 과제였다. 필자의 배경학문인 지리학의 최대 장점은 부단한 줌인Zoom in-줌아웃Zoom out을 통해 규모 로컬에서 특정 국가를 넘어 지역적/글로벌 차원까지 다중 스케일적 접근multi-scalar approach이 가능하다는 점이다. 그래서 필리핀 국가 전문가를 넘어 환경과 수자원 관리를 중심으로 메콩 소지역 연구에도 참여한 경험이 있었고, 그 연장선에서 언어와 문화가 조금은 낯선 인도네시아를 연구하고 싶다는 기대를 품었다. 이것이 선뜻 인도네시아 연구에 입문하는 것을 받아들인 이유이다.

하지만 나름 비판적 입장에서 동남아의 환경문제를 연구하던 사람에게 '기업 연구'는 난감한 주제였다. 기업이란 조직 자체가 필자에게는 블랙박스를 해독하는 것처럼 난해했고, 동남아에서 가장 넓은 영토에 문화적으로 다양하면서도 낯선 인도네시아에 간다는 것 역시 진입장벽이 높게 여겨졌다. 개인적으로는 예정된 첫 번째 현지조사 직전 부친상喪을 치른 터라 감정적으로 복잡한 상태이기도 했다.

2013년 2월 인도네시아어 초급 강좌를 겨우 마친 상태로 첫 현지조사에 도전했다. 자주 가던 필리핀과 메콩 국가에 비해 2~3시간 비행시간이 길어진데다가, 대기 대순환의 기준선이 되는 위도 30도 선과 적도를 모두 거쳐야 하니 요란한 비행기 진동turbulence도 두 번 겪는다는 것을 알게 된 비행이었다. 자정 가까운 시간에 도착한 수카르노-하타 공항에서 도착비자를 받는 것도, 시내까지 이동할 택시를 잡는 것도 난감하고 피곤한 일들이었다.

자카르타는 사랑하기 힘든 도시다. '거대한 두리안Big Durian'과 같은 도시. 악명 높은 교통 체증으로 도시는 질식 직전의 상태이지만 계속 늘어가는 현대적 대중교통망 건설이 최근 몇 년 사이 상대적으로 속도를 높이고 있다. [...] 자카르타는 우선순위 관광 목적지는 아니지만 코타(구도시)의 분위기와 소수의 훌륭한 박물관, 화려한 쇼핑몰 등 충분히 흥미로운 곳들이 산재해 있다. 차이나타운의 풍미, 데카당스한 밤 풍경 같은 예상치 못한 장소도 곳곳에 숨어 있다. 보헤미안 카페, 라운지 바, 새벽까지 운영되는 클럽에서 미래의 지도자, 예술가, 사상가, 산책자, 유흥을 즐기는 이들을 발견할 수도 있을 것이다. 인도네시아의 속살을 만나고 싶다면, 인구 2,000만이 넘는 이 매머드 도시를 꼭 방문해보기를 바란다.

이 인용문은 세계 여행자의 성경으로 소문난 『론리 플래닛 인도네시아』Lonely Planet Indonesia(2009년 판)에서 자카르타를 소개하는 글로, 자카르타가 이방인에게 매우 불친절하지만 알면 사랑하게 된다는 점을 잘 설명해준다.

내 경우에도 마찬가지였다. 방문 연차가 쌓여 이제는 자카르타에 익숙하고 편안하게 자주 찾는 장소도 생겼지만, 상당 기간 자카르타는 이방인 방문자에게 그리 친절한 도시가 분명 아니었다. 일 년 중 3분의 1 정도를 동남아 현장을 누비는 지역 연구자의 경험적 관찰에서 볼 때, 2015년부터가 동남아 방문의 난이도가 극적으로 개선된 시점이 아닐까 싶다. 이즈음부터 중국산 염가 스마트폰이 동남아 전역에 보급되고 국가별 디지털화가 급속도로 진행된 덕분일 것이다.

도시뿐 아니라 처음 시도해보는 기업 연구도 여러모로 조심스러웠다. 사전 정보 없이 회사의 대표 메일로 방문과 인터뷰 요청을 보냈는데, 선뜻 연락을 받아주기는 했으나 경험해본 적 없는 회사 내부를 살피는 일은 결코 쉽지 않았다. 현지어가 아닌 한국어로 진행한 인터뷰였으나 업무 시간을 쪼개 인터뷰에 응하는 직장인과의 대화가 겉돈다는 느낌을 지우기는 어려웠다. 그래서 참여 관찰자로 회사에서 보내는 처음 며칠 동안 매일매일 신경을 곤두세운 채 버텨야만 했다. 그렇게 며칠을 보내던 중 40년 가까이 K사에 몸담아온 L 상무와의 대화 도중에 급하게 감정이 고조되어 상대도 나도 함께 울어버린 일이 있었다. 이국에서 보낸 세월 동안 가장 힘들었던 순간은 언제였냐는 질문을 던진 참이었다. 부모님이 돌아가셨을 때 시간 맞춰 들어가지 못한 기억을 떠올린 노신사는 내 앞에서 눈물을 훔치며 연신 말했다.

"내가 왜 이러지… 내가 왜 이러지…."

나 역시 얼마 전 여윈 아버지 생각에 울컥 감정이 치솟았고, 인터뷰는 잠시 중단되어야 했다. 아마도 그 순간이었을 것이다. 형식적인 인터뷰를 넘어서 인간적인 만남이 시작된 순간이.

'아~, 이 기업에 대해 내가 연구를 해도 되겠구나.'

그러면서 사람이 보이기 시작했다. 비로소 회사도 사람이 모인 것이고, 돈을 벌기 위해서지만 그 모든 게 사람이 하는 일이며, 회사 안에도 매일의 일상과 인생의 생로병사가 함께한다는 점을 헤아릴 수 있었다. 인터뷰를 어느 정도까지 하는 게 좋을지, 상대에 따라 대화의 선과 범위를 조율해볼 어느 정도의 '감'도 얻었다.

그 이후 나는 질문지를 두고 형식적인 문답을 주고받는 것을 넘어 이 기업과 기업의 사람, 인도네시아라는 나라가 진짜로 궁금해지기 시작했다.

첫 현지조사를 마칠 즈음 L 상무님이 말씀하셨다.

"엄 박사님, '자바에 발을 들인 자는 꼭 다시 자바로 돌아온다'는 자바 속담이 있어요. 다음번에 또 봅시다."

들을 때도 인상적이었던 그 말은 마치 주문처럼 내 연구 인생에 실제로 영향을 미쳤다. 그렇게 지난 10년, 기회가 있을 때마다 인도네시아를 자주 찾으며 새로운 관계망을 넓혀갈 수 있었다. 안타깝게 코로나19 팬데믹으로 인해 2년간은 온라인으로만 소식을 주고받을 수밖에 없었지만, 몇 년을 복기해봐도 동남아 11개 국가 중 인도네시아는 내가 가장 자주 방문하고 한국에서도 빼놓지 않고 소식을 챙겨보는 국가가 되었다.

현지 진출 한국 기업에 관한 연구 이후 필자는 관심을 가지고 인도네시아 사회와 경제 이슈를 계속 찾아볼 용기를 얻었고, '동남아의 한인 이주사와 한인 사회 특성'을 살피는 한국학중앙연구원의 공동 연구과제에도 참여하면서 장기간 인도네시아를 자주 방문해 다수의 한인에게 대화를 청하고 삶을 관찰하는 기회를 누렸다. 처음에는 한인 사회에서 굵직한 경제 성취를 얻은 분을 중심으로 만남을 이어갔다. 그렇지만 방문횟수가 늘어날수록 한인 사회의 여성 구성원과 지역에 거주하는 한인을 더 많이 만나기 위해 노력했다.

이런 만남은 인도네시아 한인 사회에 대한 필자의 이해도를 넓히고 풍부하게 만드는 데 큰 도움이 되었다. 재외한인의 삶에는 경제영역만으로 한정되지 않는 생활의 영역과 관계의 영역이 있고, 지역적으로도 수도 자카르타뿐 아니라 더 넓은 인도네시아 영토 곳곳에서 삶을 꾸려가는 한인이 존재함을 알았기 때문이다.

여전히 관찰자의 시점에 머물고 있지만, 한 국가에 만족하기보다 동남아 전체를 조감하거나 다른 동남아국가를 비교해본 필자의 눈에 인도네시아 한인 사회가 지닌 몇 가지 특징이 눈에 들어왔다.

먼저 인도네시아는 한인 이주의 역사가 상대적으로 길다. 동남아시아를 바라보는 우리의 시선에는 투자처와 관광 목적지라는 인상이 지배적이다. 인도네시아의 경우는 다수의 선행연구를 통해 1960년대 이후 한국의 해외투자에서 '1호'를 기록한 사례가 많고, 경제 측면에서 한국-인도네시아 관계가 돈독하다는 점이 어느 정도 알려진 사실이다.

그런데 이주와 교민 사회 발전의 관점에서 따져보면 인도네시아 한인 이주의 역사는 한 세기(100년)에 달한다. 이는 1940년대 강제징용과 징병의 역사보다 20년이 앞선다는 이야기인데, 바로 '장윤원'이란 인물 덕분이다. 3·1운동 직후 독립운동에도 관여한 것으로 알려진 그는 1920년 인도네시아에 도착했고 전쟁이 끝난 뒤 고국 귀환을 준비하던 조선인과 교류하며 그들을 지원하였다. 더 흥미로운 점은 그의 존재를 찾아내고 행적을 좇아 기록한 모든 과정이 훈련된 역사 연구자가 아니라 현지 교민의 노력에 의해 이루어졌다는 사실이다.

두 번째로 일제강점기 강제징용으로 이 땅에 왔던 이들 중 인도네시아의 독립혁명에 참여한 조선인이 있었다는 점이다. '양칠성'이라는 인물은 한국에서 TV 다큐멘터리도 여러 편 제작될 정도로 어느 정도 알려졌으나 그 외에도 아직 밝혀지지 않은 몇몇 사례가 더 있다.

사실 일제강점기 식민지 조선에서 태어나고 자라 포로 감시원으로 인도네시아 온 양칠성은 '유사 일본인'의 정체성으로 죽었을 가능성도 있다. 그런데 그의 이야기가 '자국의 독립을 위해 함께 싸워준 이방인 영웅'으로 인도네시아 역사의 맥락에서 비중 있게 조명받고 있다. 이 인물을 매개로 한국 교민과 인도네시아인은 몇 년 전 공동 세미나를 개최하기도 했다. 앞으로 이 움직임에 대해 좀 더 진지한 학술협력이 될 수 있다면, 개별 국가의 민족사를 넘어서 양국 교류사의 측면에서 공유된 새로운 역사 쓰기가 가능할 수도 있겠다는 기대를 필자는 가지고 있다.

또 다른 특징은 인도네시아 교민 사회에는 인도네시아 국적을 취득한 동포가 제법 된다는 점이다. 동남아국가는 대체로 공식 이민을 허용하지 않아서 대다수 한인은 한국 국적을 유지한 채 장기체류를 선택하는 편이다. 은퇴이민을 허용하는 일부 국가(대표적으로 필리핀)가 있지만, 투자자 입장에서 현지 국적을 취득하는 일이 다른 동남아국가와 다르게 상당하다는 점은 인도네시아 한인 사회를 차별화시킨다고 볼 수 있다. 초기에는 사업 편의를 위해 남성 사업가 사이에서만 암암리에 이루어졌는데 지금은 세대를 이어 인도네시아에서 영구 정착을 준비 중인 사례들로 종종 발견된다.

이러한 변화로 인해 현재의 한-인도네시아 관계 혹은 인도네시아 한인 사회의 활동이 투자 등 경제영역에 집중되어 논의되지만, 앞으로는 정치와 사회문화의 영역에서도 새롭게 등장한(할) 한국계 인도네시아인의 활약이 펼쳐질 가능성도 있으리라 기대된다.

네 번째로 인도네시아에는 초창기부터 가족 동반형 이주나 체류가 많았다는 점이다. 경제활동을 하는 남성 개인의 단신부임이 아니라 가족이 함께 온다는 점은 현지에서 국가와 경제뿐 아니라 사회문화 존재로서의 한국인 공동체의 발전 가능성을 높인다. 여성과 아이가 같이 하는 사회였던 덕분에 인도네시아에서는 한국 학교, 한인 마트, 여러 한인 종교 공동체가 비교적 이른 시기에 형성되었다.

이와 연동되어 인도네시아 교민 사회는 '바하사 인도네시아'를 생활에서 구사하는 역량과 경험이 오랜 기간 축적되어왔다. 이는 인도네시아어가 영어 알파벳을 사용하고 문법이 비교적 간단해 적어도 입문 과정이 어렵지 않다는 점에서 기인한다. 문법적으로 모자란 다소 단순화된 말이 남용되는 경향이 있으나, 교민의 절대다수가 인도네시아어를 일정 수준 이상 습득하여 일상이나 직장에서 직접 사용하는 모습은 동남아 여러 나라를 다녀본 필자에게는 매우 특징적으로 다가왔다. 이와 같은 언어 사용에서의 격차 해소는 한국인 이주자와 현지인 사이에 경제관계를 넘어 사회문화관계를 형성하고 상호 영향을 주고받을 가능성을 높일 긍정적 조건이라 여겨진다.

이주자들은 종종 차이를 드러내며 갈등 상황에 놓이기도 하지만, 장기체류자의 성격상 현지인과 현지 문화를 존중하는 태도를 어느 정도라도 갖추기 위해 노력하고 있다. 짧은 체류나 방문으로 끝나는 것이 아니라 오랜 기간 인도네시아 사회 안에서 일과 생활을 했고 앞으로도 상당 기간 그들과 살아가야 하기 때문이다. 이처럼 인도네시아로의 한인 이주사 그리고 이주자 특성은 투자를 포함한 경제협력만으로 환원되지 않는 복합적이며 풍부한 공동체의 특성과 자산을 만들어내고 있다고 필자는 믿는다.

장기간 인도네시아 각지를 누비며 다양한 교민을 만나고 대화를 나눌 수 있었던 것은 동남아 연구자로서 현재의 나에게 분명 큰 자산이 되었다. 지난 이야기 수집가를 자처하며 이국에서 살아가는 사람의 삶을 관찰하였다. 그들의 이야기를 통해 인도네시아에 대해, 그 안에서 외국인으로 살아가는 사람에 대한 필자의 이해는 깊어지고 특별한 몇몇 이야기는 이제 필자의 지식과 감정의 일부가 되기도 했을 것이다. 따라서 그들의 목소리를 이 책에 충분히 담지 못한 것은 개인 역량의 한계일 것이다. 더 나아가 고백하면 사실 반 년 전에 이미 출간되었어야 할 이 책이 필자의 게으름과 주저함 때문에 집필 마무리가 늦어졌다. 각각의 이야기를 모아 하나의 책을 만드는 부담이 너무 커서인지 과식 후 소화불량에 시달리는 사람이 되어 출판사의 편집자까지 곤란하게 만들어버렸다. 좋은 이야기에는 인과론과 숫자로 설명될 수 없는 '고유한 힘과 기쁨'이 있다고 하는데, 곁을 내어준 교민의 이야기를 다 담지 못한 부족함과 분명히 있을 법한 오류는 필자가 짊어져야 할 몫일 것이다.

여전히 손에서 떠나보내기엔 아쉬움이 크지만, 출간 기한이 정해진

터라 이제는 이 원고를 떠나보내려 한다. 늦어진 작업을 기한 내에 마치기 위해 각고의 노력을 해준 편집인과 출판사에 사과의 말과 특별하게 감사의 마음을 전한다.

마지막으로 코로나19 팬데믹을 버텨내고 새로운 시작을 준비하는 인도네시아 교민에게 감사와 응원의 마음을 전한다. 머지않아 면-대-면으로 다시 찾아뵙겠다는 약속의 말도 덧붙여본다.

2022. 7. 30.

엄은희 씀

차례

1장 인도네시아를 향한 한인의 발자취

2장 인도네시아 한인: 구성 집단별 목소리

서론

재외한인 연구와 인도네시아

1. 연구배경

지구상에 거주하기 시작한 이래 인류는 끊임없이 이동 혹은 이주를 해왔다. 인류사에서 인간의 역량에 비해 환경의 규정력이 더 컸던 시기가 훨씬 길었다. 이 동안에는 살기에 적합한 곳을 찾아 정주하려는 본능과 의지보다 더 많은 경우 기후변화와 같은 보다 긴 지구사적 변동에서부터 전쟁과 착취와 같은 구조적인 이주 압박이 있었을 것이다.

인간 역량이 환경의 제약조건을 비로소 극복한 것은 근대 이후이다. 근대 국가의 형성과 발전 과정을 거치며 다양한 사회경제·정치·역사 요인에 의해 이주의 규모와 이주자가 움직이는 목적지까지의 도달 거리가 꾸준히 확대되어왔다. 이동을 가능하게 한 정보와 인프라(이후 교통과 통신으로 불린 것들)와 같은 기술 부문의 혁신 덕분에 이동을 방해하던 제약이 완화된 때문이었다.

현대 세계의 시작이라 볼 수 있는 제2차 세계대전 이후에는 개인의 이주 자율성이 증가하면서 이주 양상이 과거와는 원인, 경로, 시점, 지속성 측면에서 크게 달라져왔다. 1990년 전후 동구권의 몰락과 냉전질서의 해체는 지구적 이주 현상에 새로운 영향을 미쳤다. 현대 사회의 진정한 지구화globalization가 진행될 조건이 마련되면서 극소수 지역을 제외하고 국경 개방이 이루어진 것이다. 국경을 넘나드는 인간의 이주, 자본·기술·정보의 회전이 역사상 가장 광범위하고 복잡하게 일어나는 시대를 오늘날 우리는 살아가고 있다.

현대 사회에서 국가를 넘나드는 이주는 일차적으로 경제 기회 획득과 삶의 질 향상을 위한 개인의 합리적 선택의 결과로 볼 수 있다. 하지만 이주를 단순히 경제 목적에 기반한 이주자의 자발적 의지와 필요의 결과만으로 해석하는 것은 곤란하다. 이주는 매우 사회적이고 어쩌면 구조적인 행위이자 현상이기 때문이다. 이주 실행에는 개인의 결단을 넘어 동원 가능한 사회 자본과 네트워크가 크게 영향을 미치며 낯선 목적지에 도착한 이후에는 유사한 처지의 이들과 특별한 공동체를 유지하기 위해 노력하는 경향을 보이기도 한다.

근대적 국민국가의 성립 이후 송출지와 목적지의 국가 이주 정책은 이주의 양상에 크게 영향을 미쳤다. 국가 정책은 대체로 어느 지역, 어느 국가, 어느 집단까지 허용하고 배제할지에 대한 결정 권한의 형태로 드러난다. 또한 이주는 단순히 이동의 문제가 아니라 이주 전과 후의 사회관계와 이주자 정체성에 변화를 가져오기도 한다. 이주자는 현지 토착민과 맺는 관계의 속성과 상호작용 방식에 따라서 적응 양상과 정체성의 변화를 경험하기도 한다.

정리해보면, 이주의 문제는 일국적 문제이면서 동시에 국가 간의 문제이고, 사회구조적 문제이자 개인의 욕망에 관한 문제이기도 하며, 계급의 문제이자 종족의 문제이기도 하다. 그것은 지구적인 노동시장의 재편과 관계된 시장의 문제이자 동시에 문화적 관용 혹은 배제의 문제가 될 수밖에 없다. 따라서 결과적으로 이주라는 행위와 이주 이후의 삶을 이해하기 위해서는 개인의 차원, 개인이 동원할 수 있는 네트워크의 차원, 개인의 시민권이 귀속되는 국가와 체류국 간 관계의 차원, 개인이 현지에서 맺은 다양한 사회관계의 차원을 복합적으로 살펴볼 필요가 있다.

2021년 기준 우리나라 재외동포의 규모는 약 732만 명으로 대한민국 인구의 7분의 1가량에 달한다. 10만 명 이상의 재외동포가 거주하는 국가는 미국(263만 명), 중국(235만 명), 일본(81.8만 명), 캐나다(23.7만), 우즈베키스탄(17만 명), 러시아(16.8만 명), 호주(15.8만 명), 베트남(15.6만 명), 카자흐스탄(10.9만 명) 순이다(외교부 재외동포 현황 2022).[1]

먼저 이 수치에는 2020년 이후 2년 가까이 극단적인 이동 감소에 영향을 미친 코로나19의 여파가 반영되어 있음을 전제해야 한다. 팬데믹으로 재외동포 중 국내 복귀를 선택한 이들이 많아지면서 재외동포의 수는 거의 모든 국가에서 상당히 줄어들었기 때문이다. 그러함에도 우리나라 재외동포는 특정 국가와 지역에 집중되어 있는데, 이 현상은 큰 틀에서 우리나라의 역사관계(식민과 냉전 포함)와 외교관계(동맹이나 우방)의 특성을 드러낸다. 그에 따라 재외한인의 이주 동기, 인구·사회경제 특성, 거주국에서의 사회적응 유형과 수준은

1 재외동포의 출입국과 법적 지위에 관한 법률(1999)에 따르면, '재외동포'는 한국 국적을 유지하는 재외국민(외국의 영주권을 취득한 자와 한국 국적을 보유하는 해외 체류자)과 외국 국적을 취득한 외국 국적 동포를 모두 포함한다. 이 책에서는 재외동포, 교민, 재외한인의 용어를 호환 가능한 개념으로 섞어서 사용한다. https://www.index.go.kr/potal/main/EachDtlPageDetail.do?idx_cd=1682

국가별 그리고 교민 집단별 특성에 따라 큰 차이가 있다.

대표적인 이주연구자 윤인진은 재외한인 이주사를 크게 구한말(1890~1910), 일제강점기(1910~1945), 광복 이후(1945~1962), 현대적 기획 이민(1962~현재)의 네 시기로 구분한다(윤인진 2013).

앞의 두 시기의 이주는 망국과 식민지화의 역사에서 비자발적 혹은 강제적 성격이 강했다. 한인(조선인)의 해외 이주에 대한 공식 기록은 1860년대 만주와 러시아(연해주)로 떠난 경제 유민에서 출발한다. 이후 1902~1903년 하와이의 사탕수수 농장과 1905년 멕시코 에네켄 농장으로의 농업 노동이주가 눈에 띄게 이루어졌다.

일제강점기 초기에는 일본 본토, 사할린, 연해주 등으로 강제이주, 망명이주, 노동이주 등이 이어졌다. 이 시기를 좀 더 세밀하게 구분하면, 1930년대를 기점으로 강제동원의 형태가 강화됨을 볼 수 있다. 1930년대 이후 일본의 중국 본토 점령이 본격화되고 곧이어 대동아공영권을 외치며 태평양과 동남아시아 지역을 새롭게 점령한 다음에는 선행 식민지였던 조선에서 새로운 일제의 점령지역으로의 강제동원이 광범위하게 이루어진 바 있다.

독립 이후 6.25전쟁의 상흔이 이어지는 동안에는 전쟁고아, 미군과 결혼한 여성, 혼혈아, 학생 등이 입양, 가족 재회, 유학 등의 목적으로 미국과 캐나다로 이주하였다. 또 '아메리칸 드림'이란 구호가 증명하듯 보다 나은 경제 성취를 목적으로 해외로 이주하는 흐름이 형성되었고, 목적지의 대부분은 서구와 북미의 '선진국들'이었다.

한인의 이주사에서 중요한 분기점은 1962년이다. 한국 정부가 최초의 이민정책을 수립한 시기인데, 보다 중요하게 투자와 무역 등의 경제 목적 달성을 위해 민간기업이나 개인의 자발적이거나 진취적인 이주 의지가 결합될 계기가 마련되었기 때문이다.

1960년대 말이 되자 개인 단위의 이주를 넘어서 한국 기업의 투자와 현지 법인 설립과 같은 기업형 해외 진출이 본격화되었다. 이때부터는 선진국 이외에도 개발도상국이나 신흥국(체제 전환국)에 소위 '주재원' 신분으로 파견되어 정해진 기간(한국의 경우 대체로 2~3년) 동안 짧고 굵게 현지와 관계를 맺는 체류자가 늘었다. 중동이나 동남아시아를 찾는 한인이 대체로 이런 범주에 속하는데, 이들은 현지 정착보다 경제 기회를 좇아 체류-이동-귀환-재방문이 반복되는 상업이주의 성격을 지녔다.

유출과 유입의 차원에서 구분해보면, 대체로 구한말~1988년까지 약 100년 동안에는 정치·역사 조건과 경제 기회를 찾아 해외로 나가는 한인 수가 많았던 반면, 1988년 이후 한국의 경제 성취가 국제 차원에서 인정받기 시작한 이래로는 이민자 및 자녀 세대의 역逆이민이나 아시아 개발도상국의 동포 2~4세가 소위 '코리안 드림'을 꿈꾸며 한국으로 입국하는 사례도 증가했다는 점이 특징적으로 관찰된다. 한국은 해외를 향한 이민과 이주자 송출을 하던 나라에서 역이민과 이주자 유입을 받는 나라가 된 셈이다. 앞으로 한국 사회는 한인이라는 단일민족의 신화를 넘어서 본적origin은 다양하나 다민족으로 구성된 다한민국多韓民國이 될 가능성이 높아질 것이다.

이 책이 주목하는 인도네시아의 사정은 어떨까? 결론부터 말하면, 인도네시아 재외한인의 역사는 일제강점기부터 현재까지 100년의 역사 경험을 바탕으로 한다. 사실 동남아 한인 사회는 중국, 일본, 북미 등 주요 지역과 비교할 때 상대적으로 형성의 역사가 짧고 유입국에 뿌리내리는 정착형보다 경제 목적을 가진 '상업적 이주자'로 분류되며 그동안 재외한인 연구에 있어 큰 주목을 받지 못해왔다.

동남아 한인 사회에 관한 선행연구는 제2차 세계대전 당시 일제에 의해 강제동원(군인, 군속, 군위안부 등)의 역사 그리고 1990년대 이후 우리 기업의 해외 진출에 동반된 투자형 이민과 정착으로 크게 대별되어왔다. 전자의 경우는 강제동원과 해외 독립운동의 차원에서 이루어졌고, 일제 패망 후 생존자 대다수가 고국으로 '귀환'을 택하면서 재외한인사보다는 식민지사의 특수한 사례로 서술되었다. 후자의 경우는 한-동남아 간 경제관계에 편중되어 있을 뿐 아니라 기업 관련자는 대체로 3년 내외의 일시적 해외 거주자sojourner라는 점에서 재외한인으로서의 정체성보다 경제 유목민으로서의 성격이 강조되어왔다. 2010년 이후에는 특징적으로 아시아·태평양 국가에 체류 중인 재외한인 수가 늘어났다는 점에 주목할 필요가 있다. 이는 2000년대 이후 사업, 취업, 방문, 유학, 혹은 장단기 여행 등의 목적으로 해외 방문의 수가 늘어난 것과 무관하지 않다.

한-동남아의 정치외교 관계는 제2차 세계대전 종식 후 신생 독립국 간의 국가 인증과 수교로 시작되었으며, 사회경제 관계 역시 1990년대 이후 한국의 세계화 전략과 경제성장에 따라 압축적으로 진전되어왔다. 그러나 대다수 동남아국가에서 한인 사회의 위상은 체류 규모 1~2위를 다투는 주요한 외국인 집단이다. 기타 지역과는 달리 1990년대 이후 동남아로 향하는 한인의 움직임은 지속적인 증가 추세에 있으며, 코로나19 직전인 2019년의 재외동포 통계에 있어서도 동남아 한인 수는 30만 명을 넘어섰다. 지난 5년간 문재인 정부의 신남방정책 이후 한국 사회에서 동남아에 대한 관심이 증대되었다.

그러함에도 인도네시아는 여전히 우리에게 낯선 국가이다. 모 국가기관의 공식 SNS에서 인도네시아와의 교류 협력을 홍보한다면서 인도네시아가 아닌 인도의 국기와 지도를 사용한 것이 겨우 4년 전의 일이다. 동남아시아에서 최근 한국 사회와 가장 관계가 밀접한 나라는 베트남이지만, 양국 간 역사와 국가 잠재력 측면에서 인도네시아는 결코 간과해서는 안 될 교류국이다. 인도네시아는 약 2억 7,000명에 달하는 세계 네 번째의 인구 대국이고, 국내총생산GDP 기준 동남아시아 지역 내 최대 시장이며, G20(주요 20개국)의 일원으로 지역 경제의 중심 국가이다. 무엇보다 인도네시아 한인 1세대로 불리는 원로들의 경우 이주의 역사가 반세기를 훨씬 넘어선다.

한국과 인도네시아는 1973년부터 대사급 공식 수교관계를 맺은 동남아시아의 주요 우방이다. 정치외교에서뿐 아니라 무역과 투자를 중심으로 한 경제에서도 양국은 상호보완적 관계를 형성해왔으며, 최근에는 이주(노동이주 포함), 관광, 결혼 등의 인적 교류의 차원도 심화 확대되면서 '서로가 서로의 일부(전제성 2013: 9)'가 되는 관계를 발전시켜왔다.

양국관계는 특히 경제 교류를 중심으로 발전해왔는데, 한국의 산업화가 본궤도에 오른 이후에는 인도네시아와 한국 사이에 유독 '최초', '1호'와 같은 수식어가 붙은 역사가 상당하다. 최초의 해외직접투자FDI기업인 한국남방개발KODECO(이후 코데코)의 원목개발 사업(1968), 해외 생산 플랜트 수출 1호인 미원(1973), 한국 최초 해외직접유전개발(1981) 등이 대표적이다. 이처럼 한국 사회가 산업과 대외투자에서 성장하는 데 있어 인도네시아와의 관계는 특정 시점에서 매우 중요한 기여가 되었다(전제성·유완또 2013).

굵직한 경제협력의 역사를 간략하게 소개하자면, 1960년대 이후 한-인도네시아 관계는 원목개발을 위한 최초의 해외직접투자 진출을 기점으로 주로 경제 차원에서 급진전하였다. 이에 힘입어 동포의 수는 1970년대 초 500여 명까지 증가하였다.

1980년대 말부터 섬유, 봉제, 신발 등 노동집약 산업의 글로벌생산네트워크Global Production Network, GPN가 재편되며, 부산(신발)과 대구(섬유)의 기업이 인도네시아를 비롯해 중국과 동남아로 생산기지를 다수 옮겨왔다. 이후 다양한 분야의 투자 증가, 무역과 건설 수주 확대에 힘입어 교민의 수는 계속 증가하였다.

1990년대에는 인도네시아 내수시장의 잠재력에 대한 기대로 전자, 금융, 보험, 운송, 화학, 자동차 등 다방면의 투자가 이루어지면서 한인 수는 1만 6,000명까지 확대되었고, 1990년 말 아시아 외환위기 이후에는 체류 외국인 규모 1위의 집단(최대 5만 명)으로까지 성장했다.

2000년대에 들어서는 인도네시아 정치가 안정되고 경제규모도 커지면서 소비유통이나 디지털산업을 포함한 전방위적 협력이 확대되는 중이다.

다른 동남아국가와 비교되는 인도네시아 한인 사회만이 가진 몇 가지 특징이 있다. 먼저 기록된 인도네시아 한인 이주사가 다른 국가에 비해 상대적으로 길다는 점이다. 2020년은 인도네시아 한인에게 매우 특별한 해로 기억된다. 코로나19의 여파가 전 세계를 강타한 해이기도 하지만, 인도네시아의 재외한인에게는 또 다른 의미를 지닌 연도로 더 오래 기억되리라 여겨진다.

그 이유는 교민 사회 스스로의 노력으로 이주사 100주년을 기념하여 『인도네시아 한인 100년사: 한인과 한인 기업의 성공 진출사』를 출간하였기 때문이다. 어떻게 100주년이 가능할까? 현지 교민은 100주년의 출발점을 1921년 당시 네덜란드 식민지였던 바타비아(현 자카르타)에 첫발을 내디딘 장윤원이란 인물로 보기 때문이다.

다른 동남아국가의 경우 한인 이주사 혹은 최초의 한인에 관한 기록은 태풍에 휘말린 난파선원(예: 필리핀의 문순득)이나 일제강점기의 인삼 상인, 1940년 태평양전쟁 이후 징용과 징병, 1990년대 탈냉전과 수교 이후의 투자이민에서 출발하는 편이다. 하지만 인도네시아 교민에 의해 발굴된 장윤원은 1919년 3·1운동이나 상해 임시정부의 독립운동에 관여한 것으로 알려졌고 작고 후 인도네시아 땅에 묻혔다. 그런 점에서 인도네시아 한인은 그를 인도네시아 한인이란 '상상의 민족 공동체'의 뿌리로 자랑스럽게 내세운다.

또 다른 특징은 인도네시아 교민 사회에는 인도네시아 국적을 취득한 동포가 제법 된다는 점이다. 사실 동남아국가가 대체로 공식 이민을 허용하지 않아서 동남아 각국의 한인은 한국 국적을 유지한 채 장기체류를 선택하는 편이다. 은퇴이민을 받는 일부 국가(대표적으로 필리핀)가 있지만, 투자자 입장에서 현지의 국적을 취득하는 일이 다른 동남아국가와 다르게 상당하다는 점은 인도네시아 한인 사회를 차별화시키는 큰 특징으로 볼 수 있다.

세 번째로 인도네시아에는 초창기부터 가족 동반형 이주나 체류가 많았다는 점이다. 경제활동을 하는 남성 개인의 단신부임이 아니라 가족이 함께 온다는 점은 현지에서 국가와 경제뿐 아니라 사회문화 존재로서의 한국인 공동체의 발전 가능성을 높인다. 여성과 아이가 함께하는 사회였던 덕분에 인도네시아에서는 한국 학교, 한인 마트, 여러 한인 종교 공동체가 비교적 이른 시기에 형성되었다.

또 하나는 교민 사이에 인도네시아 국어인 '바하사 인도네시아'를 생활에서 구사하는 역량과 경험이 오랜 기간 축적되어왔다는 것이다. 이는 인도네시아어가 영어 알파벳을 사용하고 문법이 비교적 간단해 적어도 입문 과정이 어렵지 않다는 점에서 기인한다.

생활에서의 '바하사 뇨냐Bahasa Nonya(사모님의 말)'나 공장에서 '바하사 파브릭Bahasa Pabrik(공장 말)'처럼 문법적으로 결여되고 단순화된 언어가 남용되는 경향도 있지만, 교민의 대다수가 인도네시아어를 어느 정도 습득하여 일상이나 직장에서 직접 사용하는 모습은 동남아 여러 나라를 다녀본 필자에게는 특징적으로 다가왔다. 이와 같은 언어 사용에서의 격차 해소는 한국인 이주자와 현지인 사이에 경제관계를 넘어 사회문화관계를 형성하고 상호 영향을 주고받을 가능성을 높일 조건이라고 여겨진다.

현지에서 장기체류하는 한인들은 국가나 기업 간 정치경제 교류 못지않게, 생활영역에서 현지인을 상대해야 한다. 이 과정에서 양국 국민은 민족성이나 국가 특성으로 환원되지 않는 개인과 공동체의 진솔한 단면을 관찰하고 드러내며 상호 간에 문화 차이를 확인하고 동시에 문화에 대한 스스로의 해석을 바탕으로 방어 혹은 적응하기 위해 노력한다. 이주자는 종종 차이를 드러내며 갈등 상황에 놓이기도 하지만, 장기체류자의 성격상 현지인과 현지 문화를 존중하는 태도를 어느 정도라도 갖추기 위해 노력하고 있다. 짧은 체류나 방문으로 끝나는 것이 아니라 오랜 기간 인도네시아 사회 안에서 일하고 생활했고 앞으로도 상당 기간 그들과 살아가야 하기 때문이다.

앞서 기술한 네 가지 인도네시아 교민 사회의 차별성이 인도네시아로의 한인 이주사 그리고 이주자 특성이 투자와 경제협력만으로 환원되지 않는 복합적이며 풍부한 특성과 자산을 만들어내고 있다고 필자는 관찰하였다.

이 책은 재외한인 연구에서 그동안 크게 주목받지 못했던 동남아시아 지역으로의 한인 이주사와 현지의 한인 사회에 대한 체계적인 정리를 목적으로 하며, 대상은 동남아시아에서 인구, 자원, 정치외교 측면에서 맹주로 부상 중인 인도네시아 한인 사회이다. 인도네시아의 한인 사회가 어떻게 형성되었고, 발전 및 분화되었는지를 역사 측면에서 살펴보고 구성원의 목소리를 통해 한인 사회의 복합 특성을 드러내려 한다. 본문의 구성은 다음과 같다.

먼저 1장에서는 이주와 정착의 배경이 된 인도네시아, 한국-인도네시아, 혹은 더 넓게 국제 경기의 변화와 연동한 해석을 제공할 것이다. 이를 위해 이주의 배경이 된 한국-인도네시아 관계의 형성과 변화 과정을 먼저 간략하게 설명한다. 장기 혹은 영구 이주는 이주 송출국과 유입국 양국 간의 외교 및 경제 교류의 틀 안에서 결정되지만, 이주 목적국에서 외국인 이주자의 일상적 삶은 목적국의 정치경제·사회적 조건에 의존한다. 한국과 인도네시아 간 정치경제·외교 교류와 협력은 1960년대 말 이후 꾸준히 발전해왔는데, 인도네시아의 어떠한 사회 변화가 한국인들의 이주 배경이 되었는지를 알아본다.

이어지는 2장에서는 인도네시아로 향한 한인의 발자취를 시대순으로 살핀다. 한인의 인도네시아 진출의 서장이라 할 수 있는 일제강점기에서 1950년대까지의 인도네시아 한인의 궤적을 먼저 보고 다음으로 본격적인 투자이민의 시대(1960~1990년대) 그리고 금융위기 와중에 오히려 교민 수가 증가한 배경을 다룬다. 이어서 2000년대 이후 중층적으로 분화하는 교민사를 알아본다.

3장에서는 대면 인터뷰와 한인 사회의 다양한 매체, 언론 등을 통해 공개된 인도네시아 한인의 목소리를 소개하고 일부 재구성함으로써 그들의 정착 생활상 나아가 미래 전망까지를 드러내고자 하였다.

마지막으로 맺음말에서는 오랜 기간 관찰한 인도네시아 한인 사회의 특성을 정리하고 양국의 연결고리로서 재외동포의 역할에 대한 기대와 제언으로 마무리할 것이다.

2. 한인 정착 배경으로서의 인도네시아 이해하기

1) 지리 특성

인도네시아는 1만 8,108개의 섬(유인도는 약 6,000개)으로 이루어져 있다. 참고로 인도네시아라는 지명은 1850년대 영국의 인류학자 제임스 로건James Richardson Logan이 처음 사용하였는데, 의미는 그리스어로 인도인, 인도양, 혹은 말레이를 포괄하는 'indos'와 섬의 복수형인 'nesos'에서 유래했다고 전해진다.

이 나라는 2개의 거대한 해양인 인도양과 태평양 사이, 그리고 아시아와 호주 대륙 사이에 위치해 교통의 요지를 차지하고 있다. 이러한 지정학적 위치로 인해 사회경제·정치문화의 제 측면에서 교류와 협력의 역사에 자주 중요하게 등장했다.

약 190만 제곱킬로미터에 달하는 방대한 인도네시아 영토는 남북 방향보다 동서 방향으로 길게 펼쳐진다. 최서단인 반다 아체의 사방섬에서 최동단인 파푸아 머라우케까지 길이가 5,100킬로미터에 달한다. 동서로 긴 영토 특성상 3개의 시간대로 나누어지는데, 수도를 포함한 서부자바는 한국보다 2시간이 늦고, 동쪽의 파푸아섬은 한국과 동일 시간대에 속한다.

인도네시아는 동아시아의 최남단이자 적도를 따라 길게 늘어져 있어 연중 여름 날씨라는 의미로 '상하常夏의 나라'라 불린다. 남미의 아마존, 아프리카의 콩고와 더불어 세계 3대 열대우림을 가진 국가로 기후변화가 심화되는 미래에는 국제 위상과 협력의 필요성이 더욱 커질 가능성이 높다. 칼리만탄을 제외한 대부분 섬이 조산대에 위치해 화산, 지진, 쓰나미의 영향을 많이 받는데, 전국적으로 400여 개의 화산(활화산만 100여 개)이 존재하며, 수도가 있는 자바섬에도 15개 이상의 활화산이 동서 방향으로 도열해 있다.

수도인 자카르타의 연평균 기온은 27도, 연평균 습도는 72~87퍼센트로 연중 고온 습윤하다. 몬순의 영향을 받아 우기와 건기가 나뉘는데, 적도 남단에 위치하기에 북반부에 자리한 우리나라와 다르게 계절성 강우가 11~4월에 집중된다. 특히 우리나라에서는 겨울의 절정인 음력설 즈음 수도 자카르타에 홍수가 자주 발생해서, 음력설 홍수를 뜻하는 '임렉 반지르Imlek Banjir'라는 용어를 그즈음 현지 뉴스에서 자주 볼 수 있다.

인도네시아의 주요 섬은 수도 자카르타가 있는 자바섬, 유럽 및

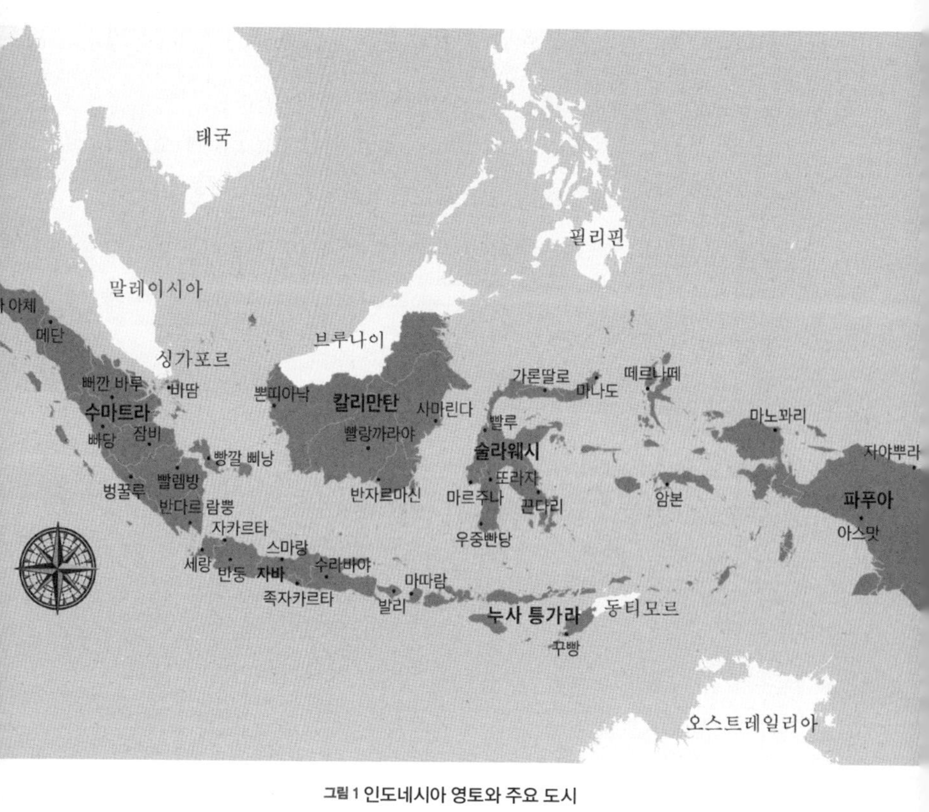

그림 1 인도네시아 영토와 주요 도시

이슬람 문화가 처음 유입된 서쪽의 수마트라섬, 안정지괴로 산림과 플랜테이션, 광물(석탄) 등의 자원보고인 칼리만탄섬, 다양한 해양 문화와 각종 향신료의 원산지로 오랜 기간 이슬람 상인과 유럽인의 관심을 끌었던 술라웨시섬과 몰루쿠제도, 그리고 세계에서 두 번째로 큰 파푸아섬(영어명은 뉴기니)[2] 등이 대표적이다.

인도네시아는 우리나라만큼이나 수도권의 인구집중도와 경제력 편중이 심각하다. 정치, 행정, 문화의 중심지이자 수도가 있는 자바섬에 인구의 약 55퍼센트에 해당하는 1억 4,700만 명이 살며, 그중에서도 도시화율이 높은 자카르타광역수도권Jakarta Metropolitan Area에만 3,000만 명 이상의 인구가 집중되어 있다.

그래서 자바섬은 정치경제, 행정, 사회문화(특히 종교) 측면에서 영토의 중핵으로서의 지위를 지니며, 다른 섬은 외방도서Outer Island로 구분하기도 한다. 인도네시아는 영토 내에 원유, 천연가스, 석탄, 주석, 니켈, 보크사이드, 금, 은, 구리 등 수많은 지하자원과 목재 등의 천연자원이 풍부한데 이러한 자원은 주로 외방도서에 분포한다. 군도국가로 육지 영토뿐 아니라 약 580만 제곱킬로미터에 달하는 광대한 영해嶺海도 보유해 수산자원의 잠재력도 높고 해상무역이나 해군력도 강한 편이다.

---

2 파푸아섬은 아시아와 호주대륙 사이에 위치한다. 제국주의 유산으로 섬은 남북 방향의 국경선을 따라 동서로 나뉘는데, 섬의 서부가 인도네시아 영토이다. 매우 인위적이지만 인도네시아령 파푸아는 아시아, 섬의 동부를 차지한 독립국가 파푸아뉴기니(Papua New Guinea, PNG)는 태평양 국가에 속한다. 파푸아주의 선주민과 PNG의 인종 차이는 없다.

현 조코위 2기 정부의 핵심 공약 중 하나가 자카르타에서 동東칼리만탄으로 수도를 이전하려는 것인데, 이는 자카르타의 난개발과 고질적인 홍수 문제 때문이기도 하지만 그보다는 자바 이외의 섬을 개발함으로써 국토의 균형발전을 추진하기 위한 노력으로 이해해볼 수 있다.

인도네시아 인구는 2022년 기준 약 2억 7,400만 명으로 세계 4위의 인구 대국이다. 합계출산율(여성 1인이 가임기간인 15~49세에 낳을 것으로 기대되는 평균 출생아 수)은 1.X명대까지 점점 낮아지고 있지만 2050년에는 인구가 3억 명까지 증가할 것으로 전망된다. 기후는 대체로 열대우림대에 속하지만, 개별 섬의 지형·기후 요인에 따라 자연환경상의 특징은 다양하다. 흥미롭게 최고봉인 파푸아주의 뿐짝자야Pucak Jaya(4,884미터)에는 산악빙하도 존재하는데, 안타깝게 기후변화로 인해 2025년 사라질 것으로 전망된다(연합뉴스 2022.03.27.).[3]

인구의 사회문화 특성은 개별 섬의 자연환경 및 외부세계와의 접촉과 교류의 역사에 따라 매우 다양한데 약 300여 종족이 고유언어와 관습체계를 유지하고 있어 '종족의 전시장'이라 할 만하다.

현대사에서 한국과 인도네시아 간의 정치경제 교류가 매우 빈번했음에도 한국인에게 인도네시아는 여전히 낯선 국가이다. 필자

---

3 "인니 최고봉 열대 빙하, 기후변화로 2025년 사라진다." https://www.yna.co.kr/view/AKR20220327025200104

는 그 이유가 이슬람이란 종교 때문일 것이라 짐작한다. 인도네시아는 세계에서 가장 많은 무슬림 인구를 보유한 이슬람 중심의 국가이다. 총인구의 87퍼센트인 약 2억 4,000명 정도가 이슬람교를 믿기 때문에 서아시아 문화권의 어느 국가보다 무슬림 국민의 규모가 크다. 이슬람은 인도네시아 사회와 문화를 설명하는 가장 중요한 키워드로, 국가의 사회문화 전반에 이슬람의 색채가 강하게 드리워진다. 생활뿐 아니라 비즈니스 영역에서도 이슬람의 관습과 종교원리가 크게 영향을 미친다.

인도네시아 이슬람은 당연히 서아시아에서 유래한 외래 종교로, 8세기 이후 이슬람 상인에 의해 전파되어 14세기부터 이 땅에 존재했던 주요 왕국이 국교로 채택하면서 자리 잡았다. 중동 국가나 이웃의 말레이시아와 달리 인도네시아는 최대 무슬림 국가이자 주요 종교이지만 국교國教는 아니다. 독립운동과 국가 건설의 시기를 거치면서 다종족·다언어·다종교 집단이 단일 국가로 출범하기 위해 이슬람 외에도 유일신을 믿는 종교(개신교, 로마 가톨릭, 힌두교, 불교, 유교)가 법적으로 허용받는 국가원칙을 세웠기 때문이다.

이처럼 국토가 크고 다양한 종족이 하나의 나라로 살아가기 위한 조건은 무엇일까? 먼저 다행스럽게도 인도네시아는 독립 당시 네덜란드 식민세력이 통치하던 지역을 고스란히 넘겨받을 수 있었다. 또 독립운동기를 거치면서 다양성을 인정하면서도 하나의 국가로 살아가기 위해 단일한 국어로 습득이 용이하고 대내외 상업활동에서 널리 활용되던 '인도네시아어'를 채택하는 등 종족 간의 융합과 단결을 위한 노력을 기울였다. 더불어 인도네시아인은 국가 이념인 '빤짜실라Pancasila'를 통해 통일한 독립국가의 정체성을 만들어왔다. 빤짜실라는 1945년 초대 대통령인 수카르노가 제시한 국가의 통치이념으로 해석하면 '5대 원칙'을 의미한다.

① 유일신에 대한 믿음

② 정의롭고 인간적인 인류애

③ 하나의 인도네시아

④ 합의와 대표원리 내에서 지혜롭고 슬기롭게 지도되는 민주주의

⑤ 민중을 위한 사회정의 실현

인도네시아에서는 관공서 기관장실뿐 아니라 민간회사의 대표실을 방문하더라도 벽면에 인도네시아 국장國章인 가루다 형상과 대통령-부통령의 사진이 걸린 모습을 볼 수 있다. 가루다는 힌두 신화에 나오는 비슈누 신이 타고 다니는 상상 속의 새神鳥이다. 가루다 형상이 두 발로 잡은 휘장에는 '비네카 퉁갈 이카BHINEKA TUNGAL IKA'라는 인도네시아어가 쓰여 있다. 뜻은 '다양성 속의 통합Unity in Diversity'이다. 광대한 영토에서 다종족이 함께 어우러져 하나의 국가를 이루겠다는 국가 운영 원리가 사회 곳곳에서 강조됨을 엿볼 수 있다.[4]

4 가루다 형상에는 그 밖에도 두 가지 의미가 숨어 있다. 가슴에 새겨진 5개의 그림인 별, 사슬, 나무, 물소, 벼이삭은 각각 신앙 존엄성, 인간 존엄성, 통합된 인도네시아, 대의제 민주주의, 사회정의를 상징하며, 목, 날개, 꼬리 부분의 깃털 수로 인도네시아 독립기념일인 1945년 8월 17일을 드러내고 있다.

그림 2 힌두 신화에 나오는 비슈누 신의 탈것인 상상 속의 새 가루다가 있는 인도네시아 국장

2) 역사 개관

현대 인도네시아의 간략 역사를 주로 한국인(조선인)과의 접촉을 중심으로 살펴보자. 다만 선행적인 이해를 위해 대항해시대를 거치며 유럽의 제국주의자와 접촉하고 네덜란드에 의해 340여 년간 이어졌던 식민지 역사에 대해 먼저 알아본다. 이 시기 동안 한국과 인도네시아 간 교류는 없었지만, 식민시기를 거치면서 현 인도네시아 국토가 확정되었을 뿐 아니라 오늘날 인도네시아의 사회경제·정치 문화에 유럽 식민의 영향이 남아 있기에 이 나라의 역사와 사회를 이해하는 데 도움이 되기 때문이다.

(1) 고대왕조에서 식민시대까지: 국토 확정

7세기 이전까지 현재의 인도네시아 영토 내에서 다양한 고대왕조가 수립되고 쇠퇴하였다. 주요 왕조사를 간략히 정리하면, 644년에 성립된 힌두교 왕조인 믈라유 왕국이 수마트라 남부 지역을 지배하였으며, 689년에 성립된 불교 왕조인 스리위자야 왕국은 수마트라, 자바, 말레이반도를 지배하였다. 1292년에 성립된 힌두교 왕조인 마자파힛 왕국은 현재와 유사한 인도네시아 대부분의 영토, 말레이반도, 필리핀 남부에 걸친 거대한 해상 제국을 형성하였다.

이상의 인도네시아 힌두 및 불교 왕조는 대체로 향신료와 귀금속을 찾아온 인도계 무역 상인이나 신앙을 마음 깊이 품은 모험가와 교류했다. 바다 건너 동남아시아 여러 지역을 넘나들던 인도인은 힌두교 및 불교의 사상과 관습을 인도네시아에 전파했다. 현재 인도네시아 내 힌두교 전통은 발리섬에만 독특하고 집약적으로 존재하는 것 같지만, 힌두교 원리는 체계화된 종교보다 일종의 생활 규범이나 민속 안에 여전히 내재하여 있다. 힌두 신화 속 상상의 새 가루다가 인도네시아 국장으로 유지되는 것이 대표적인 예이다. 힌두 및 불교 왕국은 현재 인도네시아를 대표하는 문화유산인 보로부두르 불교 사원과 프람바난 힌두 사원을 남겼다.

15세기에 이르러 힌두 문화가 쇠퇴하고 신흥 세력인 이슬람 왕조가 주요하게 부상하였다. 해상무역을 통해 전쟁 없이 교류가 시작되었기 때문에 현재 영토의 서쪽 지역에 해당하는 수마트라, 자바, 칼리만탄 해안 지역에 말라카, 반튼, 마타람과 같은 술탄이 지배하는 여러 이슬람 왕국이 수립되었다. 이슬람 왕조는 자바섬을 중심으로 큰 세력을 이루었는데, 자바 동부와 중부의 마타람 왕국(1582~1755)[5]과 자바 서부의 반튼 왕국(1568~1813)이 대표적이다.

마타람 왕국은 말기에 잦은 왕위계승 전쟁과 내부 반란을 제압하기 위해 네덜란드의 도움을 받을 수밖에 없었다. 이 때문에 네덜란드 동인도회사에 수많은 상업 특혜를 제공했고 종국에는 네덜란드 식민지로 전락했다. 내륙 농업국인 마타람과 달리 반튼 왕국은 교역을 중시하는 해양 국가였다. 하지만 네덜란드 동인도회사가 바타비아(현 자카르타)를 점령한 뒤 세력이 크게 약해졌고 결국 보호국

5 참고로 마타람 왕국은 8~10세기 번성했던 힌두 왕국 마타람과 이름은 같지만, 연결성은 찾아보기 어렵다.

의 지위로 전락하였다.

동남아 지역에 도착한 유럽인은 시간순으로 보면 포르투갈, 스페인, 네덜란드, 영국인들이다. 이들을 이 지역으로 끌어들인 근본 원인은 몰루쿠제도의 풍부한 향신료spices였다. 인도네시아가 원산지인 향신료 중 특히 육두구nutmeg와 정향clove은 단순한 요리 부재료로서의 가치를 넘어선다. 중세 유럽에서는 이 향신료가 피부반점이나 성병으로 생긴 모든 병을 치료한다고 믿었기에 일찍부터 중요한 세계상품이 되었다.

토착 상인과 이슬람 상인(인도인 포함)이 오랫동안 향신료 무역을 독점하면서 이 작물의 원산지가 어디인지는 상인만의 비밀에 부쳐졌다. 하지만 대항해시대가 열리면서 원산지인 인도네시아의 몰루쿠제도로 향하는 무역로는 유럽 제국의 각축장이 되었다.

말레이-인도네시아 향신료 무역로를 장악한 최초의 유럽인은 포르투갈 출신이었다. 이들은 1511년 말레이반도 서부해안의 무역도시 말라카를 점령하며 향신료 무역권의 지배권을 얻었다. 하지만 곧이어 네덜란드 상인이 유럽과 아시아를 잇는 최대의 무역 세력으로 부상함에 따라 이 지역의 지배권은 네덜란드로 넘어갔다.

인도네시아를 지배한 네덜란드 세력은 정치 왕조가 아닌 동인도회사Vereenigde Oost-Indische Compagnie, VOC라는 상인 집단이다. 사실 동인도회사는 유럽 열강이 17~19세기에 걸쳐 동양의 국가들—인도, 동남아, 중국, 일본 등—과 교역하기 위해 설립한 유럽계 무역회사의 총칭으로, 유럽인이 현재의 카리브해에 붙인 서인도의 대칭으로 볼 수 있다(양승윤 2012). 1600년 영국 동인도회사East Indie Company가 최초로 설립되었으며, 네덜란드 동인도회사는 두 번째로 1602년에 세워졌다. 프랑스와 덴마크 등도 동인도회사를 설립한 바 있지만, 동서 교역에서 가장 중요한 궤적을 남긴 것은 영국과 네덜란드의 동인도회사이다.

각국의 동인도회사는 모두 향신료 무역에서 우위를 점하기 위해 경쟁적으로 아시아 무역로 개발과 점령에 뛰어들었다. 최초의 교역 상품은 후추, 정향, 육두구 등의 향신료로 인도와 인도네시아가 원산지인 중요 상품들이다. 이후 동인도회사의 주요 교역품은 면직물 및 면직물의 원재료인 면화와 염색제 인디고 등으로 확대되었으며, 최종적으로는 커피, 차, 설탕, 고무 등 4대 열대작물의 대규모 플랜테이션을 개발함으로써 아시아 식민지배와 해상교역으로 큰 이윤을 남겼다.

네덜란드인은 네덜란드 동인도회사를 설립하고 향신료 무역에 뛰어든 후 3년 만에 포르투갈이 점령 중인 암본섬을 탈취(1605)함으로써 향신료 시장에서 우위를 점했다. 보다 안정적인 교역환경을 마련하기 위해 1619년 자바의 무역기지인 순다 끌라빠항을 점령하고 식민도시 바타비아를 건설하였다. 이 거점을 중심으로 주요 자원 산지가 위치한 외방도서 곳곳에 무역기지를 만들었다.

네덜란드 동인도회사는 18세기 자바섬 전역에 대한 지배력을 확립하였고, 19세기부터는 설탕과 커피 플랜테이션을 개발하여 대량생산 체제에 들어갔는데, 당시 네덜란드령 자바섬의 설탕과 커피의 비중은 세계 공급량의 4분의 3을 차지할 정도로 엄청났다. 네덜란드는 자바를 열대 원예 작물의 보고로 만들어 유럽 시장을 공략하고자 했기에 식민정부를 통해 주곡 이외에 지역별로 지정된 열대 원예 작물의 의무 경작을 강제하는 단일 작물 경작제도를 도입했다. 이를 통해 자바섬 열대우림의 개간이 급속하게 진행되었다. 환금작물의 재배를 위해 주곡 생산이 희생되면서 자바의 농촌에서는 기근 사태가 발생하기도 했으나 자바 산産 열대작물의 세계 교역을 독점한 네덜란드는 최대 경제호황을 맞이하였다.

19세기 재정 위기에 처했던 네덜란드 왕국이 인도네시아(자바)의 열대작물 교역에 힘입어 경제호황을 누렸으며, 이에 네덜란드는 20세기 유럽의 중심국가로 성장할 수 있었다. 네덜란드는 처음에는 동인도회사를 앞세워 경제 지배에만 치중하였으나, 19세기 이후부터 직접통치 체계를 갖추어가며 정치와 사회문화 측면의 영향력도 확대하였다. 네덜란드 식민지배는 인도네시아의 현재 국경선을 확정하는 결과를 낳았다. 1920년대 동남아 지역은 오늘날과 거의 유사한 국경 형태를 갖추었다. 네덜란드령 동인도 영토는 독립 이후 그대로 인도네시아 영토로 이어졌다.

식민세력의 입장에서 이 시기는 평화로운 성장의 시대로 기억되겠지만, 다른 한편으로 1900년대 초부터 동남아 지역 곳곳에서는 외세의 통치에서 벗어나 독립을 획득하려는 움직임이 조용히 시작되었다. 독립과 새로운 근대 국가 건설을 지향했던 근대 정치운동이 이 시기부터 출발한 것 역시 중요하게 기억할 필요가 있다. 이슬람 세력의 사회문화 운동이 1908년부터 시작되었으나 곧 문화를 넘어서 독립과 자치를 요구하는 정치적 색채가 가미되어갔다.

인도네시아에서 독립을 추구하는 분명한 움직임은 1920년대 이후에 나타났다. 국민교육과 청년운동을 모색하는 초기의 독립운동가들이 출현했고, 이들은 새로운 국가 건설을 위해 정치에도 노력을 기울였다. 초대 대통령인 수카르노가 국가 지도자로 부상한 것도 이 시기인데, 사회문화 측면에서 다양한 다수의 섬 간의 조화와 통합에 대한 요구를 담아내는 국가 비전이 필요했고 결국 '다양성 속의 통합'이라는 인도네시아의 국가 운영 원리를 만들어냈다.

(2) 일제의 태평양전쟁과 조선인 강제이주

일제는 중일전쟁(1937~1945) 이전까지 '동아東亞'란 이름하에 일본 본토, 조선반도, 중국(만주), 대만 등을 '내부적 중핵'으로 먼저 영역화했다. 이후 태평양전쟁(1941~1945) 동안 정치군사 남진정책을 본격화면서 '대동아the Greater East Asia'라는 수식어를 붙여 제국의 범위를 태평양 서부(동경 170도)까지 확대하였다. 기존의 본토와 동북아의 식민지 이외에 프랑스령 인도차이나·태국·말레이시아·보르네오·네덜란드령 동인도 등을 제국의 권역으로 포괄하며 이를 전쟁을 통해 실현코자 하였다.

일본은 1931년 만주사변을 통해 한반도 북쪽의 만주와 화북 지역에 대한 직접통치를 시도하였고, 이후 1937년 중일전쟁을 선포하며 중국 전역에 대한 지배력을 높이고자 하였다. 하지만 승리를 자신했던 중일전쟁이 예상과는 달리 교착상태에 빠져들면서 후발 제국 일본의 국제 고립(경제·정치외교)이 심화되었다. 이에 일본 내각과 대본영은 남진정책을 추진함으로써 중일전쟁의 위기를 해소하고 동남아시아의 자원 확보를 통해 경제 기회를 포착하겠다고 호시탐탐 노려왔다. 일제의 남진정책은 1940년 9월 북부 베트남 점령과 1941년 남부 베트남 침입으로 구체화되기 시작하였다.

연합군, 특히 태평양과 동남아시아 지역에 대한 이해관계가 높았던 세 국가(영국, 미국, 네덜란드)는 일본의 베트남 침략을 기점으로 일본으로의 석유 금수禁輸 및 대일 자산동결이란 강경책을 썼다. 당시 일본은 공업화 및 군수에 필요한 석유 대부분을 수입에 의존했는데, 필요분의 55퍼센트는 미국으로부터 25퍼센트는 네덜란드령 동인도, 즉 인도네시아에서 들여왔다(김문환 2013).

석유 부족 문제를 해결해야 하는 일본은 위기를 또 다른 위기로, 전쟁을 또 다른 전쟁으로 해소하겠다는 무모한 계획에 따라 확전을 선택하였다. 일본은 1941년 12월 영국령 말레이시아(육군)와 미국의 하와이(해군)를 각각 기습 공격하였다. 태평양전쟁은 이렇게 시작되었다(김정현 1994; 서정익 2005).

이후 일본은 동남아시아 전역에 대한 침략과 점령을 본격화하였다. 인도네시아(자바)로 향하는 2개의 해상로인 필리핀 라인과 말레이시아-싱가포르 라인을 차지하고 1942년 2월 싱가포르와 수마트라, 3월에는 바타비아를 포함하는 자바섬을 점령하였는데, 속전속결로 밀어붙이는 일본군에 의해 자바섬 전체가 함락되는 데는 겨우 9일밖에 걸리지 않았다.

당시 동남아 각국을 식민지배하던 영국, 프랑스, 네덜란드는 1940년 히틀러가 이끄는 독일군의 침략을 받으면서 동남아 식민지 관리에 쏟을 여력을 상실했다. 이로써 동남아시아에서는 힘의 공백이 생겼고, 일제는 이를 기회로 삼아 동남아시아에 대한 무력침공과 점령을 진행한 것이다. 당시 네덜란드군은 1942년 3월 동부자바의 칼리자티라는 소도시에서 일본군에 조건 없는 항복을 선언함으로써 350여 년 동안 식민통치해왔던 인도네시아의 지배력을 상실했다.

일제의 '대동아공영권'은 궁극적으로 인도네시아를 점령함으로써 완성되었다. 다시 말해, 인도네시아 함락은 그들이 구상한 대동아공영권의 영역 경계를 확립하는 순간이었다. 일제의 대동아공영권에서 현 인도네시아 영토의 중요성은 적지 않다. 이 지역에는 군국주의 일본이 필요로 하는 핵심 자원이 다수 분포했다. 대표적으로 수마트라섬 팔렘방과 보르네오 발릭파판 그리고 동부자바의 마두라 유전이 일차 목표가 되었으며, 그 밖에 인도네시아 전역에 풍부하게 매장된 석탄, 주석, 니켈 등의 지하자원과 네덜란드 세력이 수마트라와 자바에 이식한 고무 플랜테이션의 확보도 주요 목표였다. 그중에서도 팔렘방은 동남아시아에서 유일하게 항공유 생산이 가능한 정유소를 갖췄기에 가장 중요한 점령 목표지로 설정되었다.

김문환에 따르면, 일제가 영국과 미국을 상대로 전쟁을 벌이며 태평양전쟁으로의 확전을 벌인 핵심동기는 석유 확보로 볼 수 있다. 인도네시아는 일본의 대동아공영권 내에서도 석유 자원이 가장 풍부할 뿐 아니라 양질의 석유를 얻을 수 있는 지역으로 이곳에 대한 점령은 전쟁과 대동아공영권 실현의 마지막 목표였다. 하지만 1944년 이후 전세는 다시 연합국 측으로 급하게 기울기 시작했으며, 일본의 인도네시아 점령은 3년 6개월의 짧은 시간 안에 종료되었다.[6]

한인 이주사의 관점에서 이 시기에 주목해야 하는 이유는, 이때 인도네시아인과 조선인 사이의 역사적 조우encounter가 발생했기 때문이다. 인도네시아에 한인이 대규모로 등장한 때는 제2차 세계대전 시기로 일본이 아시아-태평양 전선에 군인, 군속, 간호사, 징용자, 그리고 종군위안부로 조선인을 동원하면서 시작됐다. 단일 규모 최대 기록은 일본 군속으로 동원된 1,400명 조선인 포로 감시원이 1942년 9월 14일 바타비아의 탄중프리옥 항구에 도착한 것이다.

이 시기 인도네시아에 비자발적으로 간 이들 중 현지에서 전쟁으로 사망한 이들의 수는 압도적이다. 예를 들어 태평양전쟁 당시 인도네시아로 강제동원된 조선인(한민족) 중 현지에서 2,237명이 사망한 것으로 알려졌는데, 상당수가 몰루쿠제도의 암본 비행장 건설에 동원되었다 폭격으로 사망한 것이다. 암본에서 가까운 자바

6 일본은 표면적으로는 '동남아 해방'과 '공동의 번영'을 내세웠기 때문에 인도네시아 민족주의자와 독립세력(특히 이슬람 조직)을 지원하고 이들을 통해 대중 지원을 획득하려 했으며, 이 과정에서 인도네시아 내 민족주의와 독립운동의 열기가 확대되는 의도하지 않은 결과로 이어지기도 했다(양승윤 1997).

섬의 수라바야에는 이들을 기리는 기념비가 세워져 있다.[7] 살아남은 이들은 대부분 1~3년의 시차를 두고 조선으로 귀환하였다.

독특한 조건에서 현지인과 조선인의 만남 혹은 조선인의 비자발적 이주의 경험은 이렇게 역사에서 단절되는 것으로 보였다. 그런데 이 짧은 시기, 역사 격랑기에 한국의 해외 독립운동사 및 인도네시아 독립혁명기에 의미 있는 궤적을 남긴 이들이 있었다.

포로 감시원으로 동원된 한인 중 일부는 중부자바에서 고려독립청년당이라는 단체를 결성하고 조선 독립운동의 결의를 보였으며 반란(일명 암바라와 의거)을 일으키고 탈출을 기도하기도 했다. 또 일본 군속 포로 감시원 출신으로 양칠성(인도네시아 이름은 꼬마루딘 Komarudin)이라는 인물은 전후 재점령을 선언한 네덜란드 식민세력에 맞선 인도네시아 독립군의 일원으로 전투에 참전한 독특한 이력이 있다. 그는 이러한 공로를 인정받아 가룻 지방정부로부터 독립영웅의 칭호를 부여받았다.

이처럼 일제의 남진정책을 통해 새롭게 식민지로 편입된 동남아시아 지역 곳곳에 반半자발적 혹은 강제동원된 조선인의 흔적이 새겨져 있다. 그러나 안타깝게도 일제강점기 인도네시아 땅에 도착한 대부분 한인(조선인)의 삶의 궤적은 여전히 역사 공백 속에 남아

7 2010년 5월 인도네시아 수라바야시에 '한국-인도네시아 평화공원'과 '평화기원의 탑'이 건설되었다. 이는 일제강점기 시대 동남아로 강제동원된 조선인(군인, 군속, 노무자, 포로 감시원, 위안부 등) 희생자를 기리기 위한 시설로, 한국 정부가 건설비를 지원하고 인도네시아 수라바야시에서 부지를 제공했다. 한국-인도네시아의 일본 지배에 대한 공동의 역사 인식을 확인하고 한국-인도네시아 우호관계 증진을 목적으로 한다(한인뉴스 2010.05.: 11).

있다. 더 많은 국내의 연구자들이 한반도의 영역적 한계를 벗어나 이들의 행적을 뒤쫓고 그 의미를 새로운 역사-지리적 맥락 안에서 해석할 수 있기를 기대해본다.

(3) 수카르노 시대: 국가 승인과 남북한 외교 경쟁

일제가 패망한 1945년 8월 17일 인도네시아 수카르노 대통령은 인도네시아공화국의 독립을 선포했다. 하지만 네덜란드의 인도네시아 재점령 결정에 따라 4년간의 독립혁명이 이어졌다. 앞서 언급한 양칠성이 활약한 시점도 이 시기이다.

한국과 인도네시아 간의 교류 역사를 추적하던 중 필자는 독립 직후 한국 지식인의 흥미로운 인도네시아 인식의 한 단면을 발견하였다. 다음 시는 우리에게는 〈목마와 숙녀〉, 〈세월이 가면〉으로 잘 알려진 시인 박인환(1926~1956)이 1948년 2월 『신천지』라는 잡지에 발표한 것이다. 박인환은 낭만주의 계열의 도회적 시인이지만, 이 시가 증명하듯 당시 동아시아의 국제질서에 대해서도 상당한 고급 정보를 갖춘 지식인이었다.

네덜란드에 대항해 독립투쟁을 펼치던 인도네시아 민족혁명에 대한 깊은 이해와 존경, 나아가 공감과 연대의 정서가 녹아 있는 이 시에서 박인환은 '동양'과 '약소민족' 대 '구미歐美'와 '제국주의'를 대립시킨다. 나아가 한국과 인도네시아를 식민지에서 독립한 같은 위치에 놓으며, 인도네시아인이 식민통치 이후 누리는 독립의 기쁨에 축하의 메시지를 보낸다.

인도네시아 인민人民에게 주는 시詩

동양의 오-케스트라
가메란[8]의 반주악伴奏樂이 들려온다
오 약소민족
우리와 같은 식민지의 인도네시아

삼백 년 동안 너의 자원資源은
구미 자본주의 국가에 빼앗기고
반면 비참한 희생을 받지 않으면
구라파歐羅巴의 반이나 되는 넓은 땅에서
살 수 없게 되었다
그러는 사이 가메란은 미칠 듯이 울었다

오란다[9]의 오십팔 배나 되는 면적에
오란다인은 조금도 갖지 않은 슬픔을
밀시密柿처럼 지니고
육천칠십삼만 인 중 한 사람도 빛나는 남십자성은
처다보지도 못하며 살어왔다

---

8 가믈란(Gamelan), 인도네시아의 전통 오케스트라
9 네덜란드

수도 바다비아[10] 상업항 스라바야[11] 고원분지의 중심지
반돈[12]의 시민이어
너의들의 습성이 용서하지 않는
남을 때리지 못하는 것은 회교서 온 것만이 아니라
동인도회사가 붕양崩壞한 다음
오란다의 식민정책 밑에 모든 힘까지도 빼앗긴 것이다

사나이는 일할 곳이 없었다
그러므로 약한 여자들은 백인 아래 눈물 흘렸다
수만의 혼혈아는 살길을 잃어 애비를 찾았으나
스라바야를 떠나는 상선商船은
벌써 기적을 울렸다

오란다인은 폴도갈이나 스페인처럼
사원을 만들지는 않았다
영국인처럼 은행도 세우지 않았다
토인은 저축심貯蓄心이 없을 뿐만 아니라
저축할 여유란 도모지 없었다
오란다인은 옛말처럼 도로를 닦고

10 바타비아(현 자카르타)
11 수라바야(자바섬 동부 인도네시아 제2의 도시)
12 반둥

아세아의 창고에서 임자 없는 사히
보물을 본국으로 끌고만 갔다

주거와 의식衣食은 최저도最低度
노곤적奴闥的 지위는 더욱 심하고
옛과 같은 창조적 혈액은 완전히 부패하였으나
인도네시아 인민이어
생의 광영은 그놈들의 소유만이 아니다

마땅히 요구할 수 있는 인민의 해방
세워야 할 늬들의 나라
인도네시아공화국은 성립하였다
그런데 연립임시정부란 또다시 박해다
지배권을 회복하려는 모략을 부셔라
이제는 식민지의 고아가 되면 못 쓴다
전 인민은 일치단결하여 스콜처럼 부서저라
국가 방위와 인민 전선을 위해 피를 뿌려라
삼백 년 동안 받아온 눈물겨운 박해의 반응으로
너의 조상이 남겨놓은 저 야자나무의 노래를 부르며
오란다군의 기관총 진지에 뛰어들어라

제국주의의 야만적 제재는

너이뿐만 아니라 우리의 모욕
힘 있는 대로 영웅되어 싸워라
자유와 자기 보전을 위해서만이 아니고
야욕과 폭압暴壓과 비민주적인 식민정책을
지구에서 부서내기 위해
반항하는 인도네시아 인민이여
최후의 한 사람까지 싸워라

참혹한 멧 달이 지나면
피 흘린 자바섬島에는
붉은 간나꽃[13]이 피려니
죽엄의 보람은 남해의 태양처럼
조선에 사는 우리에게도 빛이려니
해류가 부딪치는 모든 육지에선
거룩한 인도네시아 인민의 내일을 축복하리라

사랑하는 인도네시아 인민이여
고대문화의 대유적 보로보도울[14]의
밤 평화를 울리는 종소리와 함게

13 칸나꽃

14 보로부두르(족자카르타 인근의 대규모 불교 유적)

가메란에 맞추어 스림피[15]로

새로운 나라를 마지하여라

장세진(2012)의 분석에 따르면, 시인 박인환은 정치성을 드러내는 강한 시도 종종 발표하며 현실 참여적 발언을 해온 것으로 알려져 있다. 이 시를 통해 박인환은 한국과 인도네시아가 더 이상 제국의 식민지가 아니라 정치적으로 '해방'과 '자유'를 누리는 '아세아'의 일원임을 강조한 점도 특징적이다.

인도네시아 한인 사회에 관심을 지닌 연구자가 이 시에 주목하는 이유는 첫째, 독립 후 지식인의 세계와 아시아에 대한 상당한 정보와 이해 정도를 잘 보여주며, 두 번째로는 오늘날의 한국인이 인도네시아를 바라보는 관점이 혹 박인환이 이 시를 발표하던 때보다 후퇴한 것은 아닌지에 대한 우려가 있기 때문이다. 대체로 경제 지위에 따라 이방인을 대하는 이른바 '자민족 중심주의', 더 나아가 현재의 경제 격차를 이유로 동남아 일반을 낮게 내려다보는 '우월의식'으로 인해 한국과 인도네시아 간의 관계 형성에서 갈등의 소지를 만드는 경우가 왕왕 있기 때문이다.

네덜란드에 대항한 독립전쟁에서 승리한 인도네시아는 1949년 12월에 공식적으로 공화국을 수립했다. 한국은 1948년 남한의 단독 정부 수립 후 외국의 국가 승인 및 자유우방과의 우호관계 증진

---

15 자바의 전통 궁중춤

을 위해 아시아의 신생 독립국과 상호 정부 승인 및 관계 구축을 위해 노력하였고, 우리 정부의 인도네시아 국가 승인도 1949년 12월 30일 국무회의를 통해 이루어졌다.

하지만 박인환과 같은 목소리는 소수에 머물렀고, 현실 국제정치는 훨씬 냉정했다. 신생 독립국 인도네시아와 한국의 외교관계는 냉전의 영향하에서 그다지 진전되지 못했다. 반공주의를 국시로 삼았던 이승만 정권은 비동맹노선을 표방하고 공산권(특히 북한)과 우호관계를 취했던 수카르노 정권과 쉽게 관계 개선을 하지 않았기 때문이다.

수카르노는 1966년 2대 대통령 수하르토에게 실질적으로 권한을 이양하기까지 20여 년간 인도네시아 국가수반이었다. 수카르노 대통령은 1950~1960년대 동서 냉전의 두 축인 제1세계(미국)와 제2세계(소련)에 줄을 서기보다 아시아와 아프리카의 신생 독립국들이 힘을 모아 독자적인 제3세계 노선을 걷자는 이른바 비동맹운동을 주도했다. 그의 정치 고향인 반둥에서 1955년 개최된 아시아·아프리카회의Asian-African Conference(혹은 반둥회의)에는 인도네시아(수카르노)를 필두로 인도(네루 총리), 중국(저우언라이 주석), 이집트(나세르 대통령) 등이 중심으로 나섰다.

비동맹운동을 주도한 인도네시아를 두고 남한과 북한은 치열한 외교전을 펼쳤는데, 북한이 남한에 비해 앞서 나갔다. 북한은 1958년 8월 주인도네시아 무역대표부 설치, 인도네시아 예술사절단 북한 방문, 1959년 6월 북한-인도네시아 친선협회 구성, 1960년

6월 인도네시아 언론인 북한 방문, 1961년 주인도네시아 총영사관 개설을 차례차례 성사시키고 1964년 4월 대사급 외교관계를 수립했다. 1964년 11월 수카르노 대통령이 북한을 방문했으며 1965년 4월에는 김일성 주석이 인도네시아 답방을 하는 등 양 정상 간의 초기 교류가 매우 활발하였다.

당시 한국은 할슈타인 원칙Hallstein Doctrine[16]에 따라 북한과 수교를 맺은 국가와는 수교를 맺지 않는 정책을 고수했다. 다만 1962년 김종필 당시 중앙정보부장이 일본 방문 중인 수카르노 대통령과 면담을 가진 것을 필두로 스포츠 외교(한국-인도네시아 친선 축구대회)와 자원조사 활동(한국 산림조사단 파견) 등이 이루어졌으나 상대적으로 남한과 인도네시아 관계는 더디게 발전하였다.

정부의 공식 외교채널이 막힌 시점에 양국관계의 개선과 교류는 경제영역에서 이루어졌다. 한국 최초의 해외직접투자 기업인 코데코 최계월 회장의 개인적 활약이 돌파구를 마련해주었다. 최 회장은 한국 기업인 최초로 1962년 1월 수카르노 대통령을 만났으며 바로 이어 당시 중앙정보부장인 김종필과 수카르노 대통령 간의 만남도 주선하였다.

이렇게 트인 물꼬는 스포츠 외교를 통해 약간의 진전을 이루

---

16 서독의 발터 할슈타인이 1955년에 내세운 외교 원칙으로, 서독만이 독일의 유일한 합법 정부이며, 독일민주공화국(동독)을 승인하거나 동독과 수교하는 국가(소련 제외)와는 관계를 설정하지 않겠다는 정책이다. 한국도 이러한 원칙에 따라 한반도의 유일 정부를 주장하며, 북한과 수교를 맺은 국가들과는 동시에 수교하지 않는다는 원칙을 채택하였다.

었다. 인도네시아는 1962년 제4회 아시안게임을 유치하였는데, 이 대회의 참가를 위해 한국의 체육계 인사가 인도네시아를 방문하였고, 5월에는 한국 축구단이 자카르타를 찾아 친선경기를 치렀다. 한국은 8~9월에 열린 아시안게임에도 참석하였다. 하지만 제4회 아시안게임은 냉전시대의 국제정치 논쟁(현재 대만인 중화민국과 이스라엘 선수단의 입국 거부)에 휘말리고, 한국 선수단도 주요 종목(역도, 육상, 테니스 등)에 불참을 선언하였다.

스포츠를 통한 외교관계 개선 시도는 그리 큰 성과를 낳지는 못했지만 인도네시아가 경제적으로 중요한 협력국이라는 인식은 차츰 퍼져나갔다. 1964년에는 한국무역진흥공사(현 코트라KOTRA)의 사무실이 개소하였다.

(5) 수하르토 시대: 한국 투자의 시작

현대 인도네시아의 대외관계와 정치경제는 1965년을 기준으로 크게 바뀌었다. 인도네시아에서는 1965년 소위 '9·30 사태'라 불리는 정치 사건이 발생했는데 이 과정에서 인도네시아공산당Partai Kimunis Indonesia, PKI은 완전히 붕괴하고, 친미반공 노선의 수하르토 정권이 들어서는 토대가 마련되었다. 한반도의 두 국가 관계로만 국한하면 기존의 북한-인도네시아 간의 친선관계는 악화되고 남한-인도네시아 관계가 개선될 환경이 조성된 것이다.

우리 정부는 당시 주태국 이창희 공사를 자카르타에 파견하여 한-인도네시아 간 영사관계 수립에 합의하고 자카르타에 총영사관을 개설(1966.12.01.)하였다. 인도네시아 정부도 1968년 서울에 총영사관을 설립하고 초대영사로 수캄토 사이디만Soekamto Sayidiman이 임명되면서 양국관계는 빠르게 가까워졌다. 9년의 차이를 두었으나 인도네시아는 아시아에서는 최초, 세계적으로도 핀란드에 이어 두 번째로 남북한 동시 수교관계를 성립한 국가가 되었다. 1980년대 이후에는 양국 정상회담도 다수 이루어졌으며, 대다수 양국 정상이 상대국을 상호방문하여 관계 진전을 이루었다.

수하르토 정부는 기존 수카르노 집권기를 구질서Old Order의 시대, 자신이 집권할 시대를 신질서New Order로 규정하였다. 국내적으로는 공산주의 쿠데타 시도 이후 반공 체제를 강화하는 한편 경제개발을 우선시하는 정책을 취하였다. 1968년 경제 안정과 경제개발계획의 강력 추진을 목표로 제1차 개발 내각이 발족하였으며, 수하르토 시기 동안 총 여섯 차례의 개발 내각이 구성되었다.

수하르토 재위 기간에 경제성장을 견인하기 위해 경제 테크노크라트technocrat 등 전문 관료 출신을 등용하기도 했지만, 군부의 관료 진출이 더 많았다. 이에 대한 국민의 비판이 커지자 수하르토 정부 말기에는 외형상 군 출신 인사의 입각을 억제하는 정책을 취하기도 했다.

이에 따라 1960년대 말부터 한-인도네시아 관계는 경제 차원에서 급진전을 이루었는데, 이는 당시 양 국가가 우선시하던 경제성장을 위한 유력한 방법이 상호보완적 속성을 지녔기 때문이다(엄은희 2013).

먼저 인도네시아는 1966년 수하르토 집권 이후 정치사회 혼란을 극복하고 경제개발을 위한 재원 마련을 위해 산업화 정책에 박차를 가했다. 인도네시아는 자원부국의 장점을 살려 광물, 원유, 산림 부문에서 개발계획을 순차적으로 입안하였다.

가장 먼저 산림 부문에서는 산림기본법(1967), 해외투자법(1967), 국내투자법(1969), 산림개발권에 관한 법령(1970)을 차례로 도입해 국내외 투자자가 인도네시아 산림개발에 뛰어들게 만드는 다양한 유인책을 마련했다. 산림개발은 막대한 이윤이 보장되지만 초기 투자비가 커서 인도네시아 정부는 필요 재원을 주로 외국인 투자 유치를 통해 해결하려고 계획했다. 1967년 인도네시아 국영기업에 의해 최초의 산림개발이 동부 칼리만탄에서 시작됐으며, 인도네시아 정부의 강력한 정책과 여러 유인책에 힘입어 다수의 해외 기업 역시 단독 혹은 현지 기업과의 합작을 통해 (주로 칼리만탄과 수마트라) 뛰어들었다. 한국 해외직접투자의 첫 장을 펼친 코데코는 1968년 한국 정부에게 450만 달러의 해외투자 허가를 받아 남부 칼리만탄의 바투리진에 단독으로 27만 헥타르 산림개발에 착수했다.

1970년대부터 한국 기업은 지속적으로 광물 및 석유 자원개발 역시 시도했는데 1981년에는 코데코(마두라 유전)가, 1987년부터는 석탄개발을 전문으로 한 삼탄(키데코KIDECO)이 각각 가스와 유연탄 생산에 성공하였다. 산림개발과 자원개발 기업의 현장은 모두 외방도서에 위치하지만, 사업 서비스와 수출입 업무 등은 수도인 자카르타에 집중되었다. 이로써 1970년대 초 한국의 공공기관(총영사관),

무역 관련 정부기구(코트라) 및 종합상사(예: ○○무역, ○○물산 등) 형태의 조달기업, 산림기업의 해외 지사 등에 파견된 사람들로 구성된 초기 한인 사회가 성립되었다.

수하르토 시기 동안 경제 부문을 중심으로 양국 간의 협력관계는 지속적으로 성장하였다. 초창기 산림개발 사업의 뒤를 이어 미원, 한일시멘트 등 제조업체의 진출이 이루어졌으며, 건설 부문에서도 삼환기업, 신한기공, 대림산업, 현대건설, 경남기업 등 우리 기업의 진출이 활발해졌다.

대상그룹(舊 미원)은 1973년 동부자바 그레식(수라바야 인근)에 공장을 설립하였는데, 이는 우리나라 최초의 플랜트 수출이었다(전제성 2014). 미원은 조미료의 주원료인 당밀의 국제가격 폭등을 경험한 후 당밀의 안정 확보를 위한 원료 거점 건설과 세계시장 공략을 위해 해외 진출을 선택하였다. 한일시멘트도 1973년 11월 수라바야에 철근 생산공장인 한일 자야를 설립하면서 제조업 진출의 발판을 닦았다. 건설 부문의 진출은 1972년 12월 삼환기업이 수마트라 횡단고속도로 공사 계약을 수주하면서 시작되었다. 1973년 6월에는 대림산업이 가스 압축 플랜트 공사를 수주했으며, 같은 해 12월에는 현대건설이 인도네시아 최초의 고속도로인 자고라위 고속도로 건설 계약을 체결하는 성과를 거두었다.

그 밖에 종합상사로는 한남무역이 1968년 진출하여 시멘트 수출과 커피 수입을 담당하였다. 한편, 정부 수준에서는 임업협력위원회(1979), 자원협력위원회(1979)를 조직하고, 건설 협력에 관한 합의

각서(1981) 등을 체결하며 민간기업의 무역 및 투자관계 증진을 후방에서 지원하였다. 무역 증가와 건설 수주 덕분에, 인도네시아 거주 한인 수는 1983년에 4,000명에 달해 초기 진출 시기에 비해 다섯 배 이상 규모가 증가했다(한경구 1996).

1980년대 말 한국의 정치경제 변화는 한국을 넘어서 한국-인도네시아 관계에서 새로운 전환을 만들어냈다. 1987년 민주화운동과 1988년 서울올림픽 개최를 계기로 한국 자본은 국제 사회에 한 걸음 더 다가갔다. 먼저 1988~1992년 사이 한국 기업의 대인도네시아 투자가 급격히 증가했다. 특히 섬유, 봉제, 신발, 완구 등 노동집약산업을 중심으로 인도네시아 진출이 가속화되었다.

여기에는 국내 및 국제 차원의 세 가지 동인이 작용하였다. 먼저, 1987년 노동자 대투쟁 이후 한국의 최저임금 인상에 따른 생산비 상승으로 기업들의 해외 진출이 시도되었다.

두 번째, 섬유, 봉제, 신발 부문의 글로벌 브랜드가 글로벌상품생산네트워크의 재편에 따라 수입선을 한국과 대만에서 동남아로 옮기는 전략 변화가 이루어졌다.

세 번째, 인도네시아를 비롯한 동남아국가가 저임금 노동력과 풍부한 자원 그리고 다양한 투자 유치 정책을 제시하며 외국 자본에 적극적인 구애를 펼쳤다. 양국 정부는 이중과세방지 협정(1988.11.), 투자보장협정(1991.02.) 등을 통해 한국 투자의 안정성을 높이는 제도를 구축했다.

인도네시아는 1990년대 초까지 한국의 중소자본이 가장 선호하는 투자 대상국으로, 짧은 기간 동안 노동집약 부문을 중심으로 '최초이자 집중적인' 투자가 이루어졌다. 사회주의를 표방한 중국과 베트남과의 수교와 본격 투자가 이루어지기 전까지 한국 기업의 투자와 이를 뒷받침하는 양국관계가 가장 굳건한 국가였기 때문이다. 1990년대를 전후하여 인도네시아에 진출한 한국 투자기업은 약 350개 정도였는데, 이 중 신발과 봉제 등 노동집약 제조업체만 200개를 상회한다. 이즈음 인도네시아에 진입한 한인은 '투자자'뿐 아니라 공장장, 생산기술 및 노무 관리자 등 취업 개념의 '중간관리자'도 상당하였다. 이때 진출한 일부 영세한 자본력의 중소기업이 상대적으로 저렴한 인건비만을 강조함으로써 저임금 장시간 노동, 권위주의적 노동관리 관행 등을 조성해 현지 사회에서 갈등이 만들어지기도 했다.

약간의 시차를 두고 노동집약 산업 이외에 금융, 보험, 운송, 화학, 전자, 철강, 자동차산업 등으로 투자 업종이 점차 다양해졌다. 특히 1990년대 기술집약 산업인 전자산업의 대표주자 LG전자와 삼성전자 그리고 농업 및 바이오산업 부문의 CJ 등이 진출하며 1980년대 말에서 1990년대 초 인도네시아는 한국 기업의 새로운 투자 유망지로 급부상하였다. 전자산업의 진출은 저임금뿐만 아니라 내수시장의 잠재력까지 고려한 결과였다. 대기업에 납품하는 한인 부품업체도 100여 개나 동반 진출했다.

사실상 군사 쿠데타로 집권한 수하르토는 권위주의 통치방식으로 인해 정통성이 매우 취약했다. 하지만 꾸준한 경제성장 덕에 체제가 유지되었다. 1990년대 초반까지 인도네시아는 아시아에서 가장 빠르게 성장하는 신흥국 지위를 구가하였다. 1990년대 말 기준 인도네시아는 한국에 비해 상대적으로 가난한 나라지만 빈곤율은 지속적으로 감소 추세였다. 대만, 한국 그리고 홍콩과 같은 아시아 신흥 공업국의 외국인 투자가 본격화되고, 1993년에는 관세및무역에관한일반협정General Agreement on Tariffs and Trade, GATT(이후 가트)과 아시아태평양경제협력체Asia Pacific Economic Cooperation, APEC(이후 에이펙)에 가입하면서 외국인 투자를 완전히 자유화하였다.

1990년대 인도네시아 경제성장은 제조업이 견인했는데 동아시아 국가의 투자에 힘입어 급속한 산업화로 도시 지역이 산업기지화함에 따라 인도네시아는 수출 지향적이고 노동집약적 성장을 성취할 수 있었다. 정치 차원에서는 군사독재에 가까웠으나 수하르토 대통령은 강력한 지도력으로 정치사회 안정을 이룩함과 동시에 5차에 걸친 경제개발계획을 통해 기간산업의 개발과 국토의 종합적 이용 등 경제성장을 위한 기반을 조성하는 데 어느 정도 성공하였다. 하지만 국내적으로 장기집권, 친인척과 권력층이 깊이 관여된 부정부패 그리고 빈부격차 심화 등 정치경제 불안요소가 심각해졌다. 이에 1970년대 말부터 민주화운동이 꾸준히 증폭되어왔다.

(5) 아시아 외환위기와 혼란의 시기

1997년 태국 바트화의 폭락으로 시작된 아시아 외환위기는 인도네시아에도 큰 영향을 미쳤고, 1998년에는 인도네시아 연평균 경제성장률이 마이너스 13퍼센트를 기록할 정도로 악화되었다. 아시아 외환위기는 인도네시아 정치 변동을 야기한 가장 큰 원인이 되었다. 1998년 수도 자카르타에서 유혈폭동을 포함한 소위 '5월 사태'가 발발하여, 32년간 장기 집권하던 수하르토 대통령이 물러나고 하비비-와히드-메가와티로 이어지는 민간정부가 차례로 이어졌다.

인도네시아의 1998년 '5월 사태'는 2월부터 시작된 대학생의 반정부 시위를 시발점으로 볼 수 있다. 4월 정부의 휘발유 및 전기료 인상 조치 발표에 이어 5월 1일 수하르토가 자신의 재임 중 정치개혁 불가를 천명하면서 기존의 대학생으로 국한되었던 '반정부 구호'는 5월이 되면서 시민도 참여하는 '수하르토 퇴진 시위'로 이어졌다. 5월 6일에는 경찰의 총격과 시위대의 방화로 시민 사망자가 발생하면서 시위는 폭동으로 불타올랐다.

반정부 시위가 전국적으로 확산하는 가운데 수하르토 대통령은 G15 회의 참석을 이유로 이집트로 출국했는데, 출국성명을 통해 강경진압을 지시하였고 이로 인해 수도 자카르타의 시위는 더욱 격렬해졌다.

5월 12일, 시위 도중 진압 군경의 발포로 트릭삭티대학교의 학생을 포함한 총 6명이 사망하면서 반정부 시위는 새로운 국면에 접어들었다. 사망자를 기리는 장례식이 열린 13일 이후부터 유혈폭동이 전개되었다. 수하르토는 15일 새벽 급거 귀국, 조건부 사임의사를 밝혔으나 이미 자카르타는 무정부 상태에 접어들었고, 이에 외국인의 탈출행렬이 시작되었다. 수하르토는 19일 조기 총선 후 사임을 국민담화로 발표하였으나 족자카르타에서만 50만 명의 시민과 대학생이 평화시위를 벌이는 등 국민의 퇴진 요구는 지속되었다. 5월 20일, 미 국무부에서도 수하르토의 사임을 공식적으로 촉구하였고, 결국 수하르토는 21일 오전 9시 사임을 선언하면서 32년 만에 권좌에서 물러났다. 1997년 경제위기와 1998년 이후 민주화 과정의 정치사회 불안정은 일시적이지만 한인 사회의 존속도 위협했다.

결론적으로 50여 년 가까이 수카르노와 수하르토라는 권위주의적 대통령에 의한 철권통치는 막을 내렸다. 다음 해, 1955년 이후 44년 만에 민주선거가 실시되고 의회가 새롭게 구성되었다. 의회는 헌법 개정 작업을 시작하였고, 2002년 신헌법(현행 헌법)을 공표했다. 여기서 삼권분립, 직선제 대통령제(5년 중임 허용), 지방분권, 비례대표 선거제도 등이 새로운 국정 운영 원리로 등장하였다.

하지만 경제위기와 정치 혼란이 해결되기까지는 더 많은 시간이 필요했다. 2000년대 초반까지 인도네시아 사회는 정치경제 측면에서 위기가 반복되었다. 종족 분쟁 및 인종 갈등이 촉발되고, 동티모르 독립과 더불어 이리안자야(현 파푸아), 아체 지역 등의 분리 독립 움직임이 일어 '영토의 일체성'에 심각한 도전을 받았다. 9·11 테러 이후 2002년 10월에는 발리에서도 대규모 테러가 발생함에 따라 인도네시아는 테러 위협에까지 시달렸다.

경제위기 여파가 가시지 않은 상황에서 노사분규, 최저임금의 급속한 상승, 노동법 개정 등 기업환경의 악화로 한인 기업의 어려움이 가중되었다. 그러나 이 시기 한인 기업의 선택은 오히려 인도네시아 내 한인공동체가 보다 공고해지는 계기가 되었다. 인도네시아 정세가 불안해짐에 따라 소니, 파나소닉 등 일본 기업은 철수하거나 투자를 중단하였다. 반면 한국 기업과 동포는 이 위기를 슬기롭게 극복하여 인도네시아에서 새로운 기회로 삼았다.

흥미롭게도 외환위기 중에도 내수가 아닌 수출시장에서 활약하던 한인 사회 일부에서는 오히려 도약의 기회를 맞기도 했다. 달러당 2,000루피아 수준이던 환율이 1만 5,000루피아로 급상승함에 따라 수출 위주의 일부 업체가 혜택을 본 것이다. 자신감을 얻은 인도네시아의 한국 기업은 생산성 향상, 노사관리 강화, 새로운 수출시장 개척 등으로 어려움을 극복해갔다. 특히 한국 기업활동을 보다 조직적으로 지원하기 위해 1999년 8월 한인회 산하 6개 상임분과 위원회 중 하나로 설치된 상공분과 위원회를 재인도네시아 한인상공회의소(이후 코참KOCHAM)로 개편하였다.

이처럼 한인 사회는 위기 이후 보다 응집력 있고 유능한 경제 공동체로서의 특성을 보여주며, 인도네시아 안에서 중요한 외국인 집단으로서의 정체성을 강화하였다.

(7) 민주화 시대와 한-인니 관계의 전진

민주화 이후 최초의 직선제 선거를 통해 수실로 밤방 유도요노Susilo Banbang Yodhoyono가 2004년 제6대 대통령이 되었다. 중임을 허용하기에 유도요노 대통령은 2009년 중간선거에서도 승리하여 2014년까지 10년을 집권하였다. 그의 재임 동안 인도네시아는 긴 환란의 터널을 통과해 정치 안정과 경제 도약을 할 수 있었다.

한국과 인도네시아의 관계는 2006년 노무현 대통령이 인도네시아를 방문했을 때 '전략적 동반자 관계'로 격상되면서 정치경제·방산·문화·인적 교류, 국제무대에서의 협력 등 전면적으로 확대되었다. 양국은 민주주의와 시장경제라는 공동의 가치를 바탕으로 동반자라는 인식하에 협력의 폭과 깊이를 크게 증대시켰다. 다른 한편 양국은 다자 외교관계에서도 활발한 접촉과 협력을 이어왔다. 한국 정부는 동남아시아를 대표하는 지역협력체 아세안ASEAN과 교류하며, 1989년 아세안 대화 상대국 지위를 부여받았다. 한-아세안 외교관계에서도 인도네시아는 위치적 장점이 있다. 아세안사무국이 인도네시아의 수도 자카르타에 있기 때문이다. 우리 정부는 한-아세안 관계 진전에 따라 2012년 10월 대한민국 아세안 대표부를 아세안 사무국이 위치한 인도네시아 수도 자카르타에 설치하였다. 그에 따라 인도네시아 자카르타에는 2개의 한국 대사관(주인도네시아 대한민국 대사관과 주아세안 대한민국 대표부)이 존재하게 되었다.

인도네시아는 2007~2008년 미국 발 세계 금융위기의 영향도 상대적으로 덜 받았고, 중국과 함께 아시아 최고의 성장률을 기록함에 따라 한국 언론에서는 인도네시아 경제력을 높이 평가하는 보도들이 잇따랐다. 우리 기업은 에너지, 철강, IT 등의 분야까지 투자와 협력관계를 키워나갔다. 이명박 정부 기간인 2010년에는 철강 대기업 포스코가 인도네시아의 국영 철강기업과 합작투자 형식으로 인도네시아에 진출했고, 세계 2위 시장점유율을 자랑하는 한국타이어도 투자했으며, 롯데마트 같은 유통업이 진출하는 등 대기업의 인도네시아 투자가 이어졌다.

물론 글로벌 경제 변동에 의해 2000년대 이후 인도네시아 내 한인의 경제활동에도 기복이 발생했다. 하지만 투자 증대 경향은 당분간 계속될 것으로 보이며, 경제 측면뿐 아니라 다방면에서의 양국 간 교류와 협력은 더욱 깊어질 것이다.

또 인도네시아 현지에서 한류가 확산되면서 양국 간 문화 이해와 교류도 심화발전 중이다. 2006년 9월과 2007년 9월에 인도네시아 최고 국립대학인 자카르타의 인도네시아대학교UI와 족자카르타의 가자마다대학교Universitas Gadjah Mada, UGM에 한국어학과가 공식 개설되었다. 문화 분야의 교류와 협력 심화에 힘입어 2008년 최초로 한-인도네시아 문화공동위원회가 설립되고 첫 회의를 개최함으로써 양국 문화협력의 기틀 역시 잡았다. 같은 해 10월 말부터 11월 초에 걸쳐 한-인도네시아 문화 교류 축제가 성황리에 개최되기도 했다.

(8) 조코위 정부와 한국의 신남방정책

2014년 대선에서 서민과 개혁 이미지로 국민의 마음을 얻은 조코위도도Joko Widodo(이하 조코위)가 당선되었다. 이 선거는 1998년 인도네시아 민주화 이후 세 번째로 시행된 대통령 선거로 공정하고 평화롭게 진행되어 인도네시아 민주주의가 한층 더 공고해졌다는 대내외의 평가를 얻었다.

자카르타 주지사에서 대통령으로 변신한 조코위는 중부자바 솔로라는 작은 도시 출신의 기업인으로 정치 입문 후 10여 년 만에 친서민적이고 개혁적인 행보로 중앙 정계와 사회 전반에서 큰 인기를 구가했다. 인도네시아에도 금권 정치와 엘리트 정치가 만연했는데 조코위는 정치적 과두제political oligarchy에 맞선 대선에서 이겨 이른바 조코위 현상Jokowi Effect이라는 반향을 일으킨 것으로 평가받았다(박재봉 2014).

조코위 대통령은 2019년 4월 치러진 중간선거에서도 재선에 성공해 전임자 유도요노와 마찬가지로 10년의 안정적인 임기를 보장받았다. 그는 2019년 10월, 2기 정부 취임사에서 독립 100주년을 맞이하는 2045년을 기점으로 중진국의 덫에서 벗어나 선진국 반열에 들어설 것을 목표로 삼는다고 발표했다. 이는 세계 5위 경제대국으로 성장하겠다는 야심 찬 목표이다.

조코위 2기 정부에서는 눈에 보이는 성과를 얻기 위해 인프라 부문에 집중 투자할 것으로 기대되었다. 사실 인도네시아의 인프라 개발은 재원 부족, 복잡한 규제, 관료주의 등에 발목이 잡혀 왔다. 중진국 함정에 빠지지 않고 지속적으로 성장하기 위해 가장 개선되어야 할 부문이기 때문에 인도네시아에서 인프라는 누가 정권을 잡더라도 시급하게 해결해야 할 중차대하고 고질적인 문제였다.

인도네시아 정부의 관심이 인프라와 제도 개선에 집중되어 있다면, 디지털 전환이 가속화됨에 따라 민간영역에서는 스타트업, 핀테크 산업, IT 기반 서비스 산업 등도 크게 발전 중이다. 2015년 이후 동남아에 불어온 디지털 도약leapfrogging에서 인도네시아의 발전은 매우 주목할 만하다. 동남아 최대 시장이기도 한데다 동남아를 대표하는 초기 유니콘 기업 중 절반이 인도네시아에서 시작되었기 때문이다. 더불어 정부는 외국인 투자를 유치하기 위해 관련 규제를 완화하고 투자환경을 개선해왔는데, 한국은 늘 투자 순위 상위 5위권 이내를 유지한다.

국내에서 인도네시아의 위상은 문재인 정부 상반기 동안 양국 정상이 보여준 적극적인 행보에서도 꾸준히 드러났다. 문재인 대통령은 2017년 11월, 7박 8일에 걸쳐 동남아 3개국(인도네시아, 베트남, 필리핀)을 순방하였다. 순방의 목표는 베트남 다낭과 필리핀 마닐라에서 열린 에이펙, 아세안+3 정상회의, 동아시아 정상회의East Asia Summit, EAS 등에 연달아 참석하여 다자관계 정상외교를 펼치는 것이었다. 이 과정에서 문재인 대통령은 100대 국정 과제로 선정된 '신남방정책'을 공식적으로 제시하였다. 신남방정책은 신북방정책과 함께 '동북아플러스 책임공동체'를 실현하기 위한 국제협력의 주요 축을 구성한다.

문재인 정부는 출범 초기부터 아세안과의 관계를 기존의 4강 외교(미, 중, 러, 일) 수준으로 강화해나갈 것을 천명하였다. 아세안은 이미 교역액 기준으로 중국에 이어 제2의 상대국이며 투자와 관광 등에서도 주요 경제 파트너이다. 대통령 순방 기간 동안 한국은

한-아세안 공동체 협력을 위해 '3Ppeople, peace, prosperity'를 강조했다.[17]

한-아세안 협력 강화는 강대국이 주도하는 동아시아 질서에 중견국가middle power의 역할 모색이라는 의미도 갖는다. 또 아세안과의 파트너십은 한국 외교의 당면 과제와 유기적으로 연계되어 있다. 한반도 평화를 위한 대북정책, 4강 외교, 국제인권 등 한국과 아세안의 협력을 확대하는 데 있어 주요 사안이 매우 긴밀하게 얽혀 있다. 이는 동남아에 대한 우위적 관점에서 벗어나 동남아의 관점과 동아시아적 관점의 조화를 통해 한-아세안 관계를 재조명하는 새로운 외교관계를 의미한다.

2017년 문재인 대통령의 동남아 순방의 목적이 그 시기 집중적으로 개최된 다자간 정상회의 참석에만 있었다면, 인도네시아가 굳이 포함될 이유는 없었을 것이다. 하지만 문재인 정부는 아세안 공동체 내에서 인도네시아의 위상과 정치 역량 및 경제관계 증진이 중요함을 분명히 인지했고, 이에 정상회의에 앞서 인도네시아를 먼저 방문하여 양국 정상회담, 비즈니스 포럼, 교민 간담회, 평창 동계올림픽 홍보 등의 다양한 행사를 치렀다. 특히 인도네시아에서 개최된 비즈니스 포럼은 문 정부의 '신남방정책'이 최초로 발표된 곳이기도 하다.

2017년 당시 인도네시아 교민 사회를 대표하는 양영연 한인회장

17 신남방정책의 3P 원칙을 풀어보면 다음과 같다. 첫째, '사람 중심(people-centered/people-oriented)' 접근은 아세안 공동체의 핵심 가치이다. 둘째, 평화(peace)는 양 지역의 평화와 안정의 긴밀한 연관성과 협력의 필요성을 강조한다. 셋째, 번영(prosperity)은 상생성장을 위한 협력을 강조한다.

그림 3 양국 정상 보고르 방문 장면
출처: 청와대

은 “대통령의 아시아 지역 첫 번째 방문지가 인도네시아라는 점에서 동포 모두가 자긍심을 느꼈다”며 방문의 의미를 강조하였다. 한-인도네시아 비즈니스 라운드테이블에는 대통령 이외에 외교부, 산업통상자원부, 국토교통부 장관이 동석했으며, 대한상공회의소를 비롯한 한국의 유수 기업이 다수 참가하여 향후 양국 간 경제협력의 성과가 늘어날 것을 기대하게 만들었다.

신남방정책 안에서 인도네시아는 매우 중요한 파트너이다. 2017년 양국관계는 ‘전략적 동반자 관계’에서 ‘특별 전략적 동반자 관계’로 격상되었다. 한국과 특별 전략적 동반자 관계를 맺은 동남아국가는 2019년 11월 기점 인도네시아가 유일하다.

대화 관계수립 30주년을 기념하는 2019년 한-아세안 특별 정상회의를 한 달 앞둔 시점에는, 2012년 첫 협상이 개시된 이후 7년 동안 끌어오던 한국과 인도네시아의 ‘포괄적경제동반자협정CEPA’을 실질 타결하였고, 11월 말 부산에서 열린 정상회의 도중 최종 타결이 선언되었다. 이 자리에서 양국 정상은 서로를 ‘나의 가장 소중한 친구’, ‘존경하는 나의 형님’이라 부르며 특유의 정담을 나누기도 하였다. 조코위 정부 들어 한국과 인도네시아 양국관계는 “더 이상 좋을 수 없다”는 말이 나올 정도로 정치안보, 경제, 사회문화 제 측면에서 긴밀해졌다.

안타깝게 2020년부터 2년 넘게 이어져온 코로나19 팬데믹은 큰 성장을 기대하게 했던 양국관계에 찬물을 끼얹었다. 인도네시아는 오랜 기간 감염자 수 동남아 1위를 차지할 만큼 심각한 감염병의 확산으로 사회 전반에 큰 위기를 경험하였다. 다행히 인도네시아 정부는 2021년 이후 백신접종에 매우 적극적인 태도를 보이면서 보건과 경제의 균형을 찾기 위해 노력해왔다. 큰 피해에도 불구하고 이러한 정책이 다행히 국민의 동의와 지지를 받은 편이다. 인도네시아는 2021년부터 팜오일, 석탄, 고무, 니켈 등의 원자재 가격 상승으로 무역 수지가 큰 흑자를 달성함으로써 위기에 강한 자원 부국의 잠재력을 드러내기도 했다.

한국과 인도네시아 간 경제관계는 2021년 이후 코로나19 팬데믹 이전 수준을 회복할 정도로 정상화되었다. 경제대국이자 모범적 중견국으로의 부상을 목표로 삼은 인도네시아는 녹색경제에 관심이 많은데, 2020년 이후 한국 현대차와 LG에너지솔루션이 투자해 인도네시아의 '전기차 생태계 조성'에 기여한다는 점에서 양국의 경제협력은 앞으로도 비약적 발전이 기대된다.

풍부한 천연자원, 경제안정 및 인구수 2억 7,000만 명으로 거대한 국내 소비시장을 갖춘 인도네시아의 잠재력은 무궁무진하다. 한국의 기술력과 투자가 결합된다면 양국이 경제적 측면에서 상호 기여할 기회가 충분하다. 인도네시아는 천연자원의 부가가치 창출 분야, 하이테크 부문 투자 장려, R&D, 인프라, 교통, 에너지, 전기 및 기타 부문에 투자를 개방하고 있다.

2022년 현재 과거의 노동집약 분야가 아닌 인도네시아를 거점으로 동남아 시장을 선점하기 위한 기술집약적 분야의 투자가 활발하게 진행되고 있다. 전기차와 디지털 분야가 대표적이다. 또한 수도 이전을 앞둔 인도네시아 정부는 신수도 건설 경험과 스마트시티 건설 노하우를 가진 한국 기업의 참여를 원하고 있다. 코로나19는 조코위 정부의 수도 이전 계획에 부정적인 영향을 미쳤지만, 한국 정부는 수도 이전 사업 진출 지원단을 현지에 잔류시키며 신수도 개발을 위한 양국 간 신뢰관계 유지를 위해 노력하였다. 앞으로 양국관계가 더 긴밀해질 것을 기대할 수 있는 대목이다.

3. 인도네시아 한인 사회 개관

1) 현황과 체류 조건

한인 사회는 동남아 지역 대부분 국가에서 체류 규모 1~2위를 다투는 주요 외국인 집단이며, 특히 인도네시아의 경우 현존하는 한인 1세대의 이주 역사가 반세기를 훌쩍 넘긴다. 교민들 사이에서는 "재외동포 경력 20년이면 다른 나라에서는 어깨에 힘주고 다니지만 여기(인도네시아)에서는 여전히 말단에서 커피 심부름을 해야 한다"는 농담이 널리 공유되고 있다.

동남아 11개국 중 최근 우리 사회와 가장 관계가 밀접한 나라는 베트남이지만, 양국관계의 역사와 국가 잠재력 측면에서 인도네시아는 무시할 수 없다. 앞에서도 말했지만 인도네시아는 약 2억 7,000명을 넘어서는 세계에서 네 번째로 많은 인구를 가졌으며,

GDP 기준 동남아시아 지역 내 최대 시장이자 현재 G20의 일원으로 지역 경제에서 중심적 역할을 담당한다.

보다 중요하게 인도네시아와 한국 사이에는 한국의 산업화가 본격화된 후 유독 '최초', '1호'와 같은 수식어가 붙은 역사가 제법 된다. 최초의 해외직접투자인 코데코의 원목개발 사업(1968), 해외생산 플랜트 수출 1호인 미원(1973), 한국 최초 해외직접유전개발(1981) 등이 대표적이다. 이처럼 한국 사회의 산업과 대외투자 성장에 있어 인도네시아와의 관계는 매우 중요하게 작용했다.

초기 기반 위에 한인 기업의 사업 규모가 확대되고 업종이 다변화되면서 한인 사회는 양뿐만 아니라 질적으로 발전했다. 양국 간 경제 교류의 확대는 한인 사회의 성장과 밀접하게 관련된다. 1980년대 말 한국의 섬유산업과 신발산업 등 노동집약산업이 대거 진출하고, 1995년 이후 전자와 자동차 등 기간산업 분야까지 진출이 이루어졌으며, 이후 플랜트 건설, 사회기반시설SOC 확충, 2000년대 이후에는 무선통신 분야와 IT 기업의 진출도 활발해졌다. 2010년에 접어들어서는 에너지 자원개발 부문과 산림 바이오산업 분야 등 신기술 측면에서의 교류와 협력도 확대되었다.

이는 그 자체로 연쇄적인 효과를 낳았다. 한인 경제가 확대되고 유관 산업 간 전후방 연계에 대한 요구도 늘어났다. 한인 커뮤니티 역시 한때 최대 4만 명대로 늘어나면서 이들을 대상으로 특화된 비즈니스(식당, 여행사, 한인 마트, 종교 등)의 수요도 커졌다. 그렇다 보니 기업체의 지상사 주재원으로 왔다가 그대로 눌러앉는 경우도 다

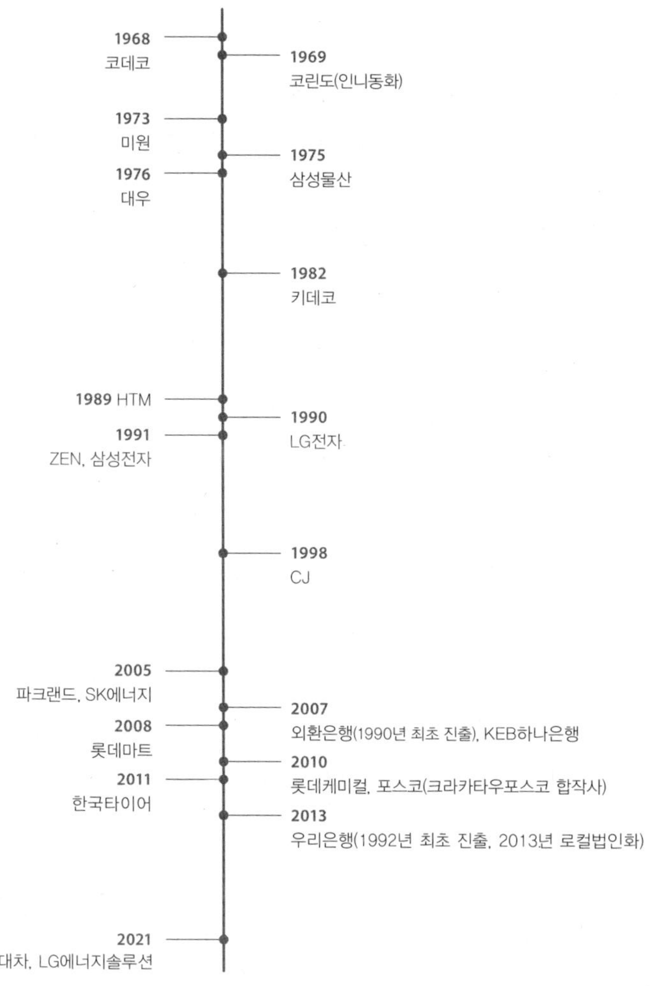

그림 4 주요 기업의 인도네시아 진출 연혁

출처: 이지혁(2019, DiverseAsia 웹진, 서울대학교 아시아연구소) 재구성

수 발생하였다. 특히 1990년대에는 다들 '사장님이 되고 싶어 하던 때'였다고 회고하는 원로 한인을 종종 만났다. 이들의 눈에 포착된 1990년대의 인도네시아는 기회의 땅으로 여겨지기에 충분한 조건이었다. 비록 1997년 외환위기를 기점으로 3~4년간 희비가 엇갈리기도 했지만 이러한 주재원에서 정착 교민으로의 전환은 2000년대 중반까지 지속적으로 이루어졌다.

시기별 한국 기업의 대인도네시아 투자 진출 유형과 형태를 구분해보면, 1970년대 자원 확보형에서 1980년대 말 이후 인건비 절감과 우회수출을 염두에 둔 노동집약형 투자로, 2010년 이후에는 수출과 내수 동시 공략 및 인도네시아 소비시장을 고려한 투자 진출이 늘어왔다.

한국과 인도네시아 양국 간의 교역 및 투자는 2011년 정점을 이룬 후 하향세를 보이다가 2017년 신남방정책 선언 및 양국관계 격상을 준비하면서 증가세로 전환되었다. 코로나19 이전인 2019년 기준 한국의 대인도네시아 누적 법인 수는 2,172개, 수출입은행 기준 총신고금액은 157억 4,200만 달러, 누적 총투자액(1968~2019)은 108억 1,900만 달러로 베트남, 싱가포르에 이어 3위이다(수출입은행, 한-아세안센터 2020 통계집).

코로나19라는 악재하에서도 2020년 12월 양국 간 포괄적경제동반자협정CEPA 체결 이후 그동안 베트남에 집중되었던 한국 투자의 인도네시아로의 분산투자가 기대된다. 특히 현대차나 LG전자 등의 대기업 투자가 이루어졌거나 진행 중이어서 향후 중소 벤더기업을 포함한 대기업-중소기업 동반 진출 가능성이 높아질 것으로 보인다.

기업이 아닌 일반인 측면에서 인도네시아 교민의 현황도 살펴보자. 2021년 말 기준으로 집계된 인도네시아 내 재외동포 현황(이 조사는 재외공관을 통해 2년마다 이루어진다)에 따르면 예상과 같이 코로나19 팬데믹을 겪으면서 재외동포 총수는 2019년 대비 약 24퍼센트 정도 감소한 것이 확인된다.

인도네시아를 단기로 방문하는 한국인은 2015년 6월부터 무비자 입국이 허용되었다(30일까지 체류 가능). 단, 이 경우 영리를 포함하는 관광 이외의 활동은 불가하다.

인도네시아에 거주 의사가 있는 외국인은 체류비자와 체류 허가를 받아야 하는데 1년 유효한 체류 허가는 이타스Izin Tinggal Terbatas, ITAS(제한된 체류 허가), 5년간 유효한 비자와 체류 허가는 이탑Izin Tinggal Tetap, ITAP(장기체류 허가)이 필요하다.

이타스는 인도네시아에서 직장생활(근로)을 하거나 학교를 다니는 25~55세 외국인이 받는 노동비자로 기업의 스폰이 필요하며, 이 비자를 받은 자에 한해 배우자와 19세 미만의 자녀에게도 동반가족 체류비자가 발급된다. 이탑은 근로자보다는 투자자를 위한 일종의 영주권 제도이다. 기업의 정관에 등재된 경영진(이사, 감사)의 조건을 3년 이상 유지해야 하며 이타스를 말소 없이 4년 동안 매년 연장한 경우에야 취득이 가능하다. 참고로 인도네시아 국적자와 결

표 1 인도네시아 재외동포 거주자격 및 지역별 분포[18]

		구분	거주자격별					
			재외동포 총수	영주권자	재외국민			외국 국적 동포
					체류자		계	
					일반	유학생		
총계		남	11,480	10,641	9,722	159	10,945	555
		여	5,817	679	4,766	142	5,587	230
		계	17,297	10,320	14,488	301	16,532	785
		19년 대비 증감률 (퍼센트)	−24.22	−19.56	−25.13	−51.22	−25.32	+10.75
지역별	자카르타	남	3,826	373	3,113	53	3,539	287
		여	2,555	338	2,045	44	2,427	128
		계	6,381	711	5,158	97	5,966	415
	자바 (자카르타 제외)	남	6,522	616	5,638	92	6,346	176
		여	2,692	294	2,253	80	2,627	65
		계	9,214	910	7,891	172	8,973	241
	발리, 롬복	남	291	43	248	0	291	0
		여	229	22	207	0	229	0
		계	520	65	455	0	520	0
	수마트라, 칼리만탄	남	612	29	547	4	580	32
		여	204	23	163	4	190	14
		계	816	52	710	8	770	46
	술라웨시, 파푸아 등	남	229	3	176	10	189	40
		여	137	2	98	14	114	23
		계	366	5	274	24	303	63

출처: 외교부 『재외동포 현황』 2021

혼한 외국인은 배우자 지위를 활용해 이탑을 취득하고 영리활동도 쉽게 할 수 있는 편이다.

인도네시아는 이민, 즉 영주권 획득이 '수많은 허들을 넘어야 하는 장애물 경주'에 비견될 만큼 까다로운 국가이다. 그럼에도 인도네시아 한인 사회의 특징은 현지 국적을 취득한 재외국민의 수가 많다는 점이다. 인도네시아에서는 대체로 사업상의 이유에서 일찍부터 국적 변경을 하는 사례가 많았다.

옆의 표를 보면 코로나19 팬데믹을 겪으면서 재외동포의 총수(특히 여성과 아이)는 크게 감소하였으나 외국 국적 동포, 즉 인도네시아로 국적을 변경한 재외동포의 수는 10.75퍼센트(2019년 690명에서 2021년 785명) 증가하였다. 과거에 국적 변경은 회사의 요청에 따라 주로 재무 담당자나 자회사 대표에 의해 이루어졌다면, 최근에는 인도네시아를 '제2의 고향'으로 삼아 재산뿐 아니라 죽은 후 '묻힐 곳'으로 생각하며 은퇴비자의 관점에서 접근하는 사례도 많아졌다.

『한국일보』의 2019년 기사에 따르면, 인도네시아 국적을 따기 위해 심사 신청을 한 한인 수가 4,000여 명에 이른다고 한다. 하지만 이 과정은 여전히 쉽지 않은 결심과 절차를 요구한다. 관련 기사를 옮겨본다.

---

18 2020년 주인도네시아 한국 대사관 발리 분관이 출범함에 따라 재외동포 통계 원자료에 발리의 재외동포 현황이 별도로 표기되나 여기서는 이 자료를 포함하여 재정리하였음.

P씨는 인도네시아 국적을 따기 위해 현재 심사를 받는 한인 4,000명 중 한 명이다. 이날 BIN(인도네시아 국가정보원) 요원들의 방문은 일종의 정보기관 평판 조회이다. 요원들은 P씨가 어떤 사람인지 알아보기 위해 평소 안면이 있던 L씨를 택했다. L씨는 "저도 이런 과정을 거쳐 인도네시아 국적을 받았다"고 했다.

(한인 동포 사회 내에서) 인도네시아 국적 취득이 증가세지만 마음먹는다고 아무나 딸 수 있는 건 아니다. 비용은 최소 1,600만~2,000만 원(2억~2억 5,000만 루피아)이 든다. 최종 낙점될 때까지 일러도 1년, 늦으면 2년을 기다려야 한다. 그사이 수많은 허들을 넘어야 하는 '장애물 경주'와 같다. 허들의 높이는 갈수록 높아진다.

우선 인도네시아에서 10년 이상 살아야 한다. 1년짜리 장기체류 비자를 5회 갱신한 뒤 일종의 영주권인 '5년 체류 허가증'을 받아야 국적 취득 신청이 가능하다. 최근엔 정관상 '회사 등재이사 또는 주주' 직분을 3년 이상 유지한 사람만 이탑을 신청할 수 있도록 기준이 깐깐해졌다. 일반 직장인은 감히 엄두를 낼 수 없게 된 것이다. 인도네시아 국적을 따기 위해 법인을 만드는 경우 2억 원이 든다고 알려졌다. [...]

인도네시아 이민청에 서류가 접수되면 법무부, 노동부, 국세청 등 관련 부처 협의가 진행된다. 이어 관련 자료는 BIN과 국세청에 넘겨진다. 평판 조회와 현장 방문, 본인 인터뷰, 재산 실사, 세무 조사 등의 과정이 지루하게 이어진다. 범죄 경력, 세금 납부 이력도 검증한다. '인도네시아 국민으로서 국가를 위해 경제적으로 국익에 어떤 기여를 할 수 있는지'가 핵심이다. [...]

실제 BIN의 평판 조회를 받은 P씨는 외교부, 이민국, 국세청, 법무부, 경찰, 행안부 등 관계자 7명 앞에서 30분 넘게 면접 아닌 혹독한 검증을 받아야 했다. 인도네시아 국가를 무반주로 불러야 했고, 인도네시아의 다섯 가지 건국 이념인 '빤짜실라'를 낭독해야 했다. 그는 "반주도 없이 국가를 부르려니 식은땀이 났다"고 말했다.

최종 결재는 대통령이 한다. 다만 현지인과 결혼한 사람은 법무부 장관 결재로 끝난다. 까다로운 과정 때문에 신청자의 10퍼센트 정도만 국적을 취득하는 것으로 추정된다. [...]

- 『한국일보』 고찬유 특파원(2019.04.03.)[19]

2) 교민 공동체의 중심 한인회와 한인상공회의소

인도네시아 한인 사회는 2000년대 중반 최대의 외국인 집단이 될 정도로 규모가 크고 현지에서의 존재감도 높은 편이다. 세계의 한인 교민 사회 중에서 인도네시아 한인 사회는 열다섯 번째로 큰데, 단순히 규모뿐 아니라 소위 '성공한 기업인'이 차지하는 위상과 비중이 높아 한국도 주요 재외한인 사회로 주목한다.

인도네시아 한인 사회의 조직화는 1972년 7월 대한민국거류민회를 통해 본격화되었다. 초대회장은 당시 코데코의 최계월 회장으

19 "거주 10년… 비용 2,000만 원… 평판 조사… '인도네시아 국적 따기 힘드네.'" https://www.hankookilbo.com/News/Read/201904221575372953

로, 14년 동안 한인회장 직을 역임하였다. 1986년에는 일제가 농업 전문가로 징집해 인도네시아에 갔던 신교환이 2대 거류민 회장으로 취임하여 4년간 봉직하였다.

1990년에 3대 한인회장으로 코린도KORINDO 그룹(초기 인니동화라는 사명으로 진출)의 승은호 회장이 선출되었다. 이때부터 한인 사회의 대표조직이 거류민회에서 재인도네시아한인회로 바뀐다. 거류민이 체류기한이 있는 일시적 체류자의 의미를 지닌다면, 한인회는 인도네시아에 장기거주하며 일과 생활 양 측면에서 현지 사회와의 관계에 관심을 갖겠다는 의지를 드러낸 것으로 볼 수 있다. 승은호 한인회장은 이후 22년간 한인 사회를 이끌어왔다. 이 기간 동안 한인회는 제반 활동 조직의 법적 기반을 정비하였는데, 1995년 11월 '한국연합단체YAYASAN ASOSIASI KOREA'를 법원에 등록했으며, 1996년 10월에는 인도네시아어 교육허가를 취득하였고, 1997년 4월에는 한국어 교육허가를 취득했다.

2013년에는 4대 한인회장으로 신기엽이 취임하였는데, 그는 2대 한인회장인 신교환의 장남으로 부자가 한인회장으로 봉사하는 영예를 얻기도 했다. 이후 재인도네시아 한인회의 회장직은 3년 단임제로 정착되었다. 2016년에는 한인회 내 체육 관련 전문인으로 활약해온 양영연이 5대 한인회장에 취임하였다. 2019년에는 인도네시아 한인봉제협회Korean Garment Association, KOGA 회장을 지냈으며 영역 확장을 통해 호텔업에서 큰 성공을 거둔 박재한이 한인회장으로 선출되어 현재까지 봉직 중이다.

표 2 재인도네시아 한인회 주요 활동 이력

시기	주요 활동
1972.07.16.	재인도네시아공화국 대한민국거류민회 결성 및 회칙 제정 최계월 초대 거류민회 회장 취임
1984.02.15.	거류민 회보 발간(연 4회)
1984.02.18.	거류민 회관 준공식
1986.10.15.	신교환 거류민 회장 취임
1990.06.20.	승은호 한인회장 취임
1994.12.10.	사단법인 한인회 등기
1996.06.15.	『한인뉴스』(월간) 창간호 발간
1999.08.10.	한인상공회의소 확대 개편 및 승은호 상공회의소 회장 취임
2002.04.02.	한인회 홈페이지 개설
2003.08.01.	동남아 한상 협의회 개관
2011.07.13.~16.	아시아 한인회 총연합회 총회, 동남아 한상대회 자카르타 개최
2013.01.01.	신기엽 4대 한인회장 취임
2013.03.08.	한-인도네시아 수교 40주년 기념 개막식
2014.12.20.	한-인도네시아 우정의 페스티벌
2015.06.17.~20.	아시아 한인회 총연합회 총회 및 제10회 아시아 한상대회(자카르타) 개최
2015.08.16.	한-인도네시아 광복 70주년 기념 걷기 행사
2016.01.01.	양영연 5대 한인회장 취임
2018.08.	인도네시아 아시안게임에서 남북 공동응원단 활동
2019.01.01.	박재한 6대 한인회장 취임

2020년부터 2년 가까이 코로나19로 인해 한인 사회가 전반적으로 위기를 겪었다. 그 와중에도 인도네시아 한인 사회는 교민의 숙원사업이었던 『인도네시아 한인 100년사』(2020.09.)의 출간을 마무리지었고, 코로나19 확산기에 교민의 안전을 도모하기 위해 자카르타의 대표적인 사설 병원 두 곳과 '한인 전담 COVID-19 진료 협약'을 체결하는 등 어려운 시기를 극복하기 위해 힘을 모으는 모습을 보여주었다.

또 인도네시아 한인회는 회칙을 통해 한인회의 역할을 〈표 3〉과 같이 규정했다. 회칙에서도 볼 수 있듯 한인회는 대사관과의 긴밀한 협조하에 인도네시아 한인 사회의 구심점 역할을 하면서 한인의 결속과 권익 신장, 국가 이미지 제고를 위해 노력한다. 자연재해가 잦은 인도네시아의 현실을 고려하여 재난 상황에서 현지인을 돕겠다는 구절이 포함된 것이 특징적이며, 민족애를 살려 한국에서 재난이 발생하면 고국의 재난을 돕겠다는 구절이 포함된 것이 흥미롭다. 현지 사회와 우호관계 형성을 위한 노력으로 한인회 차원에서 연례행사로 현지의 불우이웃을 돕는 성금을 모아 전달하며, 재난 발생 시 특별 성금을 마련해 피해지에 전달하는 일들도 전개한다.

그 밖에 한인이 현지에서 겪는 다양한 어려움(경제적 곤란, 법률 송사, 의료공제, 사고, 자녀교육, 국제결혼, 후속 세대의 취업 등)에 대비하기 위한 지원 체계를 갖추며, 인도네시아어와 한국어 강좌나 현지 문화를 탐방하기 위한 소모임 등을 운영하기도 한다.

표 3 회칙상 한인회 역할

1. 한인 사회의 조직화와 대표	한인 동포 보호와 권익 신장 대사관과의 공조로 한인 동포 안전 확보 세계 한상대회 참가로 세계 동포와의 유대관계 강화 동남아 한상대회 참가로 동남아 특성의 유대관계 강화 인도네시아 정부 기관과의 한인 동포 업무 협조 지원 인도네시아 지역 한인회와 연합한인회 운영 재외동포재단과의 협력체제 구축 인도네시아 재난 시 현지 불우이웃 돕기 지원 한국의 재난 시 성금 모금 및 지원
2. 한인 동포 보호 및 지원	한인 각 단체와의 협조 및 지원 확대 각종 한인 행사 지원 및 협조 한인 간의 비상연락체제 확립으로 신속한 대응체제 구축 한인 사고 시 현장 확인 및 수습방안 강구 한인 간의 분쟁 중재 한국 파견 기관과의 업무 협조 한국 국제학교(초등, 중등, 고등) 운영 참여 다문화가정의 지원 및 공생 체계 마련 한인 차세대의 취업 및 창업 지원 불우한 한인 돕기
3. 한국 문화 홍보 및 양국의 문화 교류 지원	매월 『한인뉴스』 발간으로 한인 사회의 소식 및 각종 정보 제공 각종 행사 시 인도네시아에 대한민국 국가 홍보 인도네시아에 한국의 문화, 예술, 각종 공연 및 한글 보급 지원

한인회 사무국은 남부 자카르타의 순환도로인 잘란 카토 수브로토의 한국 대사관 영사동 4층에 있다. 이전에는 대사관 옆 코리아센터[20] 내에 있었으나 영사동 신축(2014) 후에 한인상공회의소와 더불어 대사관 건물 내부의 영사동에 신규 입주하였다.

20 코리아센터는 1977년 현지 교민 사회의 성금에 당시 박정희 대통령의 하사금 등을 덧붙여 건축되었다. 이후 한국 정부(대사관)의 자산으로 이전되었는데, 코리아센터의 소유 문제를 두고 한인 사회 내부에 이견이 존재한다.

다른 동남아 한인 사회와 마찬가지로 인도네시아의 한인 사회는 기업인을 중심으로 운영되는 특징을 보인다. 인도네시아 한인 사회에서도 현지 투자 한인 기업의 자조조직인 상공회의소(코참)의 역할이 주목할 만하다. 코참은 본래 1991년 한인회의 한 분과(상공분과위원회)로 출범하였으나 1999년 8월 독립 단체로 분리되었다. 2013년 코참은 한인 기업인 사이의 결속과 소통을 위한 조직 내 활동뿐 아니라 인도네시아에서 활동하는 외국 기업의 당사자 조직인 인도네시아국제기업인회의소International Business Chamber of Indonesia, IBC에 2001년부터 일원으로 참여하여 적극적인 활동을 전개 중이다.[21]

2008년부터는 현 송창근(신발업체 KMK 회장) 회장의 주도로 인도네시아경영인총연합회Asocsiasi Pengusaha Indonesia, APINDO의 특별회원 자격을 취득하여 현지 기업인과도 협력관계를 쌓고 있는데, 특히 외국 기업 중 거의 유일하게 '최저임금제'에 대한 투자기업의 입장을 밝히는 등 존재감을 드러내기도 했다(전제성 · 유완또 2013). APINDO와 인도네시아상공회의소KADIN와도 주요 경제 이슈를 중심으로 교류하며, 한국의 대한상공회의소와도 2006년 양해각서MOU를 체결한 이래, 한상대회를 매개로 국경과 국적을 넘는 다양한 기업단체와 교류 협력을 펼쳤다.

21 송창근은 IBC 부회장직을 맡으며 인도네시아 정관계 네트워크를 활용해 한인 기업의 대정부 정책 제안에 적극적으로 나섰다.

3) 국적 있는 교육을 위한 한국 학교 설립

인도네시아 한인 사회의 특징 중 하나는 남성 직장인의 단신부임을 넘어 매우 이른 시기부터 가족 동반 이주가 이루어졌다는 점이라고 앞에서 강조한 바 있다. 그래서 무역이나 투자 중심의 경제활동을 넘어서 생활인으로 공동의 문제(주거, 식품, 자녀교육 등)를 해결하기 위한 해법을 모색할 필요가 있었다.

교육 문제를 풀어내기 위한 이주자와 정부-민간 공동노력을 통해 인도네시아에는 일찍부터 한국 학교가 마련되었다. 처음 학교 설립이 논의되기 시작한 후 초등에서 고교까지 12년제 학제가 완비되기까지의 과정은 다음과 같다.

한국 학교 연혁

1975.09.19.	거류민회 운영위원회와 이대설 대사가 공동발의하여 '자카르타 한국 학교' 설립을 결의하고 준비위원으로 외환은행 명동휘, 공보관 이찬용, 참사관 김용호가 지명됨.
1976.01.05.	정식 개교. 퍼좀뿡안 소재 정혜선 씨 댁에서 교사 4명, 학생 26명으로 초등학교 1~3년을 편성 개교함.
1977.03.15.	한국 학교 교사 건설을 위한 운영재단이사회를 구성하고, 필요자금을 모금했는데 박정희 대통령 하사금 5만 달러와 한국 기업인들의 출연금으로 충당함.

1977.04.25. 대통령명 제8461호에 의거, 본국 정부에서 공식적으로 자카르타 한국 학교 승인.

1977.07.25. 코리아센터를 건축한 경남기업에서 학교 건물도 건설하였고, 학교 대지와 건물은 주재국 정부 허가 취득의 편의를 위해 대사관에 기증하면서 한국 학교도 대사관 학교의 성격을 갖게 됨. 이듬해 1월 28일자로 이사함.

1989.05.17. 코리아센터 옆의 학교에서 10년 이상 교육이 진행되었는데 한인 사회가 커짐에 따라 학생 수도 늘어 한국의 '콩나물 교실'이 자카르타에서 재현됨. 이에 다시 김재춘 대사를 위시하여 한인 사회 유지 및 기업 대표가 모여 학교 육성을 위한 재단이사회를 발족시켰는데, 재단 이사장에 코린도 승은호 회장이, 부이사장에 현대종합상사의 김대현 지사장이 지명됨.

1990.10. 각계 기업 대표들로부터 모금운동 전개.

1990.11.24. 인도네시아 교육문화부에서 자카르타 한국 국제학교의 설립을 인가받아, 대사관 부설 학교에서 인도네시아 교육부에 정식 등록된 사립 국제학교로서의 지위를 가짐.

1991.07.25. 노태우 대통령에게 자카르타 한국 국제학교 설립 지원 청원서 발송.

1991.09. 대지 정지 작업을 필두로 건설을 시작했으며, 모금 지연으로 완공은 1993년 2월 말에 했고 학교 이사는 1993년 3월 2일에 함.

1994.03.01.	인도네시아 교육부에서 1990년에 학교 설립 인가를 받았으나, 한국 교육부의 중등교육 인가를 1994년 1월 17일에 받아 실제 중학교 1학년 과정 신설은 1994년 3월에 처음 이루어짐.
1996.12.	고등학교 전 과정 개설이 결정되고 강당 신축을 위한 3차 건축기금 모금이 시작됨.
1997.03.01.	고등학교 1학년 과정 신설

– 『한인뉴스』 22호(1998.04.)

연혁에서 확인할 수 있듯이, 자카르타에 한인 학교가 개교한 것은 1976년으로 해외교민 자녀를 위한 학교 설립 역사에서 매우 이른 시기에 해당한다. 처음에는 유치부와 초등학교 3학년 과정까지만 있고 학생 수도 26명에 불과하였다.

학교가 만들어지자 단신부임을 했던 남성 사업가나 주재원들이 가족을 인도네시아로 불러들일 수 있게 되었다. 초기 한인 이주자의 경제활동은 자카르타보다는 칼리만탄과 수마트라 등 외방도서에서 주로 이루어졌으나, 학교 설치에 따라 인도네시아 내에서도 수도 자카르타가 매력적인 거주 목적지로 떠올랐다(신윤환 1995).

처음에는 허가를 받기 쉽도록 대사관 학교로 지었는데 교민의 모금으로 건물을 지어 대사관에 기증하는 형식을 취하였다. 그래서 국고 재산으로 등록되어 있지만 일부 교민은 초기 교민의 성금으로 학교가 모두 건설된 점을 이유로 들며, 교민들의 노력이 누락

된 것을 아쉬워한다.

가족 단위 이주가 늘어나면서 학생 수 역시 늘자 기존 건물을 증축하는 등의 노력이 이루어졌으나, 1990년대 밀려드는 한국인의 물결에 따라 한국 학교의 확장 신축이 교민 사회를 중심으로 시작되었다.

1993년부터 외환은행, 코데코, 코린도, 현대 등 한국 기업의 출연과 교민의 모금으로 자카르타 동부에 새롭게 학교가 신축되었다. 주변 아시아 국가(홍콩이나 싱가포르)의 경우 정부 보조가 학교 건축에 큰 기여를 했다면, 인도네시아에서는 교민에 의해 건축이 완료되었다. 이 사실에 대해 교민은 한편으로는 자랑스럽게 여기면서도 다른 한편 정부에 섭섭함을 드러내기도 했다.

1993년 교사가 신축 완공된 후 학교 명칭이 자카르타 한국 국제학교Jakarta International Korean School, JIKS로 변경되었다. 이 과정에서 JIKS는 대사관 학교의 지위를 벗어나 사립 국제학교가 되었다. 재단은 1998년 3월 '학교 운영 원칙' 안내문을 가정통신문과 『한인뉴스』를 통해 배포하였다.

학교 운영 원칙

자카르타 한국 국제학교는 거류 한인의 자발적인 노력으로 2세들에게 천정부지의 자카르타 국제학교의 학비를 줄이고 **국적 있는 교육**을 시키고자 설립한 사립학교이다. 한국 정부로부터는 학생 수에 따른 교사와 교재 지원을 받을 뿐이며, 학교 운영을 위한 총경비는 학생 스스로 부담해야 한다. 학부모들에게 학교 운영에 대해 설명하면 다음과 같다.

첫째, 모든 학교의 살림은 학교장이 계획하는 것이다. 교사들의 급료, 종업원의 임금, 시설관리 유지비, 전기, 물, 가스, 학습 기자재 구입 등을 예상하고 이에 필요한 재원 확보의 방법을 제시하여 먼저 학교운영위원회의 의결에 부침이 타당하다.

둘째, 교장을 포함한 교사 3명, 학부모 대표 6명(초중고 각 2명), 재단 1명, 대사관 1명, 총 12명으로 구성된 운영위원회에서 학교 살림의 모든 것을 심의, 결정, 운영하도록 한다.

셋째, 사안의 중요성에 따라 운영위원회의 심의를 거쳐 재단이사회에 상정 승인을 받는다. 하지만 대부분의 학내 운영에 관한 논의와 검토는 일차적으로 학교운영위원회에서 이루어진다.

현지 제도 변화는 한국 학교의 정체성에 영향이 미쳤다. 2017년 인도네시아 교육부 차원에서 외국인이 설립한 국제학교에서 인도네시아의 문화교육(이슬람 및 언어 교육) 강화 방침이 수립되었다. 이에 대응하여 JIKS는 한인으로 구성된 재단에서 운영하는 사립 국제학교에서 다시 대사관 학교로 지위를 변경하였다. 학생은 법인 학생과 개인으로 구분하여 입학 보증금과 수업료를 달리한다. 이 학교는 최신 시설을 갖췄으며 여러 가지 과외활동도 운영 중이다.

4) 교류와 소통을 위한 한인회 공식 간행물 『한인뉴스』

지금처럼 인터넷이 발달하기 전에도 정보를 찾고 나누며 한인 사회 구성원을 연결하기 위한 매개체가 필요했다. 교민 중에서 상업 목적으로 한인 언론사를 수립하는 경우도 있지만, 인도네시아에서는 상업 매체에 앞서 비교적 이른 시기부터 한인회가 공식 발간하는 월간 매체가 정보 수합과 전달 기능을 상당수 담당해왔다. 현재의 『한인뉴스』가 정기적으로 발행되기 2년 전인 1994년 9월부터, 교민 사회의 정보 교류를 목적으로 『한인회보』라는 월간지가 창간되어 2호까지 발행되었다.

다음 '창간의 변'에는 1990년대 한인 사회의 성격 변화와 장기체류 교민의 불편한 고민이 드러나 있다. 1980년대 초반까지는 한국의 해외이주 정책 자체가 까다롭고 다양한 검증절차를 요구했기 때문에, 인도네시아 교민 사회는 검증을 통과한 '알 만한 사람들의 단일 정체성'을 갖춘 집단이었다. 하지만 1980년대 중후반부터 사회경제 조건이 다른 집단이 급속도로 증대되고 불미스러운 사건들도 발생함에 따라 이주자 사회의 규율을 강화하려고 정보 네트워크를 만들려는 시도가 『한인회보』 창간에 영향을 미쳤음을 알 수 있다. 교민 사회 내에서 갈등과 차별화가 가시화되기 시작한 것으로 볼 수도 있다.

창간의 변

1980년대 말부터 갑자기 밀려들어온 한국 투자업체와 한국인 근로자 수는 지난 20여 년 동안 이곳에서 살아온 교민 사회를 엄청나게 변화시켜 놓았다. 서로의 믿음과 신뢰로 살아가던 교민 사회를 흩트려놓았으며 순수한 목적으로만 체류하던 교민 사회가 국내 사정이 어려워짐에 따라 국내에서 쫓기는 범죄자와 국내에서 부도를 내고 도피한 사람의 임시 도피 장소로 이용된다. 이러한 때 교민은 출처가 불분명한 유언비어를 화제로 삼고 있으며 우리 자신이 고쳐야 할 점도 모르고 넘어가는 경우가 허다하여 우리 교민의 대변지의 필요성이 대두하게 된 것이다. 그것뿐이 아니라 교민 상호 간의 정보 교환 등 상부상조하는 교민 사회를 만들어 나가기 위해서라도 일찍부터 '한인 회보'의 발간의 필요성을 느끼고 있었던 것이다. 늦은 감이 없지 않으나 교민 스스로가 만드는 교민의 신문으로서 지속 발전시키기 위하여 교민 스스로가 참여하는 적극적인 협조가 필요할 것이다.

– 『한인회보』 창간호(1994.09.15.)

『한인회보』는 여러 우여곡절을 겪었는데 한인회 운영에 불만을 품은 일부 교민이 정기간행물 등록이 안 된 것을 당국에 고발함에 따라 발간이 중단되고 총무가 경찰의 조사를 받는 사건(한경구 1996)이 발생하기도 했다. 하지만 이를 계기로 한인회 자체가 임의단체의 지위를 벗어나 인도네시아 정부에 1995년 11월 공식조직이

자 현지법인 격인 야야산Yayasan으로 등록되면서 간행물의 위상도 함께 공식화할 수 있었다. 1995년 말부터는 한인회에서 자체적인 회원등록제도를 마련하여 정보 교류(도서 및 비디오 대출)와 각종 한인 행사에 대한 홍보가 이루어졌다.

한인회의 공식 월간 소식지는 『한인뉴스』로 이름을 바꾸어 1996년부터 재발행되었다. 처음에는 기존의 『한인회보』와 마찬가지로 16면 타블로이드 신문 형태였으나, 1997년 1월부터는 잡지 형태로 발간했다.[22] 한인회는 이 소식지를 무료로 발행하고 전국적으로 배포하는데, 2006년 4월호 이후의 『한인뉴스』는 한인회 홈페이지에서 e-Book 형태로 제공되어 누구나 열람이 가능하다.

한인회 구성원은 창간 이래로 한 번도 누락 없이 현재까지 『한인뉴스』를 발간해왔다는 사실을 매우 자랑스럽게 여긴다. 과거에는 주요 뉴스가 기업 소식에 집중되어 있었으나 최근에는 교민 사회 전반의 이슈들과 여행, 언어, 문화 등의 현지 정보, 그리고 인도네시아의 사회경제·정치의 주요 동향도 자주 수록된다. 매월 초 3,000부 이상 발간하는 『한인뉴스』는 광고보다는 품격 있는 정보지로서 교민이 교류하는 창구가 되고 있다.

---

22 판형 변경 당시 편집장은 다음과 같은 후기를 남겼다(한인뉴스 통권 7호). "불현듯 한국이 생각날 때 보고 싶은 책 「한인뉴스」를 만드는 것이 우리의 희망이다. 흩어진 마음들을 하나로 모아주는 역할의 매체로 「한인회보」를 발간했다. 1996년 7월 「한인뉴스」로 재창간되어 12월에 제6호가 발행되었다. 어느 사이엔가 인도네시아 유일의 정론지로 자리 잡은 「한인뉴스」는 정축년 새해를 맞아 그 모습과 내용을 새롭게 일신하였다. 보기에도 편하고 보관도 용이하게 책자 형태로 바꾸었으며, 다양한 지면 구성과 기획 기사로 교민의 정보 욕구를 채워주고자 노력하려 한다. 변함없는 관심으로 지켜보면서 하고 싶은 말, 알리고 싶은 일이 있을 때는 언제든 편집실의 문을 두드려줄 것을 요청한다."

5) 지역적으로 다양한 한인 사회

인도네시아는 영토가 넓은데 위치와 보유 자원에 따라 한인의 삶의 양태도 다양할 수밖에 없다. 앞의 〈표 1〉에서 살펴본 바와 같이 2022년 한인의 거주 지역은 주요 섬을 거의 대부분 포괄할 정도로 범위가 넓다. 물론 전체 등록 한인의 약 36퍼센트가 수도인 자카르타에, 91퍼센트가 자카르타를 포함하는 자바섬에 집중적으로 거주하고 다른 섬은 십수 명에서 500~600명으로 편차가 크다. 지역에 따라 주요 경제활동, 한인 사회의 특성도 달라, 자카르타나 서부자바 지역에 대한 관찰만으로 한인 사회 혹은 한인 비즈니스의 성격을 한정하는 것은 한계가 있다. 지방의 한인들 역시 지역별 한인회를 조직하여 경제활동과 생활면에서 정보 교류와 공동체의 권익 실현을 추구한다.

현재 인도네시아에는 14개의 지역 한인회가 설립되어 운영 중이다. 자바섬에 8개가 있고 나머지 6개는 외방도서 곳곳에 자리한다. 인도네시아에는 우리와 마찬가지로 자카르타를 둘러싼 광역수도 지역이 존재하며, 이 거대권역을 자보드타벡Jabodetabek이라 부른다. 각각 자카르타Jakarta, 보고르Bogor, 데폭Depok, 탕그랑tangerang, 버카시Bekasi의 도시명에서 앞머리를 따서 만들어진 말이다. 서울에 기업의 본사나 고차생산자서비스업(금융, 보험, 부동산 등)이 집중되고 서울을 둘러싼 배후도시가 베드타운이나 산업단지로 개발되는 것과 유사한 이치이다.

인도네시아 수도권에는 자카르타의 한인 단체 총연합회를 제외하고, 총 4개의 지역 한인회(탕그랑반튼 한인회, 보고르 한인회, 수카부미 한인회, 반둥 한인회)가 조직되어 있다. 기본적으로 제조업 산업단지를 중심으로 기업이 밀집되고 집단 거주지가 나타나는 특성을 공유하지만, 해당 지역의 특성과 누적적 도시 발전의 동력에 따라 차별성도 나타난다.

먼저 탕그랑반튼 한인회는 자카르타 서쪽에 자리한 산업도시를 배경으로 한다. 탕그랑이 도시명이고 반튼은 자바의 가장 서쪽에 자리한 주Provinci이다. 한-인도네시아 경제협력이 자원 부문을 넘어서 제조업 투자로 이동하던 1980년대부터 부산과 경남의 봉제, 신발, 건설, 전자업체가 진출한 것을 계기로 한국 기업과 한인 사회가 형성되기 시작했다. 일본을 비롯한 해외 공여국의 ODA(개발도상국의 발전과 복지 증진 등을 주목적으로 하는 원조)성 자금 지원으로 공항 및 항만과 연결되는 산업고속도로와 산업단지가 조성된 것도 탕그랑의 산업화를 촉진시켰다.

탕그랑반튼 한인회는 2010년 1월 별도의 한인회로 독립 출범했는데 신발, 봉제, 가전 등의 제조업을 중심으로 1,000개 정도의 한국 기업이 있고 거주 한인 수도 4,000~5,000명 선에 달하는 것으로 알려졌다. 2010년대 이후 일관제철소(제선, 제강, 압연의 세 공정을 모두 갖춘 제철소)를 건설 후 운영하는 포스코와 같은 중화학공업과 유관 산업의 조업도 활성화되어 있다. 대규모 기업집단과 거주 한인이 많아지면서 자체 '문화원'을 개소하고 한식과 한류 행사를 개최하며 지역 사회와의 소통에도 앞장선다. 탕그랑반튼 한인회는 독특한 지역 사회 기여를 추진하는 것으로 유명한데, 매년 약 100명의 지역 남자 어린이에게 무료로 할례 시술을 지원하는 행사를 개최한다.

반둥 한인회는 1984년 종교회합을 위한 한인 모임이 만들어진 이후 1986년 정식으로 출범하였다. 반둥은 자카르타에서 약 150킬로미터 동남쪽에 위치한 도시이다. 네덜란드 식민시대 휴양도시이자 농업 플랜테이션(차 재배)으로 개발되었으나 이후 독립혁명기 불타는 전장이기도 했고 독립 후 수카르노 대통령이 주도한 비동맹회의의 개최지로 국제 사회에 널리 알려졌다. 반둥공과대학교와 인도네시아교육대학교 등을 배경으로 교육도시로서의 이미지도 강하다.

또 다른 특징은 섬유산업 도시라는 점이다. 섬유 및 염색업의 특성상 수자원이 풍부한 곳이 좋은 입지인데 고지대(해발고도 700미터 이상)에 자리한 반둥은 이 조건에 알맞다. 한국 기업과 한국인 기술자는 1980년대 한국(주로 대구·경북 지역)에서 반둥으로 기업 이전이나 취업을 통해 이동해왔다.

반둥은 '한사모Bandung Korea Community(한국을 사랑하는 이들의 모임)'라는 인도네시아 최초이자 자생적인 한류 커뮤니티가 2006년 만들어진 곳이기도 하다. 한사모는 한인 사회와 교류하며 인도네시아의 한류 확산에 기여한다(박지현 2015).

보고르와 수카부미는 각각 자카르타 남부와 동남쪽에 자리한 도시로 산지 지형이라 휴양지로 더 널리 알려졌다. 양 도시 모두 한인 사회의 주축은 봉제와 가방 등 제조업 부문이 차지한다. 인도네시아는 지역별로 최저임금에 차이가 있는데, 자카르타에 비해 상대적으로 저렴한 인건비가 장점으로 작용했다. 최근에는 이곳의 최저임금도 가파르게 오르면서 중부와 동부자바 쪽으로 공장을 이전하거나 제2 공장을 건설하는 움직임이 관찰된다.

코로나19 발발 초기, 우리나라가 '신천지 사태'로 인해 중국에 이어 두 번째로 감염자 수가 늘어난 시점에 재인도네시아한인봉제협회KOGA에 속한 6개 회사가 한국에서 사용할 방호복의 긴급 생산을 위해 힘을 뭉친 일이 있다. 이때 보고르와 수카부미, 반둥의 의류 생산업체도 이 대열에 합류했다(SBS 뉴스 2020.03.11.).[23]

중부자바에는 북부 해안도시 스마랑, 스마랑 인근의 작은 해안도시 즈파라, 그리고 족자카르타에 각각 지역 한인회가 있다. 북부 해안도시 스마랑은 중국의 명나라 때인 1400년대 초반 태평양과 인도양을 누빈 정화 원정대의 역사 유산이 크게 남은 곳이다(강희정·송승원 2021 참고할 것). 양호한 항구 조건을 바탕으로 일찍부터 섬유봉제, 신발, 가방 등 노동집약적 산업이 자리 잡았다. 한인의 비즈니스도 큰 틀에서 이와 유사하다.

다른 한편 스마랑에서 멀지 않은 남부의 살라티가에는 선교사 자녀를 위한 마운틴뷰 기독학원Mountainview Christian School이란 사립학

23 "조국이 쓸 건데 … 재인니 韓 봉제업계, 방호복 220만 장 납품." https://news.sbs.co.kr/news/endPage.do?news_id=N1005692003&plink=COPYPASTE&cooper=SBSNEWSEND https://news.sbs.co.kr/news/endPage.do?news_id=N1005692003

교가 있다. 필자가 이 지역을 방문했을 당시 이곳을 일종의 국제학교로 인식하여 자녀를 뒷바라지하려는 일종의 '교육 이주' 유형의 체류자도 상당수 있었던 점을 흥미롭게 바라봤다. 스마랑 한인회는 1996년 설립되어 현재 8대 회장까지 배출했다. 1대와 7대 한인회장을 역임한 김소웅 회장에게서 『SEMARANG 소식』의 창간호 사본을 구할 수 있었는데, 이를 통해 스마랑 한인회의 출범 계기와 다짐을 확인할 수 있었다.

창간의 변: 재인도네시아 스마랑 한인회 발족에 즈음하여

인도네시아 스마랑 지역에 거주하는 대한민국 교민의 참여하에 1996년 8월 3일 한인회를 결성, 발족했습니다. 한마음으로 협조하여주신 교민 여러분에게 진심으로 감사드리며, 특히 준비위원으로 애써주신 박○○님과 유○○님에게 깊은 감사를 전합니다.

스마랑 지역의 교민은 70여 명으로 한국계 투자기업 및 현지 기업에 관계하시는 분과 그 가족으로 상호 간의 유대가 지극하며 열심히 생활하고 있습니다. 특히, 지난 7월에 이곳을 방문한 부산수산대학교의 실습선박 환영행사 등에서 보여준 정감어린 마음은 이 모임체를 결성하는 주된 계기가 되었습니다. 다시 한 번 교민분들께 진심으로 감사드리며, 이 모임체가 더욱 활성화하고 발전하도록 깊은 관심과 애정을 보내주시길 부탁드립니다.

- 『SEMARANG 소식』(1996.08.08.)

스마랑에 거주하는 한인 수가 그리 많지는 않지만, 한인회 전용 사무실과 교육공간이 있고 이곳을 중심으로 한국인 자녀와 한국을 배우고자 하는 인도네시아인을 위해 한글교실과 문화체험 활동이 제공된다. 2016년에는 인도네시아 내 한류 붐에 부응하여 '스마랑 코리아 페스티벌'을 개최하였는데, 작은 한인조직 행사에 현지인이 2,000명 이상 참여하는 저력을 드러내기도 했다.

최근 몇 년간 자카르타 인근의 최저임금 상승 압력으로 인해 다수의 신발과 봉제 업종 한국 기업이 중부자바 지역으로 공장을 이전하였다. KMK글로벌스포츠그룹과 파크랜드의 대공장이 스마랑 인근과 도시 남부의 살라티가로 이전함에 따라 향후 스마랑의 한인 사회는 다시 성장세를 보여줄 것으로 기대된다.

즈파라는 중부자바의 작은 해안도시이다. 역사 측면에서는 인도네시아를 대표하는 여성 운동가 카르티니Kartini(1876~1904)의 고향이며, 경제 측면에서는 유명한 목자재 집산지로 가구공장이 집중된 곳이다. 유럽계 가구회사와 가구상점이 다수 입점해 있다. 즈파라 한인 사회도 주로 가구제조업을 중심으로 형성되어왔는데, 2010년 즈파라 한인회 발족 이후 한인회장을 역임했던 전임 회장들도 모두 가구와 연관된 비즈니스 종사자이다.

즈파라 한인회 산하에는 2013년 코이카의 지원(교사 인력 지원)을 받아 설립된 한글학교가 있다. 한인회관의 1층에 위치한 한글학교의 주된 교육 대상은 30여 명에 달하는 다문화가정의 자녀와 현지인 엄마들이다. 즈파라 한인회는 토요 한글학교를 운영한다.

족자카르타(혹은 족자)는 중부자바 남부에 자리한 관광과 교육 특구 도시이다. 자바 문화의 정수라 불리는 도시로 보로부두르 유적과 프람바난 사원과 같은 세계문화유산이 자리한다. 행정적으로도 특별자치지역으로 분류되어 선거가 아닌 술탄의 자치권이 유지된다. 그렇다고 구시대적 분위기는 결코 아니다. 인도네시아를 대표하는 최초의 고등교육 기관 가자마다대학교 덕분에 시민 사회와 여성의 활동도 활발히 전개된다. 심지어 현 술탄에게 아들이 없어 차기 술탄은 장녀의 승계가 예정되어 있기도 하다(한국일보 2019.05.07.).[24]

족자카르타에는 1980년대 이후 유학생(주로 어학연수)과 선교사들이 자리 잡기 시작하다가 1990년대 골프장갑 공장이 들어오면서 한인 사회가 급속도로 커졌다. 2005년 경상북도와 족자카르타가 자매결연을 맺은 이후 양 지역의 공무원과 대학생 교류가 정기적으로 이루어졌으며, 보다 최근에는 새마을운동 ODA를 통해 족자카르타를 기반으로 농촌개발 프로그램을 전개하는 봉사자 수가 늘어나기도 했다. 족자카르타 한인 사회는 지역의 대학교, 현지 사회와 다양한 문화행사를 통해 접촉하고 교류한다.

동부자바 한인회는 인도네시아 제2의 도시 수라바야에 자리한다. 부산과 자주 비교되는 수라바야는 항구도시이자 산업도시로 일찍부터 한인이 다수 진출했다. 지역 한인회 중 역사가 가장 긴

---

24 "인도네시아 '족자카르타' 첫 예비 여왕 '행복은 소득순 아니다.'" https://www.hankookilbo.com/News/Read/201905061686779792

데 1978년에 처음 결성되었다. 한국의 1호 플랜트 수출로 기록된 미원의 인도네시아 진출지가 수라바야에서 가까운 그레식이고, 제일제당(현 CJ)이 사료용 아미노산 생산을 위해 진출한 빠수루안도 수라바야에서 멀지 않다. 인도네시아 진출 1호 기업인 코데코가 한국 정부의 요청에 따라 최초의 유전개발에 나선 마두라 광구도 가깝다. 마두라섬은 현재 수라바야와 다리로 연결되어 있다.

사실 수라바야는 1997년 초 한국에서 대규모 투자조사단을 파견할 정도로 산업 측면에서 부산과 유사성이 많았다. 참고로, 한국의 봉제 및 신발업종은 서부자바를 중심으로 집적해 있지만, 대만과 일본 및 로컬기업은 수라바야 인근의 동부자바에 모여 있다.

하지만 아시아 외환위기를 겪으면서 인도네시아도 수도권 집중도가 강화되면서 동부자바의 한인 사회는 정체의 위기를 겪기도 했다. 인도네시아 영토는 넓고 동부자바를 비롯한 인도네시아 동부의 잠재력은 여전히 크다. 이에 코트라는 2012년 수라바야에 인도네시아에서 두 번째 코트라 무역관을 설립하였다.

다른 한편 수라바야에는 역사적으로 우리가 기억해야 할 기념물이 있다. 수라바야 중심부에 아담한 규모의 한국공원Taman Korea이 있고 이 공원의 중심에는 '평화기원의 탑'이 세워져 있다. 1940년대 태평양전쟁 당시 인도네시아로 강제동원된 군인, 노동자, 군속, 위안부 등의 희생을 기리는 탑이다. 술라웨시와 몰루쿠제도의 섬에서 활주로 건설 등 노역에 시달리던 조선인이 전쟁 말기 폭격으로 희생되었는데, 그 수가 무려 2,300여 명에 달한다. 한국공원과 이

재인도네시아한인회(전국)
총 14개 지역 한인회

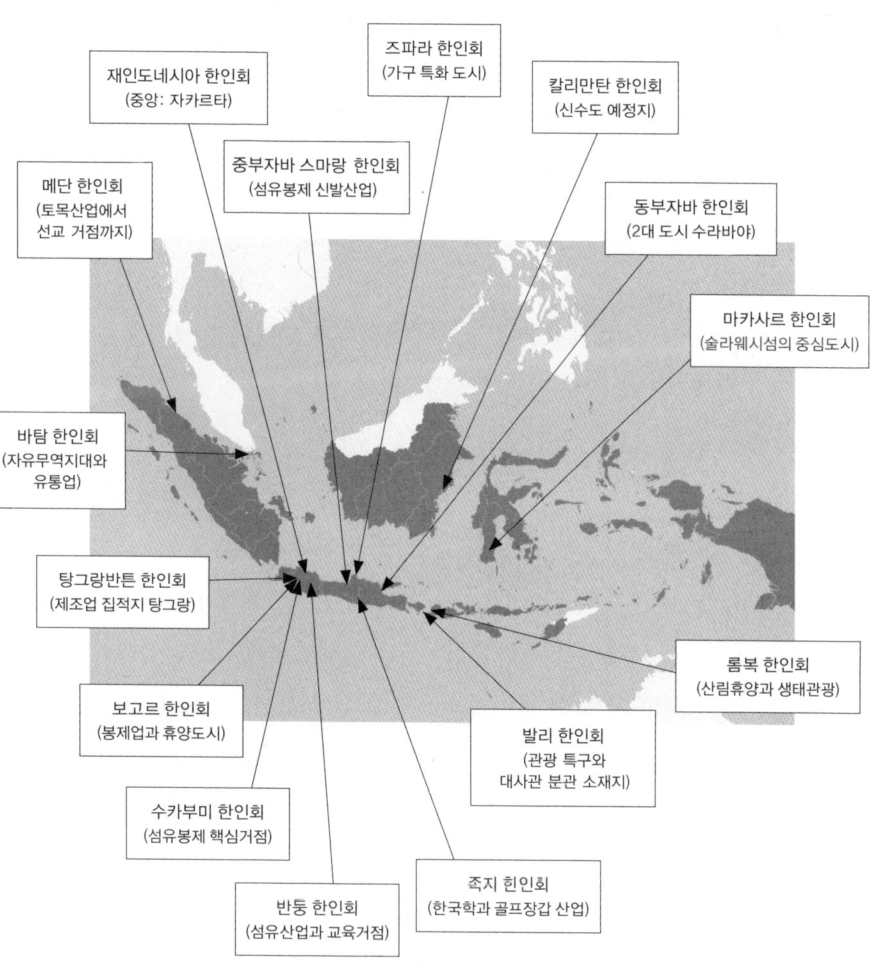

그림 5 인도네시아 지역별 한인회 분포와 주요 특성

탑은 한국의 '대일항쟁기 강제동원 피해조사 및 국외 강제동원 희생자 지원위원회'와 수라바야시 정부 간의 합의에 따라 2010년 5월 조성되었다.

그 밖에 수마트라섬의 메단, 싱가포르-인도네시아 간 자유무역지대로 지정된 바탐섬, 술라웨시섬의 대표도시 마카사르 등도 한인 및 한인 기업의 진출과 체류의 역사가 제법 길며 구성원 수가 많지는 않지만 지역 한인회가 만들어져 한인 간의 구심체로 활동 중에 있다.

인도네시아를 대표하는 관광도시인 발리와 롬복에는 관광업 종사자를 중심으로 한인 사회가 형성되었다. 발리는 인도네시아의 관광일번지로, 인천과 직항로가 연결될 만큼 한국인 관광객의 방문도 많고 인도네시아가 유치한 대규모 국제행사도 종종 열리는 곳이다. 발리 한인회도 비교적 이른 시기인 1992년에 설립되었다.

발리를 찾은 한국 관광객은 한인 사회의 비즈니스 고객이기도 하지만 위기 상황에서는 영사조력을 제공해야 하는 보호의 대상이다. 이런 점에서 발리 한인회는 거주자 간 화합과 유대관계의 형성과 발전을 넘어 익명의 자국민을 지원하는 추가 임무도 가진다. 영사조력은 한인 사회의 호의에만 기대기는 어려운 일이기 때문에 2021년 3월 주인도네시아 한국 대사관의 발리 분원이 개소되었다.

인도네시아 지역 한인회 중 가장 최근에 설립된 한인회는 동칼리만탄주 발릭파판에 있다. 이 도시는 조코위 정부가 추진하는 수도이전 대상지의 배후도시로 최근 국내외 투자자와 도시건설 관련 기업의 관심이 집중되는 곳이다. 칼리만탄은 자원이 풍부한 섬으로 인도네시아 진출의 문을 가장 먼저 연 코데코와 코린도의 사업이 시작된 곳이다. 석탄개발 전문 키데코의 사업장도 발릭파판에서 멀지 않다. 또 현재는 인도네시아 석유회사와 계약해 현대에서 정유소 건설 작업도 수년째 추진 중이다. 발릭파판의 한인은 50~60명에 불과하지만 향후 발전 잠재력을 보고 2019년 말 열네 번째 지역 한인회가 공식 발족하였다.

1장

인도네시아를 향한 한인의 발자취

필자가 현지조사를 수행 중이던 2019년 초에 인도네시아 한인 사회 일각에서 주목할 만한 분주한 움직임이 포착되었다. 이 해는 3.1운동 100주년을 맞이하여 국내뿐 아니라 재외동포 사회에서도 다양한 기념행사를 펼쳤다. 인도네시아 역시 한국 대사관, 한인회, 한인 단체가 선열의 나라 사랑과 민족 자긍심을 계승하고 발전시키자는 취지의 다양한 행사를 주관했다.

그중에서 2019년 3월 4일 자카르타에 소재한 아트마자야대학교Universitas Katolik Indonesia Atmajaya에서 개최된 "3.1운동 및 임시정부 수립 100주년 기념 세미나"는 인도네시아 한인 사회를 관찰하던 필자에게 매우 특별하게 다가왔다. 한국 역사 관련 행사인데 인도네시아 측이 너무도 적극적으로 협조하고 참여했기 때문이었다. 이 행사의 개최 의의를 되새기며 한인 이주사의 본격적인 이야기를 시작해보려 한다.

세미나의 중심 주제는 100년 전 한국에서 전개된 3.1운동으로, 이를 인도네시아인에게 소개하는 자리였다. 한·인니문화연구원과 현지 역사 단체의 공동 세미나인데 한국인 2인과 인도네시아인 2인이 발표자로 참여했다. 현지의 펠리타하르판대학UPH 소속의 한국인 교수 김성식은 「한국인의 관점에서 본 3.1운동 및 임시정부」를, 교민 역사 연구자인 김문환은 「3.1항일투쟁과 장윤원, 그리고

그림 6 3.1운동 100주년 기념 세미나

출처: 인도네시아 한인회(2019.03.04.)

고려독립청년당」을 발표했다.

인도네시아 역사 전문가 2인은 각각 「3.1운동에 대한 인도네시아 사람들의 인식」(로스티뉴Rostineu, 인도네시아대학교 한국학과 교수)과 「일본 군부 통치자에 대한 인도네시아 청년들의 저항」(헨디 조Hendi Jo, 저널리스트)을 설명하였다.

본 세미나에서 가장 인상 깊게 공유된 주제는 "한국인의 독립운동이 어떻게 한반도를 넘어 이국땅 인도네시아에서 이어질 수 있었는가"로, 청중의 대부분을 차지한 인도네시아인의 관심은 매우 뜨거웠다. 주제가 한국의 3·1운동이지만 이 행사의 공식언어는 인도네시아어였고 행사장을 찾은 100여 명의 참가자 중 90퍼센트 이상이 한국인이 아니라 인도네시아인이었다는 점 역시 유례가 없었던 일이었다. 본 행사에서 사회를 본 배동선(교민, 『수카르노와 인도네시아 현대사』 저자)은 이 세미나를 교민 사회 형성 후 '단 한 번도 없었던 사건'으로 평가하며 다음과 같은 말을 남겼다.

> 제국주의 시대 역사 인식에 늘 일정한 온도 차를 보이던 한국과 인도네시아 양국이 항일투쟁이란 접점에서 만나 앞으로 보다 진지하게 민간 차원에서 학술적으로 서로의 역사 이야기를 나눌 첫 초석을 놓았다는 점에 무엇보다도 큰 의미가 있다.
>
> – 『한인뉴스』(2019.04.)

세미나가 주목하였듯, 일제강점기 시대 인도네시아에는 독특한 조선인(한인) 집단이 존재했다. 가장 큰 비중을 차지한 이들은 '조선인 포로 감시원'으로 불렸던 한국인 군속이다. 일제하에서 강제로 동원된 한국인이 적도를 넘어 인도네시아에까지 이르렀던 것이다. 동원된 총 3,000여 명 중 절반이 넘는 조선인 군속이 인도네시아(주로 자바섬)에 배치되었다. 이들이 이곳에서 겪은 역사적 경험은 여전히 미해결된 강제동원의 역사, 고려독립청년당과 같은 해외 항일운동, 군위안부 문제, 일본군(인)에서 미분화한 채 B·C급 전범이 되었던 문제, 고국 귀환 대신 현지인과 더불어 인도네시아 독립전쟁에 참가한 것에 이르기까지 다양한 역사적 사건과 층위가 겹친다.

1. 태평양전쟁 시기와 수교 전 한인(1944~1967)

이번 절은 일제강점기 시대에 적도 이남의 이국땅 인도네시아를 찾은 조선인의 삶의 궤적을 당시의 역사·사회 맥락 안에서 살펴본다. 필자가 일제강점기 시대 한인의 족적에 관심을 갖는 이유는 다음과 같다.

먼저 이들의 경험이 세대를 전승하여 이어졌고 현재의 한인 사회를 구성하는 데 영향을 미쳤기 때문이다. 이때 인도네시아에 왔던 한인의 절대다수는 강제동원 피해자였고 전쟁 후 이들의 개인사는 대체로 인도네시아와 무관하게 한국 땅에서 이어졌다. 하지만 교민의 노력으로 발굴된 역사를 보면 태평양전쟁 이전에 이미 인도네시아에 들어와 나름의 활동을 하거나, 전후에 고국 귀환 대신 이곳에 남아 새로운 인생을 개척한 인물도 있었다. 2대 한인회장을 역임한 신교환의 사례처럼 당시의 경험이 일정 자산이 되어 인도네시아 이주와 정착을 결심하는 중요한 계기로 작동하기도 했다. 인도네시아에 대한 초기 한국인 투자는 많은 경우 일제강점기 시대의 경험과 1960년대 한국과 일본 사이에 인적 네트워크가 있던 이들에 의해 주도된 것 역시 부인할 수 없는 사실이다(서지원·전제성 2017).

다른 한편, 일제강점기 시대 인도네시아 한인의 삶은 다양한 궤적으로 구성되어 있음에도 강제동원 피해자나 다소 부풀려진 영웅 신화(양칠성의 사례) 등 극적인 사례가 대표되는 문제가 있기 때문이다. 역사 기록은 선택적일 수밖에 없지만, 당시 한인의 결정과 그로 인한 인생사가 여러 갈래였던 만큼 다양한 사례를 소개하고 그 역사를 다각적·다층적으로 재구성할 필요성이 있다고 판단된다.

그런 점에서 이 절은 일제강점기 시대 인도네시아 땅을 밟았던 조선인의 자취를 따라 '인도네시아 한인사'의 첫 장을 기록하는 데 의미를 두고자 한다.

일제강점기, 조직적이며 집단적인 규모로 인도네시아를 찾은 이들은 강제동원 피해자들이다. 이들의 이동은 일제에 의해 강제적(혹은 속아서)으로 이루어졌기 때문에 독립 후 이들의 일차 목표는 조선으로의 '복귀'였다. 인도네시아로 강제동원되었다가 갖은 고초 끝에 본국 귀환을 한 조선인의 개인 경험은 일제하 전쟁범죄에 대한 진상규명과 해외 독립운동을 기록화하려는 시대적 과제에 따라 한국 근현대사의 일부로 귀속된 바 있다.

하지만 국내에서 발굴된 역사 기록 너머에는 일본 제국의 정책과는 무관하게 자발적으로 인도네시아를 찾았던 이들과 일제 패망 이후 현지 체류를 택하거나 귀환 후 인도네시아로 역복귀한 이들의 이야기도 존재한다. 이들을 이주사의 첫 장에 위치시키는 것은 전체 글의 맥락에서는 다소 벗어나는 것으로 보일 수도 있지만 자발적 이주자나 현지 정착을 택해 인도네시아 한인 사회의 뿌리를 일군 이들의 이야기는 적극적으로 발굴될 필요가 있다.

이들 사례로 재인도네시아 한인사의 서장을 풍부하게 기술하기 위해 독립운동 망명객 장윤원, 귀환을 포기하고 조선인 혹은 일본인으로 현지의 삶을 택한 김만수와 유홍배 등의 대조적인 삶의 궤적을 정리하였다. 참고로 이 시대 한인(조선인)에 대한 사료는 인도네시아 한인회의 원로 김문환과의 인터뷰와 초청강연, 그가 인도네시아 현지에서 출간한 저서 『적도에 뿌리내린 한국인의 혼』(자카르타 경제일보 2013)의 기록에 크게 의존하였음을 미리 밝힌다.

1) 경제 기회를 찾아온 조선 상인

인도네시아 체류 한인의 선봉은 인삼 판매상들이었다. 적도의 자바섬과 말라카해협 인근에서 활약했던 인삼 상인에 대한 기록은 1890년대부터 존재한다. 인삼 판매상은 대규모 약종상과 이들에 소속된 다수의 행상으로 구성되었다. 1916년 조선총독부는 싱가포르에서 네덜란드령 동인도(현재의 인도네시아)로 가기 위해 여권 발급을 기다리던 한국인 인삼 판매 행상에 대한 기록을 남긴 바 있다.

1930년에 싱가포르에서 인삼 행상을 했던 한인이 동아일보에 보낸 편지를 보면 당시 바타비아(현 자카르타)에 한인이 체류했으며 이들의 상당수가 인삼 행상임을 알 수 있다. 1930년대 근대적 양약방이 등장하면서, 인삼 보부상은 농촌과 산지인을 고객으로 삼기 위해 보다 오지로 들어갔다.

2) 발굴된 독립운동가, 장윤원

장윤원은 현재까지 발굴된 인도네시아 한인사 기록 중에서 일제강점기 시대에 인도네시아 땅에 발을 디딘 첫 번째 인물이다. 1920년 9월 바타비아에 도착한 이후 1947년 사망 시점까지 27년간 인도네시아에 머물며 한인 사회의 일원으로 활동했다.

우쓰미 아이코·나마무라(1980; 1081; 2012)의 저서에 짧게 언급된 적이 있으나 실질적으로 그를 발굴하고 다양한 측면에서 삶을 조명한 것은 김문환이다. 김문환은 그의 저서 『적도에 뿌리내린 한국인의 혼』에서 첫 번째 인물로 장윤원을 소개한다.

재인도네시아 한인은 '독립운동가' 장윤원을 자랑스럽게 뿌리로 내세운다. 일본 유학을 했을 정도로 수재였던 그는 식민지 조선의 은행에 근무하면서 은행 돈의 일부를 3·1운동 자금으로 빼돌렸다. 이 사건은 은행과 당국에 적발되었고, 그는 임시정부가 있던 중국으로 탈출했다. 임시정부는 다시 그에게 자금 조달 임무를 맡겼고, 그는 독립자금을 마련하기 위해 1920년 9월 낯선 땅 바타비아에 도착했다.

이후 바타비아에서의 그의 활동과 임시정부와의 관계는 공식적으로 알려진 바는 없으나, 1942년 3월 자바 상륙 후 일본군의 '불순분자' 색출 작업에 걸려 자카르타 스트루스윅 형무소에서 3년 이상 복역하며 갖은 고초를 겪었다고 한다. 일본 패망을 기점으로 재자바조선인회나 고려독립청년당 조직을 뒤에서 후원하거나 귀환이 지연된 동포를 돕는 등 초기 인도네시아 한인 사회의 보호막 역할도 했다는 기록이 존재한다. 감옥 생활로 건강을 잃은 그는 1947년 11월 23일에 모질고 한 많은 65년의 인생을 자카르타에서 마감했다(채인숙 2019).

인도네시아 한인이 직접 쓴 『인도네시아 한인 100년사』의 총괄 편찬위원인 신성철은 한 언론과의 인터뷰에서 다음과 같이 말했다.

> 1920년 9월 20일 장윤원 선생이 인도네시아 수도 자카르타(당시 바타비아)에 도착한 시점을 시작으로 잡았다. 앞서 1910년대 한인 인삼 상인들이 인도네시아를 다녀가기도 했으나, 독립운동 및 초기 한인 사회 구축에 앞장선 장윤원 선생의 업적과 체류 기간(27년), 여기에 묻힌 점 등을 고려해 인도네시아 한인 역사의 뿌리로 본다. 그간 연구는 이뤄졌지만, 기록이 많지 않아 네덜란드 암스테르담 현지조사도 구상하고 있다. 기

록을 찾으면 서훈 신청도 해보고 싶다.

새롭게 발굴된 장윤원이란 인물이 조선을 떠나 인도네시아에서 생을 마감할 때까지의 이야기는 여전히 많은 부분이 역사적 공백으로 남아 있다. 그가 어느 정도 독립운동을 했는지, 독립자금 모금을 위해 인도네시아까지 온 연유와 과정은 어떠했는지, 네덜란드 식민지 바타비아에서 그리고 짧게나마 일제가 인도네시아를 점령했던 기간 동안 그가 다른 조선인과 어떤 관계를 맺었는지 등의 의문은 여전히 해결되지 않고 있다.

그래도 그를 역사의 첫머리에 두면 인도네시아 교민은 100년의 역사를, 그것도 독립운동과 연결된 자랑스러운 기억을 갖는다. 이는 현지 한인의 정체성 재구성과 강화에 큰 기여가 될 듯하다.

이에 더하여 장윤원이 인도네시아에서 결혼하여 낳은 자녀 중 한인 사회에서 특별히 기억되는 두 인물이 있다. 둘째 아들 장순일과 막내딸 장평화이다. 장순일은 네덜란드 델프트공과대학교를 졸업한 뒤 인도네시아로 돌아와 1960년 아트마자야대학교 12명의 창립자 중 한 명으로 이름을 올렸다. 대학교에서 초대 공과대학 학장, 스망기 캠퍼스 건설본부장, 재단 부이사장을 역임하였다. 이에 대해 김문환은 장순일의 업적이 '한국인의 혼'을 자카르타 심장부에 새겨놓은 것이라 평가하였다.

막내딸 장평화는 1966년 8월 한-인도네시아 간 영사관계가 수립된 직후 양국 간에 인간적 측면의 교류와 관계 개선에서 의미 있는 역할을 하였다. 1966년 12월 초대 총영사와 공관원이 부임했는데 우선 급선무가 인도네시아어를 익히는 것이었다. 당시 장평화는 인도네시아대학교 영문과를 졸업한 후 조교로 근무 중이었는데, 한국 부인들을 대상으로 어학연수를 했다. 그녀는 한국 부인들에게 부친이 한국인이며 이미 1920년대 인도네시아에 와서 살았음을 밝히면서 뿌리 찾기를 시작했다.

이후 장평화는 한국 총영사관의 비서로 채용되며 한국인 정체성에 한 발 더 다가섰다. 1971년 장평화는 한국 대사관의 주선으로 한국을 방문했는데, 당시 한국의 주요 일간지(한국일보, 신아일보 등)에 '나는 한국인의 딸'이라는 제목으로 대서특필되기도 했다.[1]

3) 다중정체성의 포로 감시원
: 강제동원 피해자, 해외 독립운동가, 인도네시아 독립의 영웅 등

일제가 태평양전쟁에 나서며 인도네시아까지 전선이 확대되자 군사 목적(군인, 군속, 군위안부, 노무자 등)을 충족시키기 위해 강제동원한 이들이 일제강점기 시대 인도네시아를 찾은 조선인 중 가장 많

1 이후 장평화는 대한민국 공관의 외교관과 결혼하였는데, 그 남편의 이력도 흥미롭다. 남편인 여한종 대사(파푸아뉴기니 대사 역임)는 한국외국어대학교 말레이인도네시어과 1기 졸업생으로 취업을 위해 인도네시아에 나왔다가 현지채용된 외교관이다. 그는 인도네시아에서만 20년 이상 근무한 인도네시아 초기 한인사의 산증인이다. 안타깝게 여한종-장평화 부부 모두 2014년과 2016년에 한국에서 사망하여 관련 기록을 더 이상 찾아볼 수는 없다.

은 수를 차지한다.[2]

한국에서 강제동원에 대한 연구는 2000년대 이후 〈일제강점하 강제동원진상규명위원회〉(이하 위원회)와 위원회 활동에 참여했던 역사학자들에 의해 주도되었다. 일본, 중국, 대만 등지로의 강제동원에 대한 조사와 연구에 비해 인도네시아를 포함하는 동남아시아로의 강제동원(특히 포로 감시원과 군위안부)에 대한 연구는 양적으로 많지 않다. 그러함에도 일본인 우쓰미 아이코의 선도적인 연구(우쓰미 아이코 저 · 이호경 역 2007),[3] 2000년대 위원회 활동을 통해 발굴된 귀환자들의 증언과 수기, 그리고 해외 독립운동 및 강제동원의 역사를 규명하기 위해 노력한 역사학자들의 연구(강정숙 2011; 2012; 김도형 2005; 유병선 2011; 2013)에 힘입어 한국의 학계에 그 윤곽이 소개된 바 있다.

또 당시 조선인의 삶에 대한 연구는 2005년 〈해외 독립운동사 사적조사〉로 이어지면서 강제동원 '피해자'로서의 정체성을 넘어 '해외 독립운동사'의 일환으로 복원되기도 했다. 본 절에서는 이상의 선행연구를 바탕으로 인도네시아 포로 감시원의 특성과 독립 후 이들의 진로에 대해 정리해본다.

---

2 전후 일본 후생성에서 발표한 한국인 징집에 관한 자료에 의하면 육해군 전투요원(군인) 21만 명과 군속 17만 명을 합해 총 38만 명의 조선인이 일제가 일으킨 2개의 전쟁에 동원되었는데, 이들 중 15만 명의 미귀환자가 발생했으며, 대부분이 태평양전쟁과 중일전쟁 중에 사망한 것으로 추정된다(김문환 2013).

3 일본어 원서는 1980년대 발간되었는데 그녀의 연구는 B · C급 전범이 된 조선인에 대한 모든 연구의 출발점이 되었다.

군속 모집 광고

미국, 영국인 포로의 감시에 종사하는 육군의 요원으로서 반도청년을 채용한다는 것이 발표되자 직접 대동아전쟁 완수의 일익에 참획하여 광영의 책무를 논아서 짊어지는 감격에 기뻐서 뛰는 청년들의 지망열이 바야흐로 고조되는데 응모자의 자격은 지성봉공至誠奉公에 불타는 기개를 가진 청년으로서 지난번 지원병에 지망하엿다가 떠러진 사람은 이번에 지망할 조흔 기회라고 하겟다. 그리고 응모에 다하야 수속 기타의 질의는 전부 근방의 부청, 군청에 물으면 되고 기응모자격에 대하여 이십칠일 총독부 정보과에서는 다음과 같이 발표하였다.

(1) 연령은 이십 세 이상 대체로 삼십오 세까지
(2) 신체가 튼튼하고 특히 섭렵빙[4]이 업고 근무에 견딜 만한 사람
(3) 국어[5]를 일상회화에 곤란치 않을 정도로 능숙해야 하고 대체로 초등학교 사년생 이상의 수료된 재향군인이나 본년도 지원병 제일차 검사의 합격자가 아닌 사람

– 『매일신보』(1942.05.28.)

1942년 3월 일본의 자바 점령이 완수될 무렵 확대된 전선에서

---

4 정서불안
5 일본어

일본군이 억류한 연합군 포로(와 그 가족)의 수는 26만 명을 넘어섰다. 이들에 대한 감시와 감독을 위해 일제는 식민지 조선과 대만에서 총 5,000명의 민간인을 일본인 군속(포로 감시원)으로 모집하여 동남아시아 전역의 포로수용소로 파견하였다.

1942년 5월 『매일신보』에 실린 포로 감시원 관련 기사는 이 과정을 정당한 절차(2년 근무기한 보장, 급료 지급)를 거친 일종의 취업 광고로 다루나 김도형(2005)과 김문환(2013)이 공히 지적하듯, 실제는 하급 관료조직을 압박하는 강제동원이었다. 3,000명의 조선인이 동원되었으며 이들은 6월과 7월 동안 2개월의 군사훈련을 받은 후 같은 해 8월 부산을 떠나 동남아시아 각지로 파송되었다. 이 중 1,400명의 포로 감시원이 자바 지역으로 나머지는 수마트라, 태국, 버마 등지에 배치되어 포로 감시 및 노역관리 업무를 했다.

애초 포로 감시원은 2년 연한의 계약직 군속의 신분이었으나 전세가 기우는 상황에서 계약관계는 일방적으로 폐기된 채 무기한 근무를 강요당하였으며, 이러한 조건은 포로 감시원과 연합군 포로 사이의 비극적 역사의 원인으로 작동하였다. 이들은 포로들과 가장 가까운 거리에 있었고, 양자 간의 관계는 비인격적인 폭력과 기아로 점철되었다. 따라서 일제 패망 후 포로 감시원으로 활동했던 조선인은 일본군의 일부이자 전쟁범죄자로 인식되어 여타의 조선인들(강제징용 노무자나 위안부 등)과 분리된 채 전범재판에 회부되고 사법 처리되는 고초를 겪어야만 했다(김도형 2005).

동남아시아 전역에서 B·C급 전범으로 유죄판결을 받은 이가

148명에 달하며, 이 중 23명은 총살되거나 교수형에 처해졌다(우쓰미 아이코·무라이 요시노리 2012; 김문환 2013). 전범 혐의에서 벗어난 이들의 고국 귀환 과정도 순탄치만은 않았다. 대부분 싱가포르 등지의 또 다른 수용소에서 1~2년 가까이 복역했다가 일본을 거쳐 해방된 조선 땅으로 돌아오는 경우가 많았다.[6]

자바 포로 감시원의 존재는 전쟁 수행을 위한 일제의 조선인 강제동원이지만 조선인 최초의 인도네시아로의 '집단 이주'이자 식민지 조선과 군정하 인도네시아의 어색한 조우였다고 볼 수 있다(윤병선 2013). 대륙의 병참기지였던 조선과 대동아공영권의 병참기지였던 인도네시아가 조선인 군속을 매개로 일제의 전시 총동원 체제 아래 엮여버렸던 것이다.

그러나 일본군 점령지 자바의 포로수용소에서 조선인 군속들은 인도네시아의 현실과 차단되어 있었다. 조선인 군속들이 주로 대면했던 이들은 인도네시아 현지인이 아닌 연합국 포로들이었다. 감시 업무를 부여받았지만 일본군의 지위로 위계화된 군 내부의 폭력과 제국-식민 관계에 따른 차별에서 자유롭지 못했다.

조선인 포로 감시원 중 극적인 삶을 살았던 두 사례는 선행연구를 통해 어느 정도 윤곽이 드러나 있다. 바로 '인도네시아 독립 영

6 해방 후 인도네시아의 각지에서는 지역명을 딴 조선인(혹은 고려인)회가 결성되었다. 이들은 귀환 시까지 일본군에서 분리되어 조선인 스스로를 보호하는 것을 목표로 삼고 조직 운영, 식량 확보, 귀환활동 등을 전개하였다. 이들은 명부 작성, 김구 초상화 걸기(팔렘방의 경우, 강정숙 2011), 태극기 게양, 조선인 회가 작곡 및 함께 부르기, 한글 공부 등을 통해 이국땅에서 전쟁을 일으킨 일본군(인)과는 구분되는 조선인으로서의 정체성을 형성하려 노력하였다.

웅'으로 알려진 양칠성과 이른바 '암바라와 의거'로 알려진 항일투쟁을 펼쳤던 '고려독립청년당' 관련자들이다.

먼저 양칠성의 사례를 살펴보자. 현재 양칠성은 꼬마루딘이라는 현지명과 한국명이 병기된 비석을 머리에 둔 채 서부자바 가룻 지역의 뗀조라야 영웅묘지Taman Makam Pahlawan/Tenjolaya에 묻혀 있다. 그가 인도네시아의 영웅묘지에 매장될 수 있었던 것은 일제 패망 후 재주둔을 하려던 네덜란드에 대항하여 인도네시아 독립을 외쳤던 게릴라 부대의 일원으로 활약했기 때문이었다.

양칠성은 1942년 9월 자바에 도착한 뒤 중부자바 지역에서 포로 감시원으로 복무하였고, 종전이 다가올 즈음 군속 임무를 이탈해 인도네시아 독립군의 외인부대에 참여하였다. 서부자바의 인도네시아 독립부대, 빵에란 빠빡 민병대의 일원으로 다수의 전투에 참여했다가 1948년 체포, 1949년 8월 네덜란드군에 의해 총살되었다.

그런데 양칠성이 어떤 성향의 포로 감시원이었는지, 군속에서 이탈한 결정적 이유가 무엇인지에 대해 정확한 답은 찾기가 어렵다. 일부에서는 복무 중 일본인 상관들의 성실한 심복이 되어 포로 학대에 앞장섰다는 해석과 더불어 군속 이탈의 이유도 종전 후 전범재판에 회부되어 사법 처리될 것을 우려해서라는 추측이 지배적이다.[7]

---

7 포로 감시원 당시 양칠성의 절친이자 마지막까지 수용소 탈출을 논의했던 박성근이 고국 귀환 절차를 밟던 최종 순간에 연합군에 의해 B급 전범으로 분류되어 사형에 처해졌다는 사실이 부분적으로 인증하듯, 양칠성이 포로 감시원으로서 포로 관리 시 폭력적인 학대가 있었음은 사실로 인정된다.

그의 존재와 활동은 1975년 우연히 묘지 이장에 참여했던 일본인 연구자 우쓰미 아이코에 의해 밝혀졌다. 외인부대원으로 활동한 일본인 기록을 추적하던 우쓰미 교수는 무덤 주인의 일본식 이름이 본토 일본인이 아닌 창씨개명한 조선인일 가능성을 제기하였고, 최종적으로 조선인 군속 출신의 양칠성임을 밝혀냈다. 1990년대 초에는 한국 시민단체와 인도네시아 한인의 노력으로 국적과 한글 이름이 복원되었다.

인도네시아 포로 감시원들 중 해외 항일독립운동사로 분류될 만한 다른 방식의 삶을 택한 이들도 있었다. 중부자바의 조선인 군속들 중 일부가 1944년 중반 '고려독립청년당'을 결성하고 적극적인 항일투쟁을 결의하였다. 당시는 일본의 전세가 급격하게 기우는 때였으며 더욱이 공고 당시의 '2년 복무' 연한이 다가오는 시기였다. 이에 이억관李億觀을 중심으로 자바의 조선인 군속 총 16명이 자카르타에 모여 상해 임시정부를 따르는 항일 비밀결사체 설립을 결의하였으며(일명 자카르타 결의), 이 중 군속재교육에 소집된 10명이 창당식(1944.12.29.)을 거행하였다.

이들 당원 중 3인(민영학, 노병한, 손양섭)이 일본 수송 트럭과 무기를 탈취하여 일본군과 교전을 벌이다 자결로 마무리된 게 암바라와 의거(1045.01.06.)이다. 오랜 기간 이 사건을 '(말레이시아로의) 전출 명령에 대한 불만'에서 비롯된 '우발적 사건'[8]이라 평가하는 게 지배적이었으나, 유병선(2011; 2013)은 이들의 무장봉기를 자바섬 인도네시아인 최초의 정치적 항일 무장봉기인 '블리타르 사건(1945년

2월 동부자바 블리타르 지역의 의용군들이 봉기하여 일본군과 친일파들을 살해한 것으로, 인도네시아인들이 처음으로 일본군에 저항한 역사적 사건)'과 연결 지으며 적극적인 항일투쟁의 일환으로 재해석하였다.

사실 1942년 일본이 네덜란드를 비롯한 서구 유럽 지배자들의 항복을 받아내며 인도네시아를 점령하였을 당시, 인도네시아의 지식인과 민중은 일제가 내세운 '대동아공영'의 약속을 상당히 신뢰하였다. 아시아는 아시아인들의 것이라는 구호도 매력적이었다. 하지만 일제의 태평양전쟁 도발은 동남아 점령 완료와 동시에 연합군과의 치열한 교전을 불러왔고 곧 전력상의 열세에 빠지게 된다. 전황이 악화되자 일제는 인도네시아에서도 식량 강제공출과 노동인력 강제동원을 실시하였고 이에 인도네시아인들에게 일본군은 해방자가 아닌 새로운 지배자라는 인식이 확산되었다. 조선인 군속이 주도한 의거는 인도네시아 농민이 일으킨 블리타르 사건보다 40여일 앞섰기에 모종의 영향을 주었으리라 짐작된다.

암바라와 의거는 조선도 일본도 아닌 제3국 인도네시아에서 조선인이 일본군에 저항한 사건으로 인도네시아인들 입장에서 이방인들 사이에 발생한 사건이라는 점에서 오랜 기간 한국사에서도 인도네시아사에서도 주요하게 다루어지지 못했다. 유병선(2011)은 자

8 계약 시 명시되었던 2년 복무 연한이 다가오는 상황에서 자바섬을 점령 중이던 일본 육군은 조선인 군속에 대해 계약만료와 본국 귀환 절차를 준비하는 것이 아니라, 일부 포로 감시원을 보다 치열한 교전이 벌어지는 말레이시아로 이동시키려는 계획을 추진했다. 따라서 이들의 항의를 단순히 감시원의 불만 폭주에 따른 개인적 문제로 치부할 수는 없다.

표 4 인도네시아 국외 독립운동 사적지

	사적지명	위치	역사적 의의
1	민영학 자결지	중부자바 암바라와의 농지(현 수디르만 초등학교 인근)	1945년 1월 4일 일본군에 대항하여 의거를 일으킨 민영학이 총상을 입고 수수밭에 들어가 자결한 곳
2	고려독립청년당원 재판 장소	자카르타 군사법정 (현 국방부)	1945년 1월 고려독립청년당 조직이 발각되어 관련자들 10명이 군사재판을 받았던 곳
3	고려독립청년당 암바라와 의거지	암바라와 제2 분소 (현 성요셉 성당)	고려독립청년당원인 손양섭, 민영학, 노병한이 1945년 1월 암바라와 제2 분소에서 일본인들을 처단하는 의거를 일으킨 곳
4	고려독립청년당 반둥지구당	반둥 자바 포로수용소 제1 분소 (현 수까미스킨 형무소)	고려독립청년당 반둥지구당이 조직되었던 자바 포로수용소 제1 분소
5	고려독립청년당 결성지	중부자바 스라아 교육대 (수모워노군 병영시설)	일제에 의해 강제동원된 한인 군속들이 고려독립청년당을 결성했던 곳

바 조선 군속의 항일투쟁을 추적하고 기록하며, 이 의거의 의미를 '이중의 고립' 속에서 '자생적으로 항일투쟁을 모색하고 결행한 사건'이라고 새롭게 조명하였다.

다행히 일본인 역사가 우쓰미 아이코와 언론인 출신 역사 연구자 유병선의 선행적 연구 그리고 고국 귀환 후 40년 가까이 이 활동을 독립운동사의 일환으로 만들기 위해 청원했던 이상문 등의 노력에 힘입어, 현재 고려독립청년당은 독립운동기념사업회와 국가보훈처가 인정하는 해외 독립운동으로 인정받고 있다. 우리 정부는 2011년 72회 순국선열의 날을 맞이하여, 고려독립청년당원 총

13인[9]에게 애국지사 포상을 수여하고, 이들이 봉기했던 중부자바의 5개 지역은 국외 독립운동 사적지로 지정하였다.

4) 최초의 한인(조선인) 조직

종전 후 전범 처리나 귀국선 탑승을 기다리던 자카르타의 조선인 수는 약 1,600명에 달했던 것으로 기록되어 있다. 선박 부족과 일본인들과의 분류가 필요했기 때문에 조선인들은 조속한 귀국이 불가능했다. 이들은 자구책으로 조선인 커뮤니티를 형성하여 스스로를 보호할 필요가 있었다.

이때 자카르타 한인은 코타와 파사르 스넨 지역에 집중 거주하였는데, 문맹 청년들을 위해 한글학교를 열거나 태극기를 그리고 한국 노래를 배우고 익히는 활동을 통해 민족 정체성을 공유해갔으며 한국 춤, 음악, 연극을 공연하며 일본인과 구별하려는 노력을 펼치기도 했다.

이들은 인도네시아 최초의 한인 조직을 만들었다. 1945년 9월 1일 자카르타와 서부자바의 한인은 재자바조선인민회를 출범시켰다. 이들은 연락처를 만들어 공유하였을 뿐 아니라 『조신인민회

9 고려독립청년당원 유공자로 인정된 사람은 총 13명이다. 건국훈장 애족장(1인) 고려독립청년당 총령 이억관(李億觀), 건국훈장 애국장(3인) 암바라와 의거 3인 민영학(閔泳學)·노병한(盧秉漢)·손양섭(孫亮燮), 건국포장(9명) 고려독립청년당 총무 임헌근(林憲根)·비서 김현재(金賢宰)·당원 이상문(李 相汶)·박창원(朴昶遠)·조규홍(曺圭鴻)·문학선(文學善)·백문기(白文基)·오은석(吳殷錫)·안승갑(安承鉀)

보』라는 자체 소식지도 만들었는데, 당시 이 간행물은 국방부 직할 기관지로서의 위상을 지녔다. 하지만 대부분의 조선인은 1946년 이후 고국 귀환을 택하면서 재자바조선인민회의 명맥은 단절되었다.

자바 이외 지역에서도 귀국을 준비하며 한인 단체가 생겼는데, 대표적으로 팔렘방조선인회가 1945년 10월 18일 만들어져 다양한 활동을 펼쳤다. 이 조직에 대한 기록은 강정숙(2011)의 선행연구를 통해 대체로 알려졌는데 귀환자들 중 간호 인력으로 신분이 바뀐 위안부가 다수 포함되어 있었다. 이들 역시 싱가포르를 거쳐 귀국길에 오르면서 1946년 2월 명맥이 끊겼다.

정리하면 1940년대 초 일본의 인도네시아 점령이 완수된 이후, 일본군은 전선 유지와 연합군 포로 감시의 목적으로 대규모로 한인을 강제동원하여 인도네시아로 불러들였다. 강제동원진상규명 작업을 통해 밝혀진 사실이 상당하지만, 여전히 조사의 빈틈이 크다. 이에 다음과 같은 후속연구가 앞으로 더 필요하다고 여겨진다.

첫째, 역사바로세우기를 근대 국가의 의무라고 한다면, 강제동원 피해자에 대한 조사도 아직 진행되어야 할 바가 많다. 다른 한편 군속, 포로 감시원들, 그 밖에 군위안부를 모집하고 동원하여 수마트라와 자바 지역에서 100여 개 이상의 군위안소를 운영했던 위안업자들, 이들의 친일 행위에 대한 조사도 함께 이루어질 필요가 있다.

둘째, 일제의 군사 남진정책과 식민화 과정은 남양 지역에 대한 경제 기회와 군사 지배 양자의 목적이 강하게 자리하였다. 일제의 남진정책의 실험장이었던 남양군도에서 남양흥업과 남양척식에 의한 상품작물 재배 등이 광범위하게 이루어졌으며 이에 군사 목적의 주둔 이외에 경제 목적의 체류자도 상당하였다.

일제강점기를 겪은 조선인들에게 남양 지역은 민족의 청년들이 강제동원되어 착취를 당한 장소이지만 동시에(역설적이게도) 경제 기회와 열대의 낙원(이면서 동시에 야만)으로 인식되는 공간이다. 사실 일제강점기 동안 새로운 기회를 적극 활용하여 경제적 부와 지위를 누린 이들도 적지 않다. 그런데 당시 인도네시아 땅에 머물렀던 조선인들로 한정하면, 민간인 신분으로 자유롭게 경제활동을 영위한 이들은 찾기 어렵다.

일제에게 있어 인도네시아 군도는 가장 마지막 점령지였으며, 태평양전쟁은 호기로운 개전과 동시에 치열한 교전으로 전환된 터라 군사 통제가 강하게 이루어질 수밖에 없었다. 따라서 경제 목적으로 인도네시아를 찾은 조선 상인들의 존재를 좇자면 1800년대 말부터 동남아 전역에 진출한 것으로 보이는 인삼 약재상과 보부상의 상인 집단들부터 살펴볼 필요가 있다. 이들의 활동 범위는 인도네시아에 국한한 것이 아니며, 싱가포르를 중심으로 말레이시아, 태국, 필리핀, 인도네시아 섬들(수마트라, 자바, 술라웨시 등)에 걸쳐 느슨하지만 넓게 퍼졌음을 확인하였다. 일제하 인삼 상인들의 활동, 특히 태평양전쟁 이후 활동에 대해서는 알려진 바가 거의 없다. 그러함에도 이들이 제3의 식민공간에서 어떻게 대응했는지에 관해서도 역사적으로 추적해볼 가치가 있다.

셋째, 독립운동가 장윤원의 일대기에 대해 더 많은 연구가 필요하다. 장윤원의 존재는 인도네시아 교민이자 독립 역사 연구자인 김문환에 의해 발굴되었으며 인도네시아 교민들 사이에서는 이주사 100년의 출발을 의미하는 중요한 인물로 추앙되고 있다. 한인회 임원이자 『한인니포스트』 발행인인 정선은 2017년 1월 재외동포신문의 기고문을 통해 장윤원을 인도네시아 한인의 뿌리로 선언하며 2020년을 인도네시아 한인 이주 100주년으로 기념하자고 주장하였다.[10]

김문환 이후 더 많은 현지 교민들이 자체 조사에 착수하여, 장윤원의 후손이 인도네시아 가톨릭계 사학 아트마자야대학교(남부 자카르타 소재) 설립에 기여했다는 사실을 밝히기도 했다. 교민들은 "한국의 핏줄이 인도네시아 고등교육에 기여"했다고 말하며, 장윤원과 그 가계가 한-인도네시아 관계 발전에 도움이 되었음을 강조하였다. 하지만 장윤원에 대한 기록과 학술적 연구는 여전히 많은 부분이 공백으로 남아 있다. 장윤원의 이주 경로와 배경 그리고 인도네시아에서의 삶과 정체성에 대한 학술적 연구가 뒷받침된다면, 인도네시아 한인의 정체성을 일신하는 데 큰 기여를 할 것

10 「동포뉴스」. "한민족 인도네시아 진출 97년… 100주년을 준비하자." http://www.dongponews.net/news/articleView.html?idxno=33295

이다.

마지막으로 양칠성으로 대표되는 독특한 이력을 가진 조선인의 삶도 존재한다. 양칠성은 인도네시아 입장에서는 이방인 독립영웅이지만 그가 살아낸 시대는 일제강점기로 군속을 이탈해 인도네시아 독립운동에 참여할 때도 상관이었던 일본인들과 동행한 것으로 알려졌다. 따라서 그의 정체성에는 일본인, 조선인, 인도네시아를 위한 이방인이 뒤섞여 있다고 보는 것이 적절할 것이다. 이런 점에서 양칠성의 역사가 인도네시아 한인에게는 다소 껄끄럽기도 하다.

하지만 최근 들어 인도네시아 역사학계에서 양칠성을 주목하고 있다. 인도네시아역사연구협회(히스토리카)는 양칠성을 네덜란드-영국 연합군과 맞서 싸운 지역 주민들의 독립투쟁을 도운 영웅으로 바라보며, 그를 기념하기 위해 그가 싸우고 사형당한 서부자바의 산간도시 가룻에 그의 이름을 딴 양칠성로Jalan Yangchilsung를 2019년 말에 지정하겠다는 계획을 발표하였다. 하지만 코로나19 발발로 인해 2022년 5월 현재 실제 지정은 보류 중이다.

인도네시아국립대학교 한국학과의 에바 학과장은 한국 언론과의 한 인터뷰에서 "일본인으로 잘못 알려진 양칠성이 한국인이라는 사실을 널리 알리고, 연구를 통해 밝혀진 그의 활약상을 소개할 계획"임을 밝히기도 하였다(한국일보 2019.03.04.).[11]

11 https://www.hankookilbo.com/News/Read/201903031698015205

어찌 보면 인도네시아인의 이러한 해석과 추모가 인도네시아 한인 사회에서의 그에 대한 평가를 새롭게 만들었다고 볼 수도 있다. 현재를 살아가는 한인은 자신의 원류 중 하나로 양칠성을 추모하며, 양칠성의 다면적 속성 중 '인도네시아 독립군을 이끈 영웅적인 게릴라 부대장'이라는 가공의 정체성을 강조한다.

동남아 지역 및 동남아 개별 국가에 대한 한인 이주사 자체를 체계적으로 다시 정리하는 것은 재외한인 연구의 공백을 메우기 위해서라도 매우 중요한 과제이다. 초기 동남아 한인 사회에 대한 기존 연구는 식민화와 전쟁의 비극 속에서 자발적 의사에 반하여 이루어진 수동적 존재로 재현되어왔으나, 이 글을 통해 다양한 이주 경로와 시기별 특성에 대한 이해를 바탕으로 당대의 역사·사회문화적 어려움을 돌파하기 위해 스스로 이주를 선택한 적극적 주체로서의 한인과 한인 집단을 정리해보았다. 향후에는 다양한 삶의 경로를 개척해간 20세기 초반의 인도네시아 한인 사례들을 더 많이 발굴하고 이를 거시적인 역사지리 맥락과 교차시키며 정리할 필요가 있다.

5) 새로운 뿌리내리기, 김만수

앞서 살펴본 사례 이외에 현지에 남아 한인 사회의 초석을 다지는 인물(김만수), 현지에 남되 한국 대신 일본 국적을 택하여 조선인의 정체성이 아닌 일본인 사업가로 성장한 인물(유홍배), 고국으로 귀환했으나 당시 경험을 수필과 증언의 형식으로 공개하며 강제동원의 실상을 알린 인물(강석재)에서 볼 수 있듯 다양한 삶의 경로들이 존재한다.

이 중 김만수의 사례는 일제강점기 조선인과 해방 이후 대한민국의 한인이 연속될 수 있음을 보여준다는 점에서 의의를 찾을 수 있다.

1962년 9월 20일 동아일보는 제4회 아시안게임의 개최지 자카르타에서 예상치 못했던 한인과의 조우를 기사로 다뤘다. 당시 아시안게임은 사실 전후 국제적 체제 경쟁의 여파로 파행적으로 개최되었다. 수카르노 대통령이 중국과 아랍국가의 입장을 고려해 대만과 이스라엘 선수단의 참가를 금지시켰기 때문이었다. 한국 정부도 수교 전 상황(및 외교 노선 불일치)에서 인도네시아 측의 결정을 비판하며 애초에는 불참을 고려했다. 하지만 민간무역 활성화를 목표로 참가를 결정해 총 173명의 선수단을 파견하였다.

동아일보 특파원은 경기 소식 이외에도 인도네시아에서 우연히 만난 한인 사업가들의 이야기를 '인니의 코리언, 물보다 진한 피'라는 제목으로 비중 있게 보도하였다. 이들은 전후 고국 귀환 대신 체류의 삶을 선택한 뒤 생활과 사업상의 편의를 위해 인도네시아 국적을 택했으나, 한인의 정체성을 안고 살아갔다. 기사 제목에서 한국인이나 한인이 아닌 '코리언'이라 한 것은 국적과 민족 정체성 간의 차이를 메꾸기 위한 중립적 표현이었을 것이다. 인도네시아에서 새 삶을 살던 한인 사업가 3인은 이국땅에 찾아온 동포들을 응원하기 위해 한국 선수가 참여한 경기와 선수단을 쫓아다니며 도움을 주고 한국 정부에서 파견한 무역 사절단의 활동을 지원했던 것으로 알려져 있다.

김만수에 대한 기록은 김문환의 저서 『적도에 뿌리내린 한국인의 혼』에서 상세하게 드러난다. 그 역시 1942년 3월 자바에 입항한 일본군의 포로 감시원이었다. 반둥 근교의 유럽인 전용 포로수용소에서 감시원 임무를 담당했는데, 그는 여성과 아이들에게 일본군 몰래 식량을 제공하는 등의 선의를 베풀었고, 이에 전후 포로 생활에서 풀려난 네덜란드인에게 '네덜란드의 은인恩人'으로 인정받았다. 종전 후 귀환하기까지 조선인이 만든 자치조직 '재자바조선인민회'의 4대 회장을 맡아 조선인의 권익 보호에 힘썼다.

네덜란드 정부 훈장까지 받은 그는 네덜란드 정부로부터 인도네시아 '고무수출권'을 획득하기도 했으나, 1949년 네덜란드 정부가 인도네시아 독립군과의 전쟁을 끝내고 재점령지 전역에서 철수를 결정한 후에는 일본계 기업에 근무했다. 그 또한 1962년 아시안게임을 위해 자카르타를 찾은 한국 선수단을 지원하는 등 이국땅에서 한인으로서의 정체성을 지키기 위해 노력하였다.

김만수가 현대 인도네시아 교민 사회에 공식적으로 재등장한 것은 한-인니 외교관계가 수립되던 순간이었다. 1966년 8월 한-인도네시아 영사관계가 수립되고 당해 12월 총영사관이 개설될 당시 그는 교민 대표로 공관에서 태극기 게양식에 참여했다. 양국 간의 경제 교류를 위해 다양한 노력을 하였으며, 특히 1970년대 초 (주)미원이 진출을 할 때 현지인 부인 명의로 '현지 파트너' 역할을 한 사실도 알려져 있다. 이후 다양한 한국 기업의 인도네시아 지사와 두루 관계를 맺으며 40여 년을 인도네시아에서 생활한 후 1975년 자카르타에서 사망했다고 한다.

6) 되돌아와 새로운 고향을 품다, 신교환

『한인회보』 발간 격려사

인도네시아 한인회에서 『한인회보』를 발간한다는 반가운 소식을 전해왔습니다. 돌이켜보건대 23년 전인 1972년 4월에 이 나라에도 점차 수적으로 늘어나는 우리 동포들의 친목단체로서의 한인회가 설립되어 오늘에 이르기까지 밖으로는 일사분란하고 안으로는 일치단결하는 훌륭한 전통을 지녔습니다.

회원 여러분, 저는 일본 동경대학교에서 공부를 하다가 제2차 세계대전 말기에 인도네시아에 왔습니다. 구사일생으로 귀국했다가 다시금 이곳으로 나온 것은 이 나라의 지상, 지하, 그리고 수산자원이 무궁무진한데다가 풍부하고도 양질인 노동력과 국민성에 매료되었던 것입니다. "공부는 선진국에서 개발은 후진국에서"라는 저의 신념으로 어언 30년을 이 나라에 살며 느낀 것은 인도네시아도 그간 장족의 발전을 거듭하고 있다는 사실입니다.

교민 여러분, 한인회 발전 23년 동안 최계월 초대회장, (저 자신인) 신교환 2대 회장, 승은호 3대 회장으로 이어 나오면서 우리 한인회는 그간 많은 실적을 거두어왔습니다. [...]

-『한인회보』 창간호(1994.09.)

『한인회보』 발간 격려사를 쓴 신교환 역시 일제강점기 시대에 인도네시아 땅을 밟은 인물이다.

태평양전쟁을 수행하는 와중에 일본은 전선의 식량 부족을 해결하기 위해 태평양상의 주요 섬에서 식량 생산을 하려 했다. 이 작업에는 현지 노무자 이외에 농업 전문인력이 필요했는데, 신교환은 이러한 모집에 응하여 인도네시아로 향했다. 그의 회고록에 따르면, 1944년 여름 일본을 출발해 한 달 이상의 항해를 거쳐 대항해시대 유럽인들에게는 황금보다 비쌌던 정향과 육두구의 산지인 몰루쿠제도의 암본섬에 도착하였다.

이 섬에는 몰루쿠제도에서 대표되는 항구와 향신료 가공공장까지 있었다. 포르투갈, 영국, 네덜란드 등 유럽 식민세력들이 1511~1814년까지 이 섬을 서로 차지하기 위해 숱한 전투를 치렀는데, 네덜란드는 뉴욕의 맨해튼섬을 내주기도 한 바 있다. 유럽이 제2차 세계대전에 휩싸이면서 파죽지세로 동남아를 장악해간 일본군은 1942년 이 섬을 점령하였고 해상정찰 기지와 주변 지역을 포괄하는 식량생산 기지로 활용하였다.

신교환은 대구공립농림학교를 졸업한 17세의 청년으로 일제에 의해 6명의 조선인 동료와 함께 암본섬에 배정되었다. 하급 관리자였다가 일본인 상관이 사망하면서 농장장 직책에 올라 일본군의 식량 자급자족을 위한 농장 개간과 관리를 담당하였다. 종전 후에는 네덜란드군에 의해 억류된 일본군 패잔병으로 처리되다가 1946년 수라바야에서 귀항선을 타고 두 달의 항해 끝에 인천으로 온 것으로 전해진다. 고향인 대구로 돌아간 뒤 잠시 교직에 몸담았으나, 풍운아의 마음은 여전히 이방을 그리워했던 것으로 보인다. 신교환은 1950년대 말 서울로 상경하여 출판사 등을 운영하다가 칼리만탄섬 원목개발을 추진하던 재월교포 김태성의 부탁으로 1968년 다시 인도네시아에 도착하였다.

원목개발은 몇 달 후 회사 부도로 무산되었지만 신교환은 빈손으로 한국으로 돌아가는 대신 인도네시아에서 새로운 인생을 개척하는 선택을 했다. 이후 38년 이상 인도네시아에 거주하면서 한인 사회의 많은 일에 적극 참여하였다. 최계월 초대회장의 뒤를 이어 1986년부터 3년 8개월 동안 2대 한인회장직을 역임하였고, 그 후 한인회 고문으로 활동하였다.

신교환의 특이점은 고국 귀환 후 인도네시아에서의 체류 경험을 살려 인도네시아로 재이주했을 뿐 아니라 한인회장을 역임하는 등 인도네시아 한인 사회 안에서 중요한 역할을 했다는 점이다.

2. 수교 후 경제협력과 한인 사회 성장(1968~1980년대 초)

1) 산림개발로 연 투자의 역사

강제동원되었던 한국인이 고국으로 돌아가고 20년이 지난 뒤 한인이 다시 인도네시아에 나타나기 시작하였다. 1966년 한국 영사관이 자카르타에 개설되었으며, 1968년 한인 기업인 코데코가 인도네시아에 진출했다. 한국의 대외투자와 관련하여 인도네시아는 매우 중요한 의의를 가진다. 1960년대 말까지 한국은 외화 유출을 우려하여 대외투자가 제도적으로 불가능했다. 하지만 국내 합판산업이 일정 궤도에 오름에 따라 기존의 원목 원자재 수입 방식에서 벗어나 외국에 자회사를 설립하여 운영하는 해외직접투자의 필요성이 높아졌다.

초기에 합판공업의 원료는 대부분 필리핀과 말레이시아에서 수입하는 형태로 이루어졌다. 합판회사들은 원목 구입을 위해 동남아에 주재원을 파견했는데 그러다 인도네시아에서 수하르토 체제가 본격화됨에 따라 자원개발 분야의 외국인 투자 개방이 이루어졌다. 한국 기업이 인도네시아에 진출하여 산림개발에 나서는 환경이 조성된 것이다.

1968년 2월 코데코가 인도네시아 칼리만탄섬 산림개발에 나선 것이 대한민국 최초의 해외직접투자로 기록되어 있다(엄은희 2014). 최계월의 코데코는 베트남전쟁 참전 경험이 있는 전직 군인 100여

명을 모집하여 남부칼리만탄 반자르마신의 산림개발에 도전했다. 이처럼 인도네시아 진출에는 처음부터 원목사업이 매우 중요하였다. 오늘날 인도네시아를 대표하는 현지 재벌들의 기초가 된 산업도 원목개발이었다.

코린도의 전신인 인니동화는 한 해 뒤인 1969년 진출했다. 뒤이어 경남교역이 1970년에, 한니흥업이 1973년에, 아주임업이 1976년에 인도네시아에 들어갔다. 한국 기업은 모두 칼리만탄에서 산림을 개발했는데, 전부 공식 국교 수립 이전에 이루어진 일이다(녹색사업단 2013). 한국 기업이 생산한 원목은 대체로 한국으로 수출되었고, 한국은 안정된 원자재 공급을 발판으로 1970년대 세계 합판산업의 선두국가가 되었다. 참고로, 전성기 시절 인도네시아 산림개발에 진출했던 한국 기업은 총 7개인데, 현재까지 산림 분야 사업을 지속하는 사업체는 코린도가 유일하다.

인도네시아는 세계 2위의 임산자원 보유국임에도 목재가공 및 펄프, 제지업 분야는 1970년대 중반까지 매우 열악했다. 경제 수준의 낙후, 수요 부족, 관련 산업의 미발달 등이 그 이유였다. 그러나 1973년 석유파동 이후, 인도네시아 정부는 자원의 중요성을 새롭게 인식했다. 1974년 5월부터 인도네시아는 외국 기업과 합작하여 원목을 개발하는 회사 설립을 금지시켜 신규 외국인 투자를 불허했다. 무분별한 벌목으로 인한 산림 파괴에 대한 우려 또한 높아짐에 따라 임산자원에 대한 보호 정책을 강화한 것이었다. 반면에 펄프, 제지, 기타 목재 가공 분야는 국내 산업개발과 수출 증대라는 목표하에 적극적으로 외국인 투자 유치를 장려했다. 인도네시아 정부의 산림 정책은 크게 두 가지 관점에서 나눠 살펴볼 수 있다.

첫째는 홍수 및 가뭄 등 자연재해에 대비해 불법벌목을 방지하는 것이며, 둘째는 목재산업의 고부가가치 산업화를 창출하는 것이다. 이것은 칼리만탄이나 이리안자야의 원시림 벌목 지역을 재인식한 데서 비롯됐다. 단순히 임업 정책만을 고려하지 않고 목재산업을 적절히 이용해 새로운 목재 플랜테이션으로 발전시켜 빠른 수확이 가능한 펄프 및 제지산업 육성의 장기 목표를 설정했던 것이다.

한국의 두 원목기업인 코데코와 코린도는 이러한 인도네시아의 정책 변화에 선제적으로 대응함으로써 생존력을 높였다. 반면 공장을 짓지 않은 다른 한국계 원목개발 기업들은 1980년대에 들어와 정부 정책이 실제로 시행되어 원목 수출이 금지됨에 따라 커다란 타격을 받았다. 특히 1979~1984년은 국제 목재 경기가 좋지 않았는데, 원목 수출까지 금지되니 많은 기업이 고전을 겪거나 도산에 이르기도 했다. 이는 해외투자기업으로 투자국의 정책 변화와 발전에 적절하게 대응하는 것의 중요성을 보여주는 사례라 할 수 있다.

코데코의 위기는 다른 곳에서 발생했다. 코데코는 박정희 정부의 요청에 부응하여 동부자바 마두라 지역에서 유전개발 사업에 나섰는데, 이 사업이 곤경에 처하면서 경영위기를 맞았다. 코데코는 목재사업 수익을 밀어 넣으면서까지 유전개발에 매진하였으나, 결과는 '밑 빠진 독에 물 붓기'란 우려를 낳을 만큼 성과가 크지 않았다.

박정희 대통령의 사망 이후 전두환 체제가 출범한 뒤에는 국내에서의 비판과 압력의 수위도 높아졌다. 한국의 정계와 언론은 정부가 지원한 원유사업이 성공하지 못하자 최계월 회장을 '사기꾼'이라 비난하며, 사업에 대한 추가 지원이나 외화 유출을 막는 일까지 벌어졌다. 코데코의 최계월이 국내 기반이 단단하지 못한 재일교포 출신이고, 회사의 본사가 한국이 아니라 인도네시아에 있다는 점은 한국에서의 비판에 회사가 제대로 대응하지 못하게 만드는 요인이 되었다. 결국 코데코는 쇠퇴와 축소의 길에 접어들었다.

그렇지만 코데코를 거쳐 인도네시아에 정착한 한인들의 자부심은 여전히 대단하다. 코데코 출신 교민들은 회사의 흥망과 관계없이 인도네시아 한인 사회의 근간을 형성했으며 현재도 그 명맥이 이어지고 있다는 점을 강조한다. 회사 쇠퇴의 원인이 된 원유개발에 대해서도, 비산유국 한국에서 법률 규정이나 방법도 모르던 시절 합작이 아닌 직접개발 방식으로 원유개발을 시도했다는 점을 들며 그 자체만으로도 의미가 있음을 강조한다. 코데코는 원유사업의 손실을 만회하기 위해 1989~1990년 사이 전자, 컨테이너, 수산업, 시멘트, 철강 등에 신규 투자를 시도하였으나 의미 있는 사업 성과를 올리지는 못했다. 최계월 회장은 2015년 11월 96세를 일기로 도쿄에서 타계하면서, 역사의 기억 저편으로 물러섰다. 현재 코데코는 에너지 부문(가스 개발)의 일부 사업을 중심으로 운영된다.

2호 기업인 코린도의 주력 산업은 여전히 산림 부문을 포함한 자원개발이다. 1980년대 이후 제화, 제지, 금융, 중장비 등 사업영역을 다각화하기도 했으며, 2017년 현재 9개 사업 부문 40여 개 계열사를 거느린 여전히 교민 사회에서 '만형' 노릇을 하는 한인 기업이다(엄은희 2014).

두 기업의 사례에서 보듯 인도네시아의 풍부한 산림자원은 1960년대 한국의 민간기업과 정부를 인도네시아로 끌어들인 원천이었다. 최초 진출 기업인 코데코와 두 번째인 코린도는 인도네시아 한국 기업사의 첫 페이지를 차지한다. 코데코의 최계월 회장과 코린도의 승은호 회장 모두 한인회장직을 맡아 오랜 기간 한인 사회의 안정화에 기여하기도 했다. 둘 다 칼리만탄섬의 벌목사업에 진출한 후 인도네시아의 제도 변화에 선도적으로 대응하여 합판 제조공장을 병설했고, 이를 바탕으로 인도네시아의 기업환경에 안정적으로 뿌리내릴 수 있었다. 사실 두 기업 모두 본사가 한국이 아닌 인도네시아에 있고 그곳에서 성장했다는 점에서 '한국계 인도네시아 기업'으로 보는 것이 타당할 수도 있다. 이에 송도영·전경수(1998)는 두 기업에 있어 인도네시아는 '진출지'라기보다는 '출발지'로 보는 것이 타당하다는 의견을 피력하기도 했다.

한편, 우리나라와 인도네시아 양국은 임업 분야의 협력을 위해 1979년 이래 매년 임업위원회를 개최해왔다. 양국 간 임업자원 개발 및 교역에 대한 논의를 하는데, 이 위원회에서는 인도네시아에 진출한 한국 기업의 지원, 지속가능한 산림경영을 위한 우리나라 기업의 조림 투자 진출, 임산물 교역 증진을 넘어서 최근에는 산림의 휴양적 가치 증진이나 기후변화 공동대응과 같은 안건들도 활발히 논의되고 있다.

2) 거류민회 설립과 신규 산업 진출(1970년대)

1970년대 들어 기업 진출 형태의 산림개발이 본격화되자 인도네시아의 한인 수가 빠르게 증가하였다. 1972년에는 그 수가 700명을 넘어 한인공동체 건설에 대한 수요가 늘었다. 재인도네시아 대한민국거류민회를 출범시킬 규모로 성장한 것이다.

『한인회보』 2호 발간사

우리 한인이 인도네시아에 첫발을 딛고 살아온 것은 확실한 기록이 없어 추후 조사해봐야겠지만 무리를 이루어 어떤 목적을 가지고 인도네시아에 입국하고 서로 집단적으로 살아간 것은 1960년대 말 원목개발로 진출한 한인이 아닌가 한다.

그러다가 1970년대 초에 교민회가 결성이 되고 제1기 임원진을 중심으로 비로소 모양새를 갖추고 한인의 활동이 눈에 띈 것이다. 『한인회보』는 지난 한인 생활을 돌아보고 처음 진출했을 때부터의 교민 생활을 기록에 남기기 위해 특집기획을 마련했다. 특히 원로 여러분들의 많은 협조를 바라며 뜻깊은 작업에 많은 분의 참여를 바란다.

인도네시아에 진출하여 긴 시간이건 짧은 기간이건 자기의 경험담을 기록으로 남기고 싶으신 분은 원고지 길이에 상관없이 한인회 편집실로 보내주시면 『한인회보』에 게재는 물론 인도네시아 한인 진출사를 작업하는 데 많은 도움이 될 것으로 사료된다.

개인적인 경험도 대환영이며 특히 1972년 7월 16일 교민회 창립 총회 전에 일어난 일이면 더욱 의의가 있을 것이다.

간추린 교민 생활사(1972~1976)

1972.07.16. 교민회 창립 총회

1972.11.09. 시험조업차 '오대산호' 입항

1973.09.18. 한-인니 정식 국교 수립, 총영사관이 대사관으로 김좌겸 총영사가 초대대사로

1973.09. 환율 US$ 1=Rp. 415,- 동년 대비 42퍼센트 물가 상승

1973.12. 현대건설 자고라위 고속도로 공사 수주(3,300만 불)

1974.02. 국제실업 술라웨시 도로 공사 수주(700만 불)

1974.03. 이재설 신임대사 부임

1974.07.30. 부인회 창립 총회 개최(초대회장 김억 참사관 부인)

1975.05.01. 총무간사에 조용준(개인사업) 임명

1975.05.09. 국민학교 설립위원회 구성(위원장: 송주호 교민회 부회장, 위원: 양경선(대사관), 강대우(현대), 서만수(선교사))

1976.01.05. 자카르타 한국 학교 개교(유치부와 국민학교 1~3학년 총 27명)

– 『한인회보』 2호(1994.11.)

목재산업이 어느 정도 안정화되고 제조업과 건설 부문이 인도네시아에 진출하기 시작했다. 대표 기업은 조미료 생산기업인 미원(식품가공 및 제조업)과 경남기업(건설업)이었고, 이어서 한일자야(시멘트제조)도 뒤를 이었다.

1973년 한국의 대표 조미료 업체 미원(현 대상)이 인도네시아 기업 르냐자야PT. Rena Jaya와 기술협력 체결 및 양국 정부의 진출 허가를 취득하여 중부자바의 그레식에 미원인도네시아PT. Miwon Indonesia를 설립하고 1975년부터 조미료 현지생산 및 판매에 돌입하였다.

미원의 인도네시아 진출은 최초의 플랜트 수출로 잘 알려졌으나 큰 틀에서는 조미료의 핵심원료인 핵산(사탕수수에서 추출)의 안정 공급을 추구하는 자원 확보형 투자로 해석될 수도 있다. 대상그룹은 조미료 생산에 필수적인 당밀의 안정 확보와 해외시장 개척을 위해 다양한 동남아국가를 비교 끝에 인도네시아로 진출한 것으로 알려져 있다. 인도네시아가 세계적인 당밀 생산지이며(당밀은 사탕수수의 부산물이다), 인구가 많아 시장이 클 뿐 아니라, 인건비가 저렴하여 생산비용도 절감할 수 있다는 것이 이점으로 작용했다.

1960년대 중동 특수에 힘입어 한국의 건설업이 괄목할 만한 성과를 거두었는데 1970년대 초 신규 투자지로 인도네시아를 찾은 경우가 많았다. 하지만 중동 지역 같은 큰 성과를 거두지는 못하다가 1974년 삼환건설이 칼리만탄 발릭파판에서 유니온 석유회사의 사택 건설에 참여한 후 한국 건설업체의 진출이 본격화되었다.

현대는 인도네시아에서 최초의 고속도로를 건설하였는데 손해를 봤지만 일을 잘해냈다. 결국 이를 기회로 수마트라 지방도로 공사도 맡았다. 종합상사는 쌍용의 전신인 한남무역이 진출해 시멘트를 수출하고 인도네시아 커피를 수입하였다. 외환은행은 사무소를 설치하였는데 본격적인 은행 업무를 위한 허가가 나오지 않아 경제 동향을 보고하는 것에 그쳤다고 한다. 이 과정에는 쌍용과 현대 등이 일정 역할을 수행했다고도 알려졌다.

1973~1974년경 세계적인 오일붐은 산유국 인도네시아의 경제 활성화도 불러왔다. 중동과 마찬가지로 건설붐이 일었다. 이 기간 한인 수가 급격히 늘어난 것으로 추정되지만 1976~1982년 동안 인니 한인회 활동이 침체되어 회보조차 발행하지 못했으므로 정확한 수는 확인할 수 없다. 다만 1982년 초 통계에 의하면 인도네시아 거주 한인 수는 1970년대의 두 배에 달하는 1,500명으로 증가하였으며 한 해 뒤인 1983년 1월의 집계 한인 수는 3,000명으로 다시 두 배 증가하였다. 이러한 한인 인구의 급증은 무역관계의 증가에 크게 힘입었으며 현대건설과 대림건설 등의 대형 프로젝트 수주와도 관련이 있었던 것으로 보인다. 1983년 8월 한인회 총회에 직접 참석하지 못하는 한인 노동자 2,989명이 위임장을 보낸 것을 보면 재인도네시아 한인 사회의 성장을 실감할 수 있다.

자원개발(광산) 분야의 선두주자인 삼척탄좌 현지법인 키데코도 1980년대 말 해외 자원개발 시범사례로 인도네시아 동東칼리만탄주 파시르군에 진출하였다. 정식 회사명인 키데코자야 아궁PT. KIDEKO JAYA AGUNG은 한국 (주)삼척탄좌에서 100퍼센트 현지 투자

한 법인으로 1993년 상업생산을 개시한 이래 1997년부터 400만 톤의 석탄을 생산하였고, 1997년 말 2차 증설공사가 완공된 다음 1998년에는 600만 톤을 생산하였다. 2000년대 이후 키데코는 연간 생산량 1,000만 톤을 지속 달성하며 세계 10대 석탄광산에 들게 되었다. 하지만 키데코는 2020년 이후 직접개발보다는 투자로 사업의 중심이 선회되었다. 기업의 승계와 기후변화 대응을 위한 업종 변경이 이루어지는 중인 것으로 보인다.

정부 수준에서는 양국 간에 임업협력위원회(1979)와 자원협력위원회(1979)를 만들고 건설협력에 관한 합의각서도 체결(1981)했다. 이러한 정부 간 협력은 민간기업의 무역 및 투자 관계 증진을 후방에서 지원하기 위한 목적을 지닌다. 무역 증가와 건설 수주 덕분에, 인도네시아 거주 한인 수는 1985년 이전 이미 4,000~5,000명 선에 이르렀을 것으로 파악된다(한경구 1996).

3. 제조업 전성시대, 한국식 경영의 명암(1980년대 중반~1990년대)

1980년대 말 한국의 정치경제는 한국 내에서의 변화를 넘어서 한국-인도네시아 관계에서 새로운 전환을 만들어냈다. 1987년 민주화운동과 1988년 서울올림픽 개최를 계기로 한국 사회가 국제화의 물결에 한 걸음 더 다가간 것이다. 먼저 1988~1992년 사이 한국 기업의 대인도네시아 투자가 급격히 증가했다. 특히 섬유, 봉제, 신발, 완구 등 노동집약산업을 중심으로 인도네시아 진출이 가속화되었다. 이러한 진출의 원인에는 국내 및 국제 차원의 세 가지 동인이 작용하였다.

먼저, 1987년 노동자 대투쟁 이후 한국의 최저임금 인상에 따른 생산비 상승으로 기업들의 해외 진출이 시도되었다.

두 번째, 섬유, 봉제, 신발 부문의 글로벌 브랜드 업체가 글로벌상품생산네트워크의 재편에 따라 수입선을 한국과 대만에서 동남아로 옮기는 전략적 변화를 했다.

세 번째, 인도네시아를 비롯한 동남아국가가 저임금 노동력과 풍부한 자원, 다양한 투자유치 정책을 제시하며 외국자본에 적극적인 구애를 펼쳤다. 양국 정부는 이중과세방지 협정(1988.11.), 투자보장협정(1991.02.) 등을 통해 한국 투자의 안정성을 높이는 제도 구축을 시도하였다.

1948년 독립 후 약 20여 년 동안 인도네시아 경제의 원동력은 넓은 영토에 풍부한 석유, 산림, 광산 등 자원산업이었다. 이는 주로 수마트라와 칼리만탄과 같은 외방도서에서 이루어졌고 당시 자바섬에 위치한 수도 자카르타의 경제 기능은 주요 산업의 최고 의사결정에만 머물러 있었다.

이렇듯 단순했던 수도의 경제 기능은 1960년대 말 수하르토 정부 출범 이후 외국인 투자에 문호를 개방하면서 변화했다. 초기 10년간은 자원 부문에 집중되었으나, 제조업 부문의 투자가 1970년대 후반부터 시작되고, 1980년대 중반 이후 일본, 한국, 대만, 홍콩 등 동북아의 제조업 국가가 생산거점으로 인도네시아를 선택한 이후 본격적으로 외국인 투자와 산업화가 이루어졌다. 제조업 투자는 자연 자원이 풍부한 외방도서가 아니라 노동력을 확보하기에 유리한 자바섬, 그중에서도 수도와 수도 인근 지역에 집중되었다.

1990년대 초반은 아직 세계의 공장 중국이나 베트남에 외국인 투자가 현실화되기 어려운 시기였다. 따라서 이 시기 인도네시아는 중소자본이 가장 선호하는 투자 대상국이었다. 1960년대 말부터 한국 기업의 투자가 꾸준히 이어져왔기 때문에 현지 정보도 충분하고, 무엇보다 이미 인도네시아 내에 신뢰할 만한 한인 기업(인) 네트워크가 형성되어 있었다. 때문에 1990년대 초중반 노동집약적 부문을 중심으로 한국 중소 제조업체들의 '최초이자 집단적인' 투자가 인도네시아로 향할 수 있었다. 1990년대를 전후하여 인도네시아 진출 한국 투자기업의 수는 약 350개 정도인데, 이중 신발과 봉제 등 노동집약적 제조업체만 200개를 넘는다.

〈표 5〉에서 보듯, 규모면에서 한국은 평균 투자액이 1,753만 달러로 주요 투자국 중 낮은 편이다. 대체로 중소 규모 제조 기업이 인도네시아로 몰려갔기 때문이다. 당시 진출한 한국의 중소기업들은 내수시장보다는 수출 전문 기업이었는데, 인도네시아로 사업체 이전 시 일반특혜관세General System of Preferences, GSP 수혜대상국 지위를 유지할 수 있다는 점에서 이 분야의 투자는 우회수출형에 속한다고 볼 수도 있다(설동훈 1993).

표 5 인도네시아 외국 투자 규모(1967~1995)

순위	투자국	건수	승인액 (백만 달러)	평균 투자 규모 (백만 달러)
1	일본	709	19,751.8	27.86
2	홍콩	306	14,567.8	47.61
3	영국	155	12,215.4	78.81
4	미국	191	11,094.9	58.09
5	대만	354	7,735.6	21.85
6	싱가포르	389	7,619.7	19.59
7	네덜란드	121	7,421.2	61.33
8	한국	350	6,134.3	17.53
9	호주	174	5,606.5	32.22
10	독일	75	4,849.4	64.66

출처: 신윤환(1995; 2001)에서 재인용

기업의 투자 증가로 체류 한인의 수도 늘어났다. 당시 인도네시아에 진입한 한인은 '투자자'뿐 아니라 공장장, 생산기술 및 노무 관리자 등 취업 개념의 '중간관리자'들도 상당하였다. 신윤환(1995)은 인도네시아 인력부 통계를 인용하여 1995년 7월 기준 인도네시아 내 한국인 근로자의 수를 8,000명 내외로 추정하였다. 그런데 이 숫자는 같은 시기 한국 외무부가 수합한 인도네시아 거주 한인(약 1만명) 중 근로자 6,000명이라는 수치에 비해 2,000명이 더 많다. 신윤환의 설명에 따르면, 이러한 차이는 외무부가 한국 투자기업에 소속되어 보고된 근로 인력만을 수합한 것으로 외국계 투자기업(주로 대만계나 일본계)에 고용된 한국인 중간관리자는 누락되었기 때문이다.

그런데 당시 진출 기업 중에서 저임금 장시간 노동, 권위주의적 노동관리 관행 등으로 인해 현지 사회에서 갈등을 유발하는 상황이 다수 발생하였기에, 인도네시아 국내에서 비판 여론이 형성되었다. 관리자급 한국인은 현지 노동자를 쥐어짜는 '중간 착취자'이며, 한국 기업은 권위주의적 노동통제를 '한국적 경영 관행'으로 밀어붙인다는 식의 부정적 이미지가 확산되었다.

이러한 부정적 이미지에 대한 문제의식으로 현지조사를 수행한 신윤환은 한국 기업이 아닌 다른 국적의 투자기업에 속한 한국인 중간관리자 2,000명에 의해 문제가 되는 노동관행이 주로 발생했다고 지적했다. 현지 노동자는 억압을 가하는 사람이 한국인이기에 회사 자체도 한국 회사로 오인하고 궁극적으로 한국의 투자 일반에 대한 사회 인식 역시 부정적으로 형성되었다는 것이다. 재외공관이든 교민 사회든 이러한 인식 확산에 문제의식을 가졌으나, 한인 기업의 네트워크나 재외교민 커뮤니티 밖에서 주로 문제가 발생해 적극적인 대처도 어려운 상황이었다.

중소 규모 투자자와 근로자의 인도네시아 진출은 생활영역에서 인도네시아 교민 사회의 분화와 갈등 그리고 재통합을 향한 다양한 노력이 시작되는 출발점이 되었다. 기존 교민들의 입장에서는 제조업 투자가 향한 반튼의 탕그랑과 서부자바의 반둥, 중부자바의 스마랑 등에 '갑자기 밀려들어온 한국 투자기업과 근로자들'이 집중되었는데, 이들 중에는 현지 사회에서 물의(구체적으로 음주, 교통사고, 싸움 등의 '낯 뜨거운 일')를 일으키거나 한국에서 이미 문제를 만들고 도피성으로 입국한 이들이 섞여 있다는 문제의식을 가지고 이들을 향해 공개적으로 자성을 요구했다. 다행히 이러한 문제에 직면하면서 한인 사회는 정체성 정립과 조직화를 위한 집합적 노력을 전개하기 시작하였다. 『한인회보』 창간호에 수록된 한인회장의 창간사는 이러한 노력을 잘 보여준다.

한인회장 창간사

본인은 오늘 작게는 인도네시아 한인회원 모두의 화목과 번영에 기여하고, 크게는 조국의 발전 그리고 한국과 인도네시아의 친선 및 공동번영을 위한 전위적 사명을 수행하고자 '인도네시아 한인회보'를 창간하는 바입니다. 본지의 창간에 즈음하여 본지의 사명과 편집 방향에 관하여 밝혀두고자 합니다.

본지의 첫 번째 사명은 우리 한인회원의 기업활동에 도움이 되는 정확하고 신속한 정보 제공에 두고자 합니다. 주지하는 바와 같이 세계가 변하고 있습니다. 그것도 인류 역사상 유례없이 빠른 속도와 규모로 바뀝니다. 나날의 생활환경에서부터 기업환경, 국가의 생존환경에 이르기까지 현란스러울 만큼 빠르고 큰 변혁이 발생합니다. [...]

우리 한인회 회원처럼 문화와 제도를 달리하는 이역만리 외국에서 기업활동을 하는 사람에게는 기업활동과 직간접적으로 관련 있는 세계적 차원의 흐름과 더불어, 본국은 물론 현지 주재국의 제도와 관행과 정책의 변화 등을 적시에 올바르고 신속하게 입수하는 것이 무엇보다 긴요한 일이라 하지 않을 수 없습니다. 본지는 앞으로 이 같은 계몽적 목적을 위한 전위로서의 사명을 수행하는 데 심혈을 기울일 것입니다.

둘째로 본지는 우리 한인회 회원 상호 간의 친선과 화목 그리고 공동발전을 위한 대화의 광장이 되고자 합니다. 이제 우리 한인회도 무려 수천 명에 달하는 대사회를 형성하기에 이르렀습니다. 집단이 커짐에 따라 양적 팽창 및 발전과 더불어 크고 작은 문제도 있을 수 있고 그만큼 화합과 단결 그리고 상부상조가 필요합니다. 우연이라기엔 너무도 인연 많고 그래서 더불어 번영하고 화목해야 할 우리가 아닙니까!

본지는 앞으로 이제 대집단으로 발전된 우리 한인회 회원 모두의 크고 작은 희로애락과 공사의 의미 있는 동정을 알리고 신뢰와 화목을 든든히 하며 공동번영에 도움이 되는 교신과 대화의 장이 됨으로써 명실공히 '교민의, 교민에 의한, 교민을 위한 신문'이 되고자 합니다. 회원 모두의 적극적인 참여를 바라는 바입니다.

셋째로 본지는 한인회와 인도네시아인 더 나아가 한국과 인도네시아 두 나라 국민 상호 간의 친선과 공동번영을 위한 매개체가 되고자 합니다. '정보화 시대'는 시각을 달리해보면 '지구촌 시대'이자 '세계화 시대'요 '무국경 시대'이며 '상호의존의 시대'이기도 합니다. '지구촌'이라는 말은 지구가 하나의 촌락처럼 좁아졌다는 물리적 의미뿐만 아니라 전 세계 지구인들이 평등한 인간으로서 하나의 공동체로서의 유대감을 지니고 공존, 공영해야 한다는 정신사적 의미를 함축합니다. 특히 타국에 진출하여 현지 주민들과의 공동의 경제활동이 필수적인 한인으로서는 현지인들과의 화목과 한국-인도네시아 두 나라 간의 친선과 공동번영에 각별히 유념할 필요가 있습니다. 본지는 이 같은 사명을 위해서도 세심한 배려와 노력을 기울여 나가고자 합니다.

본 발행인은 오늘 본지를 창간함에 즈음하여 '시대적 변화에 따른 새로운 자세'와 '변화하고자 하는 의지'가 우리에게 요구된다는 점을 강조하며 본지가 위의 소임을 다 할 수 있도록 한인회 회원 모두가 스스로의 신문에 주인의식을 가지고 적극 동참해주실 것을 기대하는 바입니다.

– 『한인회보』 창간호(1994.09.)

정리하면, 1987년 6·29선언 이후 한국 사회는 전반적인 민주화 속에서 노동쟁의가 급격히 증가하였으며 이에 따른 임금 상승을 견디지 못한 노동집약적 제조업체들이 해외로 생산 기반의 이전을 서둘렀다. 인도네시아에서는 1987~1988년부터 투자 촉진을 위한 규제 완화 조치를 시작하였다. 노동집약적 산업이 한국 내에서 노사분쟁이 일어난 시기와 이곳의 규제 완화가 우연히 맞물려서 3~4년간 한국 업체가 집중적으로 인도네시아에 진출하였다.

이에 투자 목적지인 인도네시아에서는 1980년대 중반(특히 1985년 플라자 협정Plaza Accord 이후) 노동집약형 제조업 강화와 수출 지향 산업화가 본격화되었다. 이 시기는 한국 제조업의 인도네시아 투자의 첫 번째 물결로 보기에 충분하다. 제조업 투자는 봉제, 완구, 가발, 신발 등을 포괄하는데 다음에서는 신발산업을 중심으로 인도네시아 내 한국 제조기업의 성장사를 살펴보겠다.

1) 신발업 진출 사례

1980년대 말 인도네시아에 집중 진출하여 클러스터를 형성한 신발업체를 중심으로 한인 사회의 성장 역사를 좀 더 자세히 들여다보자.

한국 기업이 초기 이전을 고려한 국가는 태국과 인도네시아였다. 당시 중국, 베트남과는 정식 수교 이전이었고, 1970~1980년대 원목개발과 건설 부문에 한국 기업이 이미 진출해 있어 초기 비용을 줄일 수 있다는 점이 매력적으로 다가왔다. 한국 기업의 인도네시아 진출은 1985년 코린도의 자회사인 가루다인다와PT. Garuda Indawa를 시발로 볼 수 있다. 1980년대 말에서 1990년대 초까지 프라타마PT. Pratama, 동양인도PT. Tongyang Indo, 동조PT. Dong Joe, 국제PT. Kuk Je ADTEK 등이 대규모 생산설비를 구축하고 99퍼센트 OEM 방식의 생산체제를 만들어냈다. 탕그랑 지역을 중심으로 한국식 대량생산 제조라인이 설치됨에 따라 OEM 방식의 유명 브랜드 1차 벤더 기업의 설립 가능성이 높아졌다. 당시 대만과 홍콩계 중국인 신발업체의 인도네시아 진출도 한국 진출 시기와 유사하여 1990년대 초에 외국 신발업체의 인도네시아 진출이 절정을 이루었다.

한국과 대만 등 해외 투자기업의 인도네시아 신발산업의 진출은 인도네시아 신발산업의 성장과 수출 증가에 크게 기여하였다. 1980년대 중반 이후 부산을 중심으로 한 한국의 신발산업 쇠락(기업 도산과 폐업 및 기업 이전)이 급격하게 이루어졌으며, 국내 폐업한 기업은 생산설비 자체를 인도네시아로 이전시키는 경우가 많았다. 결국 1994년을 기점으로 한국과 인도네시아가 세계 신발 수출에서 차지하는 비중이 매출액 기준에서 역전되었다. 또한 다음 〈표 7〉은 당시 『한인뉴스』에서 정리한 한국계 신발업체의 수인데 이는 최종 완성품 조립업체만을 헤아린 것으로 부품과 소재 기업을 포함하면 한국계 신발 제조업체의 수가 292개로 더 많았다.

인도네시아 신발산업은 전체 생산 물량의 75퍼센트를 수출하며, 전체 수출 물량의 95퍼센트 이상이 글로벌 브랜드의 OEM 하청이었다. 인도네시아의 저렴한 인건비는 이 산업을 끌어들인 핵심 요인이었다.[12] 하지만 인도네시아의 제조업은 초기 이식 단계였기에 노동의 질 측면의 경쟁력은 충분하다고 평가받지 못했다. 1990년대 동안 인도네시아 신발 총수출에서 한국 투자기업의 기여율은 대략 25퍼센트 내외를 유지하였다.

그 밖에 인도네시아 업체와 타국 투자기업에서도 생산과 노무 분야의 전문 기술자와 수주 담당 등의 역할은 한국인이 맡는 경우가

12 한국 업체의 1995년 평균 제조원가 구성 비율을 보면 재료비 60퍼센트, 노무비 15퍼센트, 경비 25퍼센트이다.

표 6 1990년대 한국과 인도네시아 신발 수출액 (단위: 백만 달러)

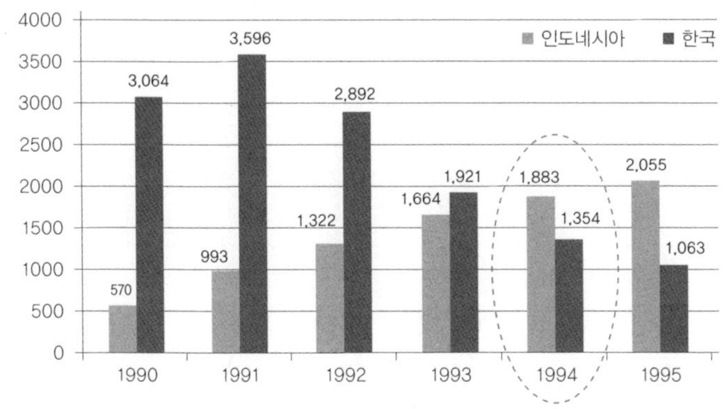

출처: 『한인뉴스』(1996.07.)

표 7 1990년대 인도네시아 내 한국 신발업체의 지역별 분포 (1996.06. 집계)

지역	동부 자바	중부 자바	반둥	까라왕	보고르	자보타벡 (주로 탕그랑)	합계
업체 수	25	7	13	2	5	109	161

출처: 『한인뉴스』(1996.07.)

많았다. 당시 한인회에서 추정한 현지 및 해외 기업에 근무하는 한국인 '근로자(관리자급)' 수는 30개 이상의 회사에 800~900명 정도에 이르렀다. 한국 투자기업 중 동조, 가루다인다와, 태화는 내수시장도 공략하려는 이중 전략하에 각각 스포텍SPOTEK, 이글EAGLE, 랑포드LANGPORD 등의 자체 브랜드를 시장에 출시하기도 했다.

한국 신발업체의 인도네시아 진출은 1985년에 시작되었는데, 한

표 8 1990년대 인도네시아 내 한국 신발업체 현황

회사명	수출 실적 (백만 달러)	고용 규모 (종업원 수)	비고
동양인도	96	7,000	
가루다인다와	76	7,100	내수 미포함
동조	63	5,500	내수 미포함
프라타마	73	6,700	
태화	153	9,700	내수 미포함
스타윈	40	3,600	
국제	24	2,800	
보상 자야	26	2,000	
합계	551	44,400	한국인 근로자 330명

출처: 『한인뉴스』(1996.07.)

국과 마찬가지로 인도네시아의 경영환경도 아시아 지역의 경제적·정치적 환경변화에 영향을 받아 빠르게 달라졌다.

인도네시아 노동자들이 국제기준에 부합하는 임금 이상을 요구하면서 1990년대를 전후하여 3년 연속 최저임금이 빠르게 개선되었고, 노사갈등 심화와 같은 문제가 발생하였다. 이러한 내부 원인 이외에 중국과 베트남의 개혁개방이 본격화되며 외국인 투자자 입장에서는 새롭게 부상하는 국가의 생산 경쟁력이 더 높아졌다. 글로벌 브랜드 역시 지구적 생산 네트워크의 재편을 시도하면서, 인도네시아 발주 물량의 일부를 중국과 베트남으로 이전시켰다. 더군다나 인도네시아에서는 1997~1998년 외환위기와 이후의 정치 혼란이 쉽게 진정되지 않으면서, 나이키와 같은 글로벌 브랜드가 인도네시아 사업 철수를 선언하기도 했고 연동된 일부 기업들도 1995년을 기점으로 제조시설의 핵심거점을 중국과 베트남으로 이전시키는 경우가 많았다.

1993년 이후 인도네시아의 최저임금인상률이 연간 10퍼센트를 상회함에 따라 인도네시아에서 생산비 절감 효과가 낮아지고 대안 생산기지로 한국에서 더 가까운 중국과 베트남의 부상이 동시적으로 작동하였기 때문이다. 하지만 2008년부터 중국의 생산원가 역시 급속도로 인상되면서 중국 진출 한국계 기업 중 한국으로 유턴하거나 인도네시아로 재이전하는 모습이 다시 관찰되었다.

2) 다양한 기업 진출과 사장이 많이 나오던 1990년대

다양한 업종의 한국 기업투자 물결이 인도네시아를 향했는데 섬유 및 전기·전자 등 노동집약 부문의 기업은 2011년 기준 각각 250개사 및 160개사에 고용 노동자 수는 50만 명까지 되었던 것으로 알려졌다. 투자 유입국인 인도네시아의 입장에서도 섬유와 전기·전자 업종은 수출에 기여할 뿐 아니라 고용 창출과 내수경제 진작의 측면에서도 환영받는 산업 부문이었다.

한국의 인도네시아 투자는 1990년대 말까지의 누계에서 투자 금액상 6위였지만 투자 건수로 보면 일본에 이어 2위를 차지했다. 당시부터 한인 기업은 인도네시아의 고용 증대와 수출 신장에 두드러지게 이바지했다. 주인도네시아 한국 대사관의 1998년 보고서에 따르면, 한인 기업의 현지인 고용이 약 20만 명에 달해 세 번째로 현지인을 많이 고용하는 외국 기업 집단이며, 한인 기업의 수출이 인도네시아 신발 수출의 53퍼센트(19억 달러 중 10억 달러), 섬유·봉제 제품 수출의 40퍼센트(50억 달러 중 20억 달러), 완구 수출의 33퍼센트(6억 달러 중 2억 달러)를 차지했다.

1990년대 중반 이후 인도네시아의 경제호황과 임금 상승 등의 동시 효과로 기존의 노동집약적 산업의 신규 투자는 크게 축소한 반면 석유화학, 조립금속, 종이 등 '중간기술 제조업'과 철강, 자동차, 전자 등의 기간산업, 플랜트와 SOC(생산활동에 직접적으로 투입되지는 않으나 간접적으로 기여하는 자본) 등의 공공 건설 부문의 신규 투자가 증가하였다. 이어서 금융, 보험, 운송, 화학, 전자, 철강, 자동차 산업 등으로 투자 업종이 다양해졌다. 특히 전자산업의 진출은 저임금뿐만 아니라 내수시장의 잠재력까지 감안한 결과였다.

LG전자: 전자 부문 투자 활성화

'도약 2005'를 선포한 LG그룹은 그 일환으로 2억의 인구와 거대한 잠재력 및 자원을 가진 인도네시아에 투자를 적극 확대하며 그중에서도 특히 전자 부문에 투자가 활발히 진행되고 있다.

> 인도네시아에서 100퍼센트 단독 출자한 첫 번째 외국 투자기업인 LG EDI는 작년 2월 법인을 설립하여 현재 유럽으로 컬러 모니터를 수출하며 머지않아 인니 내수시장에도 뛰어들 전망이다. 한편, 가정용 전자제품을 생산하는 LG ASTRA와 산업용 펌프 생산회사인 LG Bangunindo도 성공적으로 사업을 이끌어 인니 내수시장에서 높은 시장점유율을 보인다.
>
> -『한인뉴스』 1호(1996.07.15.)

특히 LG전자와 삼성전자의 진출에 주목할 필요가 있는데, 생산비 절감(상대적으로 저렴한 인건비) 이외에 인도네시아의 시장성을 보고 진출을 결정했기 때문이다. 1990년 LG전자가, 1991년에는 삼성전자가 진출하면서 이 두 거대 기업에 납품하는 한인 부품업체들도 100여 개나 동반 진출할 수 있었다. 그래서 인도네시아에서 한국인은 중국인이나 일본인에 비해 한참 사업을 '뒤늦게 시작했지만 급속하게 성장해' 놀라운 사례로 주목받았다(Aurora 2005).

인도네시아에서도 제조업 발전이 무르익고 아시아 지역에서 확산된 제3의 민주화 물결의 영향을 받아 1990년대 초반에 폭발적인 노사분규가 발생하였다. 하지만 한국계 기업은 이를 버텨내며 인도네시아 사회에 더 깊이 안착하였다.

IMF 외환위기 직전인 1990년대 중반까지 한국 건설업체의 인도네시아 내 활동도 활발했다. 건설업체 진출은 1970년대 초에 시작되었으며, 1989년까지 28개 업체가 수주한 금액이 총 12억 9,000만

표 9 전자산업 인도네시아 진출 현황

기업명(진출 연도)	투자 현황
LG전자(1990)	• TV, 냉장고, 세탁기 등 가전제품 생산 • 1995년 글로벌 생산기지 공장 추가 건설–전 세계 78개국, 150여 바이어에 수출 • 2013년 기준 매출 22억 달러(수출 14억 달러, 내수 8억 달러) • 인도네시아 가전 11개 부문 M/S 1위 • 종업원 약 5,000명(협력사 약 35,000명)
삼성전자(1991)	• TV, STB, DVD, Blueray, HTS 등 디지털 제품 생산 • 2013년 기준 매출 22억 달러 • 종업원 약 3,500명, 세계 50여 개국에 수출

달러에 달했다. 대림엔지니어링이 1996년 수주한 시볼가 화력발전소 및 아무랑 화력발전소, 대우건설이 남부 술라웨시 보소와 지역에서 수주한 시멘트 공장 건설 사업 등이 대표적이다. 진로건설은 북부 수마트라 레눈 수력발전소의 도수로 공사에 당시 인도네시아에서는 처음 선보이는 신기술공법Turn Boring Machin, TBM을 활용해 현지 언론의 주목을 받기도 했다. 현대건설도 탕그랑에 40~50층대 아파트 두 동의 공사를 마무리하였다. 1990년대 중반 인도네시아에서 활동한 한국 건설업체는 25개사에 이르는 것으로 파악된다.

1996년 인도네시아 정부가 발표한 '6.17 외국인 주택 소유 시행령(No. 14/1996)'으로 외국인의 주택(콘도미니엄) 소유가 가능해졌다. 인니에 거주하는 외국인은 일반 주택은 물론 정부가 소유권과 사용권Kak Pakai을 가진 대지에 지어진 아파트도 소유할 수 있게 되었다. 또한 이 시행령은 외국인의 주택 소유 기간을 종래 10년에서

25년으로 늘렸으며, 25년 이후 추가로 25년을 연장할 수 있도록 하였다.

1996년 7월 『한인뉴스』에는 탕그랑의 현대 아마르타푸라 아파트 분양 광고가 실렸고 서서히 한국인은 멘뗑이나 끄바요란 바루의 주택을 떠나 아파트로 거주지를 옮겼다. 하지만 이 이전에는 일반 주택의 관리 비용이 높았던 이유도 있으나 1998년 5월 사태를 겪으며 보다 안전한 주거환경을 찾으려는 의도가 크게 작용하였다.

이처럼 1990년대 중반 인도네시아 교민 사회는 규모를 성장시키면서 풍요의 시대를 구가했다. 대기업이 늘어나면서 하청기업의 수도 늘고, 주재원으로 파견되었다가 귀국하는 대신 현지에서 창업을 선택하는 이들도 많아졌다. 그래서 한인 사회에서는 이 시기를 "사장이 많이 나오던 시절"로 기억하곤 한다. 일부에서는 전통적인 노동집약적 산업을 넘어서 사업다각화를 시도하는 모습도 관찰되었다(예: 동조의 신발+도자기 전략). 당시의 교민 기업가는 한국에 인도네시아 한인 사회의 경제 성취를 보여주고 우수인력 유치를 위해 대학생 인턴 제도를 운영하기도 했다.

사업다각화 사례

IMF에도 웃는 도자기 재벌, 인니 (주)MJ 인도네시아 C 대표이사[13]

세계 양대 신발 브랜드인 나이키와 리복의 아태 지역 주생산기지는 인도네시아이다. 이곳에서 리복 운동화를 만들어 연간 매출 1억 달러 이상을 올리는 기업이 바로 C 사장이 운영하는 (주)MJ이다. 워낙 품질이 우수해 지난 1993년, 1997년 리복사의 전 세계 공장 중 최고 품질상과 최우수상을 (주)MJ가 수상했다.

C 사장은 세계적인 브랜드로 성장한 국내 유수의 도자기 업체와 제휴, 한국도자기 인도네시아 현지 공장을 만들어 미국, 영국, 독일, 일본 등지에 수출한다. 올 매출목표는 2,000만 달러. C 사장이 자랑하는 것은 세계적인 도자기 메이커인 미국의 M과 일본 S의 제품을 동남아에서 유일하게 생산한다는 것이다. 뿐만 아니라 올해 창립 250주년을 자랑하는 독일의 V&S사의 제품도 생산한다. 수하르토 전 대통령도 이 회사 도자기를 이 나라의 전략 문화상품으로 지정, 지난 1993년 직접 공장을 방문하기도 했다.

- 『한인뉴스』 26호(1998.06.)

3) 한인 사회의 조직화

외무부의 공식 집계에 의하면 재인도네시아 한인은 1995년 초에 7,532명인데 이들 중 교민 141명, 체류자는 7,391명이다. 대부

---

13 신발업체에 종사한 적이 있는 교민 S를 통해 (주)MJ 기업의 흥망성쇠를 들을 수 있었다. 이 회사는 2000년대 중반 보스턴 마라톤에서 리복 브랜드의 운동화를 무료로 제공하는 글로벌 판촉 행사를 했는데, 안타깝게 이 행사가 오히려 회사를 도산하게 만든 계기가 되었다고 한다. 회사가 제공한 리복 운동화를 신은 참가자들이 결승선에 들어올 때 접착제 불량으로 운동화가 떨어지거나 심하게 마모된 사례가 다수 보고되었기 때문. 이 여파로 리복은 브랜드 이미지에 치명상을 입었고 (주)MJ와의 하청관계를 청산했다고 한다(2018.03.20. 인터뷰). 성공 신화 못지않게 실패의 경험도 많았던 시기였다는 점에서 이 기록을 각주로 부연해두고자 한다.

분이 한국의 투자업체 또는 외국인 업체에 취업했다. 자카르타에 약 5,500명이 거주하며, 자바에 1,200명, 칼리만탄에 300명, 기타 300명이다. 흥미롭게도 당시에 이미 한국인들 중 인도네시아 영주권 또는 국적 취득자가 100명 내외나 되었다. 인도네시아의 이민제도가 매우 까다로웠음에도 기업활동의 편의를 위한 선택으로 보이지만 그만큼 인도네시아의 잠재력을 크게 보았다는 것으로 이해해 볼 수 있다.

그런데 당시 현지 교민이 체감하는 실제 체류 한인 수는 이보다 훨씬 더 많았다고 한다. 공식 집계의 세 배에 달하는 2만 2,500명은 될 것이라고 추정하는 사람도 있었다. 이러한 한인 사회의 양적 성장과 더불어 학교, 교회, 불교 사원, 한국 식당, 술집, 하숙집, 선물 가게, 식품점, 한약방, 미장원, 비디오 가게, 세탁소, 여행사 등도 증가하였으며 심지어 대입 준비 학원도 등장하였다. 1996년 7월 『한인뉴스』에는 1997년도 대입 특례제도 안내 기사가 실렸다.

1987년 이전의 재인도네시아 한인 사회는 상대적으로 구성면에서 동질적이며 규모도 작았으므로 한인회 활동도 친목 도모가 중심이 되어왔다고 한다. 그러다가 1987년 이후 급작스러운 규모 확대로 발생한 새로운 상황과 문제에 한인회는 물론 대사관이나 코트라 등의 기존 조직이 이에 대처하는 데 상당한 어려움을 겪었다. 한인 수가 증가함에 따라 불미스러운 사건도 늘었기 때문이었다. 다행히 범죄행위 등은 상대적으로 극소수에 불과하며 또한 관광객의 추태도 인근의 태국에 비하면 훨씬 적었다는 평가이다. 다만

과도한 음주 및 이와 관련된 사건이나 불미스러운 행동은 조금 심각한 정도이므로 대책 마련이 필요하다는 조심스러운 지적도 있었다.

4. 아시아 외환위기, 엇갈린 결과(1998~2000년대 초반)

1997년 상반기만 해도 인도네시아 정부든 인도네시아에 투자한 한국 기업이든 인도네시아의 경제성장에 낙관적 기대가 가득 차 있었다. 인도네시아 시장을 '성장하는 호랑이'라 불렀고, 인도네시아 정부와 기업인들 역시 자신감이 있었다. 당시 주식시장이 6년째 강세를 유지했고, 싱가포르나 홍콩의 역외 기관 투자자의 인도네시아 기업에 대한 강한 매수세 역시 지속됐다. 이는 루피아의 절상 압력을 높였고 외환보유고의 안정적 유지를 가능케 했다.

『한인뉴스』의 기사에서도 보듯, 1990년대 후반 한국인 투자자들과 현지 교민 사회에서는 인도네시아의 성장 가능성을 크게 보며 기대감을 키우는 분위기가 형성되었다.

'성장하는 호랑이' 인도네시아 경제 해부

1994~1995년과는 아주 대조적이다. 1994년의 멕시코 페소위기와 1995년의 메단 인종폭동 기간 동안 인도네시아의 역외 자금유출이 심

각하였다. 그러나 지난 1년을 돌아보면 잦은 사회불안에도 전국적인 투자 심리가 고조되고 있다.

- 아무 근거 없는 것이 아니다. 경제 여건이 전보다 개선되는 것이 사실이다.
- 외국인 투자 분야도 과거와는 다르게 다양화되고 있다(최근 2~3년 사이 외국인 투자가 대규모 화학 프로젝트, 식품가공, 기초금속, 금속제품, 운송과 주택 건설 등 다양한 분포를 보여줌).
- 대외부채가 잘 관리되고 있다. 과거 2년 동안 인도네시아의 가장 괄목할 만한 발전은 정부가 외채상환을 촉진하기 위해 공기업의 사유화 진행뿐 아니라 석유가스의 수출로 늘어난 세수를 사용한 점이다.
- 석유의존도를 벗어나고 있다. 1980년에 유가 폭락과 그로 인한 구조개편은 인도네시아 경제사에 있어 하나의 분기점이 되었다. 산업화로 인해 경제에서 제조업이 차지하는 비중이 1985년 16퍼센트, 1990년 21퍼센트, 1996년 25퍼센트로 상승하였다. 전체 수출에서 비석유류 수출 비중이 1985년 31퍼센트, 1990년 56퍼센트, 1996년 77퍼센트로 괄목 성장하였다.
- 수출 기반이 다각화되고 있다. 과거 몇 년 동안 단순 상품 거래에서 제조업으로의 수출다각화가 현재 단순 제조에서 하이테크 기술로 전환되며 또 다른 국면으로 접어들고 있다. 고부가가치 산업 육성에 대한 관심으로 기존의 봉제와 합판 중심의 수출 이외에 전자산업의 전략 산업화 및 수출 산업화에 대한 관심이 늘고 있다.

- 국가 경제 정책이 신중하고 믿을 만하다. 작년 5월 세계은행 국가 보고서에서 인도네시아가 높은 평가를 받았다.
- 향후 12개월 동안 1997년 GDP 성장률은 7.2퍼센트로 낮아지면서 계속 성장할 것으로 예상한다. 성장은 투자에 의해 주도될 것이며, 소비는 정부가 사치성 소비재의 소비억제에 초점을 맞추기 때문에 낮은 상태로 유지될 것이다.
- 간단히 말해 1996년 하반기 주변국에 비해 부정적이었던 무역 경상수지가 향후 1년은 진정될 것이다.
- 그러나 투자심리(외국인 투자)는 다가올 선거(1998년 대선)에 따라 좀 더 주의를 요할 것이다. 과거 10년보다 앞으로 다가올 정치사회 변동이 더 다루기 힘들 것이라는 인식이 팽배하다.

-『한인뉴스』 9호(1997.03.)

1997년에는 한국과 인도네시아가 합작 투자한 인도네시아 국민차 만들기 사업을 위한 현지 공장도 착공되는 등 한국의 대인도네시아 투자는 점점 더 늘어나는 분위기였다(엄은희 2015).

[참고] 인도네시아 국민차 사업

- 1996년 2월 대통령령에 따라 인도네시아 국민차 사업이 시작됨. 당시 대통령의 3남인 토미 수하르토를 중심으로 인도네시아의 국민차 '티모르TIMOR'를 만들겠다는 계획임.

- 핵심 내용은 인도네시아 기업이나 사람이 100퍼센트 주식을 보유한 법인이 국내에서 독자 브랜드로 승용차(1600시시 이하 상용차 및 세단)를 60퍼센트 이상 국산화율을 달성하여 생산하는 경우 사치세를 면제해주는 강력한 세금 인센티브를 제공함.
- 1996년 토미의 TPN Timor Putra National과 한국 기아자동차의 합작으로 KIA-TIMOR Motors를 설립하여 1998년까지 연간 12만 대 규모의 자동차 생산공장을 설립하겠다는 계획을 발표함.
- 단, 당시 시점에 자동차 생산시설을 확보하지 못한 까닭에 1996년 6월~1998년 3월까지 한국의 아산공장에서 생산된 약 10만 대 분량의 차량 부품이 완전분해수출 COMPLETE KNOCKED DOWN, CKD(개도국으로 자동차 수출 시 차체와 모든 부품을 별도 포장하여 보내는 방식) 방식으로 인도네시아로 도입됨.
- 기존 자동차 업계와 해외 자동차 산업체의 반발로 같은 해 6월 새로운 대통령령을 통해 국민차의 국산화율(1년차 20퍼센트, 2년차 40퍼센트, 3년차 60퍼센트)을 달성하는 기업에게는 동일 혜택을 제공하겠다고 밝힘.
- EU, 일본, 미국의 자동차 업체가 인도네시아 국민차 프로젝트를 WTO 규정 위반이라며 국제사법재판소에 제소함. 1998년 7월 WTO가 무역 관련 투자 조치 TRIMs 협정 위반으로 인정함.
- 1997년 동아시아 금융위기의 영향을 받은 인도네시아 정부가 IMF의 구제금융 개혁안을 받아들이면서 국민차 사업에 주어졌던 독점적 혜택이 모두 사라짐.

신규 투자기업 중심으로 한인 사회는 성장 기대감이 커져가던 시점에 큰 위기를 맞이해야 했다. 1997년 7월 태국 바트화의 폭락으로 시작된 아시아 외환위기에서 인도네시아도 벗어날 수 없었다. 한국 및 인도네시아의 급격한 경기침체로 인도네시아에 진출한 우리 기업도 어려움을 겪었다.

인도네시아 경제위기는 정치 불안을 초래했고 1998년 5월에는 폭동이 일어나, 32년간 장기 집권하던 수하르토 대통령이 물러났다. 1997년 경제위기와 1998년 이후 민주화 과정의 정치사회 불안정은 한인 사회의 존속을 일시적으로 위협했다. 5월 사태 때는 4,800여 명의 한인이 비상탈출해야 하는 위기 상황을 겪었다. 일차적으로 취약자인 학생들에 대한 조치가 이루어졌다. 자카르타 한국 국제학교는 수학여행 등의 학교 공식 행사를 취소했고, 유혈폭동이 발생한 5월 14일부터 단축수업을 했으며, 5월 15일에는 임시 휴교를 했다. 이후 비상연락망을 통해 5월 15일부터 6월 14일까지 한 달간의 조기 방학을 단행하였다(한인뉴스 1998.06.: 51).[14]

대사관과 동포 사회는 '재인니 동포 비상출국 계획서'를 배포하는 등 비상 상황에 대비하는 노력을 경주하였다. 정부와 대한항공은 19일 이후 총 6대의 특별기를 운항하며 4,800명 이상 교민의 귀

14 자카르타에서 유혈폭동이 발발한 이후 가장 먼저 미국 국제학교 JIS가 수업을 중단하고 학부모를 학교로 소집해 학생들을 귀가조치하였다. 15일 미국 대사관 철수령이 내렸고 학교는 97-98학년을 조기 종결하기로 결정한 후 장기 여름방학(5.14.~8.14.)에 들어갔다(한인뉴스 1998.07.: 64). 당시 한국 교민의 자녀 중 JIS를 다니던 학생도 많았기 때문에 미국 대사관과 학교의 이러한 결정은 한국 교민과 JIKS 학생의 불안을 가중시켜 긴급 귀국을 선택하게 만들었다.

국을 지원하였다. 하지만 특별기가 편성된 19일 하루에만 2,500여 명의 교민이 귀국을 위해 공항으로 몰리면서 공항 내에서도 큰 혼란이 발생하였고, 이 과정에서 교민과 대한항공사 그리고 대사관 사이의 갈등과 불화가 노출되기도 했다.

당시 교민은 미국과 일본 정부가 국적기를 활용해 교민의 안전을 우선시한 것에 비해 한국 정부와 대한항공의 대처가 미흡했고, 특히 대한항공의 경우 위기 상황에 '상업성'을 내세웠다는 비판적 평가가 분분했다.(한편 한인 사회는 일정 기금을 조성하여 피해를 입은 한인 기업인과 자카르타 피해 지역의 복구를 지원하는 등의 미담을 선보이기도 했다.)

최근 인니 사태를 수습하면서

주인니 대사관 서정인 서기관

대사관 내 실무자로서 갑작스럽게 발생한 지난 5월 14일 대규모 자카르타 소요 폭동 사태를 수습하면서 대사 이하 모든 직원이 1만여 명의 우리 동포 보호를 위해서 어떤 일을 했는지를 우리 동포들에게 알려주고자 이 글을 쓴다. 사실 처음 원고 청탁을 받았을 때에는 이미 알 사람들은 다 아는 일들을 다시 문자화하는 것에 대해 마음이 썩 내키지는 않았지만, 많은 동포가 막연하게나마 짐작을 하지만 정작 대사관이 구체적으로 한 일을 모른다는 말을 듣고 마음을 바꾸고 투고하기로 하였다. 대사관은 지난 3월 교민협의회 회의 개최 전후 비상 사태가 발생할 경우에 대비하여 '비상대피 계획'을 세워둔 바 있으며, 금번 사태 대처 시이를 적절히 활용하였다. 이에 따라 5월 14일 유혈 사태가 발생하자 5월 19일 부임한 신임대사 이하 모든 직원은 16명의 국제 협력요원과 함께 상황실을 설치하고 24시간 비상근무 체제로 돌입하였다.

5월 14일 대사관은 5월 20일 '민족 각성의 날'을 계기로 사태가 악화될 가능성에 대비하여 우리 동포들이 그 이전에 일시 출국할 것을 권유하는 한편 그 즉시 정부에 긴급 항공기 증편을 건의하여 아홉 편을 증편, 5월 16~20일간 불과 닷새 동안에 1만여 명의 동포 중 귀국을 희망하는 약 4,800명이 모두 귀국할 수 있도록 하였다.

이 과정에서 대사관은 공항 이민청 사무소에 영사를 파견하여 귀국 동포들의 출국 수속을 지원토록 하였으며 귀국 희망 동포 40여 명이 체류허가 갱신을 위해 이민청에 제출한 여권을 희망 출국일 전에 회수하지 못하는 사례를 발견하고 이들에게 여행자 증명서를 발급해주는 동시에 대사관 무장경비 중인 해병 3명을 차출 우리 은행 지점에 파견하여 동 지점들이 안전한 가운데 동포들의 귀국에 필요한 예금 인출 업무를 재개토록 지원하였다.

아울러 5월 19일부터 이틀간 여섯 편으로 대거 귀국하는 우리 동포들의 안전을 위해 무장군인과 국제 협력요원이 동승한 대사관-공항 간 셔틀버스(50인승)를 운행하였으며, 5월 20일에는 60여 명의 우리 동포가 셔틀버스를 이용하였다. 이 기회에 어려운 상황 속에서도 버스를 선뜻 제공해주신 박기선 LG 사장께 감사를 드리고자 한다.

대사관은 이와 같은 우리 귀국 동포들의 출국 지원과 병행하여 위험에 빠진 동포들을 안전장소로 대피시키는 등 우리 동포의 안전을 위해서도 나름대로 최선을 다했다고 생각한다. 대표적인 사례를 들어보면, 5월 15일 카라와치 현대아파트에 거주하는 300여 명의 동포들(75가구)이 시위대에 둘러싸여 고립되어 상황실로 보호를 요청해 와서 대사님의 특별지시로 인니군과 협조, 바로 장갑차와 특수요원들을 배치하게 하였으며, 다음 날 아침 무관 인솔하에 대피를 희망하는 동포들을 안전지역으로 대피시킨 바 있다. 또한 대사관은 사태가 앞으로 더욱 악화되어 남은 우리 동포 5,000여 명의 전면 비상출국이 필요할 경우를 대비 정부에 특별 건의하여 대한항공 및 아시아나 특별기 네 편을 김포공항에 비상대기시켜 놓았으며, 국방부 C-130 군용 항공기 네 편도 추가 확보를 해서 할림 군사공항을 통해 싱가포르로 비상출국이 가능하도록 만반의 준비를 하였다.

이와 관련하여 5월 16일 및 5월 18일에는 각각 대사관은 대사 주재로 한인회, 민주평통협의회, 업종별 협의회 대표, 대사관 관계자 등이 참석한 가운데 비상대책 회의를 개최하여 중간집결지를 최종 점검하였으며, 무궁화 슈퍼마켓 김우재 사장이 기탁한 라면 300박스를 비상식량으로 비축하는 등 면밀한 대책을 강구하였다. 대사관은 금번 사태를 수습하면서 정세 상황, 출국 허가, 비행기 증편, 은행과 대사관 직원 핸드폰 연락처 공개, 임시 국내학교 전·입학 조치 등 20회 이상의 동포 안내문을 한인회, 업종별 협의회, 그리고 한국 국제학교 비상연락망을 통해 발송함으로써 우리 동포들이 적절히 위험에 대처하도록 하였다.

대사관은 금번 사태를 인도네시아 동포들이 큰 피해 없이 넘김을 천만다행이라고 생각하나, 정치경제 등 제 방면에서 아직 인니 정세에 불안정 요인이 있는 점을 비추어 긴장을 늦추지 않고 상황실을 계속 운영하며, 귀국 동포들의 재입국 편의를 위해 항공편을 추가 증편하는 한편 영사 업무 관련 직원들이 공항에서 우리 동포들의 입국 지원을 하고 있다.

- 『한인뉴스』(1998.06.)

1) 외환위기의 엇갈린 운명

한국에서 IMF 외환위기가 심각한 영향을 미치기 시작하자 1998년 2월 『한인뉴스』는 이를 반영해 앞표지에 대사관과 한인회가 공동 개최한 1.27 종합대책 회의 장면을 담았다. 그동안은 주로 한국의 자연경관이나 전통문화를 표지 사진으로 채택했는데, 대책회의 장면을 뽑은 것은 아시아 외환위기가 양국에 직접적인 영향을 미치면서 인도네시아 교민 사회도 이에 대한 대책을 본격적으로 고민함을 보여준다.

당시 종합대책회의의 구호인 "Marilah Kita Bbangsa Korea dan Indonesia saling bahu membahu membagun Eekonomi Kita"는 "한국과 인도네시아 양국이 서로의 경제를 다시 세우기 위해 협력하자!"이다.

하지만 대부분 수출 기업이었던 한국계 회사와 한인 사회에 외환위기가 미친 영향이 아주 크지는 않았던 듯하다. 1997년 예정된 한인 행사가 모두 잘 치러졌다. 다만 위기를 겪은 현지 사회와 우호관계를 유지하기 위해 1997년 송년의 밤에서 모금활동을 벌이고 이를 성금과 상품으로 자카르타시 정부와 사회복지부에 전달하기도 했다.

외환위기가 교민 사회에 미친 부정적 영향은 당시 자카르타 국제학교를 통해 확인할 수 있다. 1998년 2월 한국 국제학교의 긴급 운영위원회가 개최되어 학기별 수업료 잠정 인하, 납부기한 연장, 장학금 조성, 교직원 봉급 10퍼센트 출연 등이 결정되었다. 1997년 말부터 시작된 고환율로 인해 학비를 못 내 일시 감면 혜택을 받거나 등록 연기 신청을 한 학생의 수가 1998년 신학기에만 100명이 되고, 학비가 밀려 한국 학교에 다닐 수 없는 학생도 30명에 달할 정도였다.[15] 당시 한국 학교는 강당과 교실 증축 공사가 진행 중이었는데, 물가 불안과 자재비 상승으로 공사가 지연되기도 했다.

외환위기 동안 본국 언론이 인도네시아 상황을 과장한 오보를 한다는 점도 한인 기업을 불안하게 만들었다. 1998년 상반기 인도네시아 한국 대사관과 한인 기업인은 일부 한국 매스컴의 과잉 선정 보도를 비판하며, 현지에 파견된 한국 기자들을 초청해 특별 간담회를 개최하였다.

재인니 상공회의소와 각종 업종별 협회장 등 한인회 측 참석자들은 이구동성으로 한국의 언론들이 "인도네시아의 정치문화, 관습 등 현지 사회의 문화 배경에 대한 무지로 인해 국지적으로 발생

15 JIKS 현직 교사의 변(한인뉴스 1998.02.: 59).

하는 사건사고들을 선정 흥미 위주로 기사화"한다고 지적했다. 한인 사회에서 당하는 현실적 피해(바이어의 오더 기피, 원부자재 수급 차질, 국내 은행의 L/C 개설 기피 등)를 설명하면서 오히려 이런 문제들을 중심으로 보도 내용을 조율해줄 것을 요청했다.

이에 간담회에 참석한 한국 특파원들은 인니 관련 기사로 교민에게 피해를 끼쳐 언론인으로서 유감스럽게 생각한다는 의사를 전달하기도 했으며, 상공회의소는 기자들에게 각 신문사 본사에 현지 사정에 대한 정확한 정보 기사 기고, 방송사 출연 등 적극적인 대응을 요구했다.

한국 언론의 보도에 대한 교민의 비판

자카르타 시위 사태와 관련한 한국 보도를 접하고

"어때, 거기 괜찮나? 정말 별일 없는 거지?"

"아범아, 한국으로 돌아와야 하는 건 아니니?"

요즘 들어 하루에도 몇 번씩 서울에서 오는 전화다. 최근에 벌어진 자카르타 시위 사태 때문에 안부를 묻는 집안 어른들과 친구들의 걱정스런 안부 전화인 것이다.

하루 늦게 배달되는 본국 신문을 보면 이들의 걱정도 무리가 아니라는 생각이 들면서 상황을 부풀려 보도하는 한국 언론의 자세가 잘못되어 있지 않나 생각이 들었다. 사무실에 출근하자 본사에서 이곳의 자세한 상황을 보고하라는 팩스가 기다린다. 영자신문을 참고하고 여기저기

탐문해서 상황 보고를 하니 본사에서 어째서 현지가 한국 언론의 보도보다 정보 파악이 뒤처지냐고 다그친다.

참 어이가 없었다. 실제 상황은 평온을 되찾는데 서울 쪽 기사는 계속 강도를 높여가는 인상을 주고 있어 은근히 부아가 치밀었다. 인니 투자를 계획하던 대기업들이 이를 재고하거나 사태의 진전을 지켜보아 투자하겠다는 얘기도 간간이 들려온다. 이렇게 나가다가는 혹시 바이어들의 기우가 지나쳐 오더 취소 사태가 생기지는 않을까 하는 생각이 들어 서둘러 거래처에 연락을 해보았더니 한 거래처에서 선적 지연 등의 우려를 나타내며 추가 오더를 재고하는 중이라고 알려왔다.

물론 이번 사태가 예전에 비해 수위가 높았던 것은 사실이었지만 29일을 고비로 30일부터는 치안이 완전히 회복하여 아직 불안하지만 평온을 되찾고 있는데 혼란이 계속되는 듯이 보도하는 한국 언론의 보도 자세는 객관성을 잃은 것은 물론 현지 진출 아국 업체의 입장을 한 번쯤이라도 고려해보았는지 묻고 싶다.

치열한 국제경쟁 시대에 해외 진출이 아니면 살아남기 힘든 우리의 경제구조를 이해한다면 이제 언론도 남의 나라 이야기라고 함부로 다루어 보이지 않는 피해자를 낳는 보도는 자제해야 할 것이다. 이런 유사한 사태를 보도하는 우리 언론이 현지에 진출한 아국 기업의 어려움도 생각하는 성숙한 자세를 갖기 바란다.

- 서부자바의 한인 기업인 K(한인뉴스 1998.03.)

1998년 '5월 사태' 동안에도 한인 사회 전체로는 커다란 불상사가 없었지만 대사관에 접수된 피해 상황을 보면 적지 않은 수의 개인과 업소가 피해를 입은 것으로 파악되었다. 특히 한국의 노동집약적 제조업체가 밀집한 탕그랑 지역에서는 완전히 불에 타는 등 회복 불가능한 피해를 입은 기업도 최소 네 곳이나 있었던 것으로 알려졌다.

5월 사태 이후 한인 사회의 대응은 한층 더 조심스러워졌다. 한인회와 상공회의소는 모금활동을 벌여 5억 루피아의 기금을 마련하고 이를 교민과 한국 기업이 주로 모인 자카르타, 반튼주 탕그랑, 서부자바주 버카시 등 수도권의 지방자치단체에 기부하였다. 또한 매년 실시해오던 광복절 기념행사를 인니의 정국 불안이 지속됨에 따라 전격 취소하였다. 5월 사태에 이은 물가 폭등과 쌀 등 생필품 품귀 현상이 발생한 상황에서 예년과 같은 대규모 집회가 교민의 안전과 현지 주민의 정서에 부정적으로 작용할 것이라 판단했기 때문이었다.

소요가 유혈폭동으로 번진 뒤 부인과 자녀를 출국시킨 뒤에도 많은 한인 사업가가 잔류하면서 현지 사원과 함께 회사를 지켜냈다. 이러한 노력 덕분에 외환위기 이후 일부 한인 기업은 오히려 도약의 기회를 맞이하였다. 많은 외국인 투자기업과 외국인이 환란을 피해 인도네시아를 떠나는 와중에 한국 기업들은 남아서 사업장을 지켜냈다는 점에서 현지 사회의 신뢰를 얻은 것이 향후 사업의 지속가능성에 긍정적 영향을 미쳤다. 또한 많은 한국 기업은 내수보다는 해외 수출에 주력하며 인도네시아 루피아가 아니라 미국 달러를 주결제 수단으로 삼았던 덕에 환율 변화(기존 환율은 1달러당 2,000루피아 수준이었으나, 외환위기 이후 환율이 1달러당 1만 5,000루피아로 절하됨)에 따른 큰 이익을 본 경우도 많았다.

1998년 10월 『한인뉴스』의 생활면에 수록된 "풍요로운 교민 사회"라는 타이틀의 기사에서도 볼 수 있듯, 외환위기 이후 모국인 한국 사회는 여전히 IMF의 여파에 어려움을 겪었지만, 인도네시아 교민 사회에서는 오히려 풍요가 넘쳐났다.

2) 세기말 한인 사회: 기대와 불안의 공존

세기말로 불렸던 1999년이 시작되고 한인회는 본국의 IMF 사태가 그간 기업과 국민의 방만이 불러온 결과임을 지적하며, 해외 교민으로서 오히려 모범적인 모습을 보이자고 호소하였다.

1999년 한인회장 신년사

1999년 기묘년 새해가 밝았습니다. 밀레니엄을 앞두고 새 시대에 대한 새로운 의미 부여로 많은 사람이 분주한 것처럼 보입니다.

1998년은 한국 사회에 있어 IMF 환란을 겪으며 한국이 쌓아올린 30년간의 성공적이며 모범적이었던 경제성장의 영예가 물거품이 된 고통스럽고 치욕스런 한 해입니다. 다행히 위기 속에서 용기와 지혜로 활로를 다시 개척하는 강인한 정신력을 보여주었습니다. 지금 우리가 사는 인도네시아도 정치 불안이 지속되고 있습니다. 새로운 정권 창출 과정에서 정치 이해관계 대립과 과거와 같은 폭동의 가능성도 있어 민생경제가 크게 위축될 가능성이 여전합니다. [...]

재인니 한인은 국내외적으로 어려운 시기를 맞이하여 서로 힘과 지혜를 모아 슬기롭게 헤쳐나가며 희망찬 21세기를 향한 새로운 도약의 기반을 마련하는 한 해가 되도록 노력합시다.

- 『한인뉴스』 31호(1999.01.)

하지만 1997~1998년 사이 경제위기, 정정 불안 및 치안 불안 이후에도 2000년대 초반까지 인도네시아 사회는 종족 분쟁 및 인종 갈등이 다수 촉발됐다. 동티모르의 독립과 더불어 이리안자야, 아체 지역 등의 분리 독립 움직임 등 곳곳에서 인종적·종교적 소요사태가 발생하였는데, 이러한 일련의 움직임에 대해 인도네시아 중앙정부는 '영토의 일체성'이 도전받는 무력행동으로 이해하였다. 특히 동티모르의 독립 과정에서 한국 정부가 역사상 처음으로 파병을 결정한 것에 대해 기업인들의 우려가 컸다. 다음 인용문은 인도네시아의 한국 기업인들이 모국 정부의 파병에 대해 어떤 입장을 가졌는지 보여준다.

동티모르 파병 반대 결의문

인도네시아는 아세안의 종주국으로서 광활한 영토와 석유, 가스, 목재, 석탄 등 풍부한 자원을 보유한 동남아 최대의 자원 보유국이며, 인구 2억이 넘는 막대한 노동력을 가진 경제 잠재력이 매우 높은 나라입니다. 우리나라는 자원개발 사업과 투자사업을 위해 1960년대 후반부터 진출하여, 그간 긴밀한 정치적 유대와 경제 협력관계를 유지해왔으며 현재 약 400여 기업이 100억 달러 이상의 자금을 투자하고 진출 근로자 및 그 가족의 숫자도 2만 명을 넘는 큰 동포 사회가 되었습니다.

금번 우리 정부의 동티모르에 대한 전투병력 파병 움직임에 우리 2만 동포들은 크게 우려하며, 이들을 대표해서 우리 한인회, 상공회의소, 각 업종별 협의회는 아래와 같은 이유로 전투병력 파병을 반대합니다.

첫째, 동포의 신변안전이 위협받을 수 있습니다. 인니 국민성은 순박하나, 자존심이 강하고 다혈질이어서 한번 폭발하면 걷잡을 수 없습니다. 만일의 경우 우리 전투요원과 동티모르 민병대 간에 유혈 충돌이 일어나면 이 사실은 미디어를 타고 현지인들에게 과장보도되고 이는 인니인의 적개심에 불을 질러 재인니 한인 동포에 대한 테러로 이어질 것이 틀림없습니다. 작년 5월 폭동 사태 때 중국 화교들에게 가해졌던 테러, 약탈, 강간 등의 행패가 우리에게 나타나지 않을 것이란 보장이 없습니다. 다국적군의 주도군인 호주 국민은 지금 비상대피 상황에 들어가거나 출국까지 하고 있고 그들에 대한 테러와 위협행위가 시작되고 있습니다.

둘째, 현지 진출 한국 기업들의 활동 기반이 무너질 수도 있습니다. 수십만의 인니 근로자를 고용한 한국 기업이 파병으로 인한 반감으로 노사분규를 겪을 것이며, 또한 한국 상품의 입항 및 판매 거부 운동으로 확대될 경우 기업들은 원자재 수급에 어려움을 겪을 것입니다. 현재 호주산 농산물에 대한 입항 거부 및 불매운동이 벌어지고 있습니다. 원자재 수급의 어려움과 노사분규로 인해 생산활동이 중단될 경우 IMF를 간신히 벗어나기 시작한 기업들에게 막대한 피해를 입힐 것입니다.

셋째, 30여 년간 쌓아온 우호관계를 하루아침에 무너뜨릴 수도 있습니다. 비전투요원이 아닌 전투요원을 파병하는 것은, 인도네시아와 우호관계를 저해해 바로 반목, 질시, 적대관계에 놓이는 결과를 초래합니다. 우리 전투부대와의 교전으로 피를 흘릴 현지 민병대는 인도네시아인에게는 외세에 맞서 싸우는 애국 청년이라는 사실을 아셔야 합니다.

지난 1950년대 인니 독립 초기 시절, 북수마트라의 아체 지역이 독립운동을 했을 때 오판에 의한 우리나라의 지지 성명으로 우리와 비우호국이 되었고 이는 북한보다 훨씬 후까지 수교조차 하지 못한 주원인이 됐던 것을 상기해야 할 것입니다. 1966년도 정권이 바뀌어서야 수교가 이루어지고, 그 후 착실히 쌓아 올린 우호관계와 경제협력이 금번의 파병, 특히 전투병력의 파병으로 금이 가서는 안 된다고 봅니다. 국제사회에서의 명분과 책임 때문에 부득이 동참해야 한다면, 식량이나 의료지원으로 대치하거나 비전투요원 파견으로 국한시킬 것을 강력히 요구합니다.

재인도네시아 한인회, 재인도네시아 한인상공회의소, 재인도네시아 한국부인회, 가발협의회, 건설협의회, 관광협의회, 금융협의회, 봉제협의회, 상사협의회, 신발협의회, 에너지협의회, 완구협의회, 요식협의회, 유통협의회.

- 『한인뉴스』 31호(1999.01.)

2000년대 들어서도 인도네시아의 정치적 혼란은 계속되었다. 미국의 대외전략을 크게 바꾼 9·11테러 이후 2002년 10월 발리에서 대규모 테러가 발생함에 따라 인도네시아는 테러 위협에 시달렸다. 경제위기 여파가 가시지 않은 상황에서 노사분규, 최저임금의 급속한 인상, 노동법 개정 등 기업환경이 악화됨에 따라 한인 기업들의 어려움 역시 가중되었다.

정치경제 차원에서 인도네시아는 격동의 시기였다. 수하르토 퇴진 이후 인도네시아에서 민주화가 크게 진전되었으나 그 과정에서 진통도 컸다. 1990년대 말 인도네시아 내에서 노동자 정당 결성, 시위 발생 등 노동권 신장을 위한 움직임이 활발히 전개되었으며 일부 사업장에서 급진적인 노조가 결성되어 기업 입장에서는 수용하기 어려운 무리한 임금인상이나 근로자 처우 개선을 요구함에 따라 노사갈등이 심화되었다.

하지만 떠나지 않고 외환위기도 버텨낸 한인 기업들은 현지 사회를 배우고 관계 개선을 위해 노력을 모으기 시작했다. 한인 기업인은 코참을 중심으로 대사관과의 협조하에 인도네시아의 변화된 환경을 학습하고 원만한 노사관리를 위한 자구책으로 노동법 세미나를 여러 차례 개최하였다. 기업은 노조의 불법파업과 합법파업의 경계와 이에 대한 대처방안을 알고 싶어 했고 해고 수속 절차, 해고 시 유의사항 그리고 복수노조와 노사분쟁 조정위원회의 판례해설 등에 대한 진지한 논의를 이어갔다.

이처럼 이 시기 한인 기업의 선택은 오히려 인도네시아 내 한인 공동체가 보다 공고해지는 계기로 작용했다. 인도네시아의 정세 불안이 고조됨에 따라 소니, 파나소닉 등 일본 기업은 철수하거나 투자를 중단하였으나 한국 기업과 동포는 이 위기를 슬기롭게 극복하여 인도네시아에서 새로운 도약의 기회로 삼았다.

생활영역에서는 다수의 인도네시아 교민이 일상은 불안하지만 경제호황에 속으로 미소 짓는 일들이 펼쳐졌다. 『한인뉴스』 같은 호에 수록된 내용임에도 대사관은 지속적으로 정치사회적 불안의 가능성이 있고 이에 대비해야 함을 강조하는가 하면 인도네시아 교민 사회는 주거와 문화면에서 풍요를 추구하는 모습을 보여주었다.

5. 분화하는 한인 사회(2000년 이후)

인도네시아 거주 한인 수는 2000년대에 계속 증가하더니 급기야 인도네시아 최대 외국인 집단이 됐다. 2008년에 적게는 3만 1,000명(자카르타에만 2만 5,000명), 많게는 4만 명까지 추산됐다. 외교통상부 『재외동포 현황』의 통계에 따르면, 인도네시아 동포는 2009년 3만 700명으로 2005년 2만 2,025명보다 증가한 것으로 나타났다. 5월 사태 이후 일본인이 급격히 줄어든 데 비하면 놀라운 대비가 아닐 수 없다. 일본인 체류자는 5월 사태 이전에 12만여 명이다가 2만 명 규모로 줄어 한국인에게 최대 외국인 집단 자리를 넘겨줬다. 1990년대가 한인 기업 투자의 '첫 번째 물결'이었다면, 2000년대의 현상은 가히 '두 번째 물결'이라고 표현할 만하다(전제성 · 유완또 2013).

한인 투자의 두 번째 물결은 중소기업 투자의 증대로 시작되었다. 이는 2000~2007년까지 평균 투자금이 크지 않다는 사실을 통해 쉽게 확인된다. 체제 이행기의 정치사회 불안정, 중국과 베트남 등 동아시아 주변국의 투자 유인으로 인해 인도네시아에 대한 대규모 투자는 번번이 유보됐다. 그렇지만 경제위기 이후 현지 통화의 가치 하락 덕분에 소자본 창업은 가능해졌다. 폐업하는 기업의 한인 관리자가 귀국하지 않고 독립해 창업하는 경우도 늘었다. 현지의 한인은 총체적 위기 국면에도 굴하지 않고 사업을 유지하거나 새로이 창업하는 강인한 면모를 보여주었다.

2000년대 중반을 넘어서면서부터는 의류 부문의 인도네시아 투자가 다시 성황을 이뤘다. 나이키나 리복 같은 OEM 신발생산 부문은 정치 불안으로 크게 위축됐지만, 전자 업종이나 봉제와 직물 업종은 여전히 강세를 보였다. 소니는 투자 철수를 했지만 LG전자는 투자 확대를 결정했고, 삼성전자 역시 원자재 가격 인상으로 어려움을 겪었지만 막대한 시장 규모를 고려해 투자를 확대할 계획을 세웠다(Aurora 2005).

봉제기업의 증가 추세 역시 확연했다. 1990년대 중반 이후 노동집약적 산업에 대한 수요가 베트남 등 인근의 신흥개도국으로 이전하는 흐름이 잠시 형성되었으나, 2000년대 이후 아시아 지역의 생산물량 배정이 전반적으로 늘어나면서 인도네시아 봉제업도 다시 활력을 얻었다. 현지 한인은 중국에 대한 쿼터 배분이 사라진 것을 봉제기업 증가의 중요한 동인으로 지목했다. 2004년 12월 31일 WTO 섬유협정이 발표되면서 미국, 캐나다, EU의 섬유 쿼터가 철폐되고 섬유 제품의 자유무역이 시작됐다(한인봉제협회 2005). 그래서 관련 한인 기업은 더 이상 쿼터가 부여된 나라에 투자할 필요가 없어졌고 이에 따라 인도네시아의 비교우위가 다시 살아나기 시작했다는 것이다(김재민 2005: 한인뉴스).

한인 사회의 주요 인사는 이미 2000년대 중반부터 인도네시아에서의 사업 전망을 낙관하고 앞으로 투자가 확대될 것이라고 예견했다. 2005년에 국제노동재단 방문단을 환영하는 자리에서 한인상공회의소 송창근(당시 수석부회장, 현 회장) KMK 사장은 인도네시아의 사업환경이 앞으로 크게 좋아질 것이라며 자신감을 강하게 피력했다. 한인회 김재민 총무 역시 한인 기업가가 인도네시아에서 "노력하면 성공할 수 있다"는 경험적 확신을 갖게 되었다고 말했다.

이들의 예견은 적중했다. 2005년 188개였던 한인봉제협회 회원사는 2007년 227개로 늘어났다(한인봉제협회 2005; 2007). 2012년에는 정회원사가 255개로 증가했고, 준회원사도 118개나 됐다. 업체의 분포도 자카르타와 인근 산업지대에서 수카부미, 스마랑, 서부

표 10 **한인봉제협회 회원사 현황**

지역	2005년	2007년	2012년
자카르타	21	23	42
카비엔수출공단	32	26	27
보고르	54	49	70
버카시	42	52	45
땅그랑	26	26	52
스마랑, 반둥	13	22	38
수카부미	–	22	32
기타 서부자바 지역	–	–	64
계	188	220	370
협력업체	41	44	n.d. (정보 누락)

자바의 새로운 지역으로 확산되어갔다.

신발 생산기지로서 인도네시아가 해외투자자의 관심을 다시 받은 것도 2010년 전후이다. 창신이 베트남 이외 2010년부터 인도네시아 수방 지역에 대규모 공장을 건설하였으며, 기존에 서부자바 지역의 신발생산 대형라인을 유지하던 프라타마, KMK 등의 한국 기업도 새롭게 물량 수주를 하면서 다시 성장의 발판이 마련되었다. 한국에서는 남성의류 전문기업으로 알려진 파크랜드도 2005년 반튼에 있는 풍원제화를 인수하며 인도네시아의 한국계 신발산업 성장에 뛰어들었다. 파크랜드는 2010년 이후 지속적인 공장 증설과 남성복 생산설비 노하우를 접목한 기술경영, 아디다스와 공동연구센터 설립(2012)을 통해 재인니한국신발산업협의회의 재부흥에 앞장섰다(한국경제 2015.07.13.).

2000년대 이후 인도네시아는 정치 안정을 기반으로 7퍼센트대 고성장을 이어나갔고, 이에 전 분야에서 한국 기업의 활발한 투자가 계속됐다. 2012년 초 인도네시아 투자청BKPM이 외국인 투자 최소액을 120만 달러, 최소 자기 자본금을 25퍼센트(30만 달러)로 제한함에 따라 상대적으로 대기업의 투자가 두드러졌다. 포스코와 한국타이어 등의 중화학 대기업과 유통 및 백화점 분야 롯데의 진출 등이 이어지면서 기존의 중소기업 중심의 한국 기업 투자 경향에서 변화의 전기가 마련되었다.

대기업 진출과 더불어 금융, 법률, 큐텐Q0010과 같은 온라인 비즈니스 등 서비스업 진출도 함께 이루어졌다. 이에 따라 한국과 인도네시아 양국 협력관계는 무역, 산업, 에너지, 건설, 방산, 문화 등으로 다양하게 확대되며, 향후 지속 발전할 것으로 기대되었다.

처음에는 자원 확보형에서 노동비 절감 및 우회투자로 확보형으로 변화되어왔다면, 2010년 이후 인도네시아는 소득증대에 따른 중산층 성장과 밀레니얼 세대의 등장 등에 힘입어 소비시장으로서의 가능성이 보다 더 주목받았다. 인도네시아 소비시장은 젊은 층이 주축을 이루는 세계 4위 규모의 인구와 글로벌 트렌드를 시간의 간극 없이 바로 수용한다는 점에서 잠재력이 크다. 또한 급속한 디

표 11 2010년대 이후 주요 한국 대기업의 투자

기업명(진출 연도)	투자 현황
포스코 (2010)	• 인도네시아 크라카타우스틸과 합작투자 형태로 일관제철소 준공 (2013.12.24.) • 2018년까지 총 60억 달러 투자(1단계 29억 달러, 2단계 33억 달러) • 2013년 300만 톤 생산에 이어 2018년까지 600만 톤 생산
롯데케미컬 (2010)	• 2010.06. 타이탄사(PT. Titan) 인수 • 100헥타아르 규모의 대규모 에틸렌 공장 건설 • 2016년 연산 100만 톤(인니 최대 규모) 에틸렌 생산 • 총 투자액 약 50억 달러
한국타이어 (2011)	• 2013.09.17. 준공 • 2018년까지 총 12.1억 달러 투자(1단계: 3억 달러) • 2014년 1,400명, 2018년 4,200명 신규 고용 창출 • 연간 600만(1단계)~2,000만 개(4단계) 타이어 생산

지털화를 바탕으로 전자상거래, 홈쇼핑, SNS 등 다양한 유통채널이 확산되었다는 점에서도 우리 기업에게 새로운 기회의 장을 열어주었다(이지혁 2019).

더군다나 동남아 전역에서 사랑받는 한류 덕분에 한국 기업들, 특히 소비자들을 직접 상대하는 업종은 역동적이고 고급스럽다는 이미지를 얻어 별도의 비용 없이 홍보 효과를 누렸다. 인도네시아에는 K-팝에 열광하는 10대, K-뷰티에 눈뜬 20~30대, K-드라마로 인해 한국에 막연한 동경을 가진 장년층까지 한국 기업에게 매우 우호적인 환경이 조성되어 있다.

이러한 호조건 속에 한국의 대기업들이 하이퍼마켓, 슈퍼마켓,

전자상거래 등에 진출하며, 중소 규모의 기업 혹은 현지에서 자영업에 종사하던 교민도 목표 고객을 현지인에 맞추는 전략으로 변경하는 사례가 자주 목격되었다. 미용과 요식업에 있어 특히 이러한 경향이 많이 나타났고 한국 도자기, 밀폐용기 제품 등이 인도네시아 현지에서 매우 인기가 높다. 고부가가치 산업인 휴대폰과 백색가전에서부터 미용상품, 건강용품 및 식품, 라면과 떡볶이, 만두 등을 비롯한 한국 음식 등 한국 기업이 판매하는 상품의 영역도 다양하게 확대되었다.

코로나19 이전까지 소비자의 약 84퍼센트가 여전히 전통시장을 선호하는 것으로 나타났으나, 인도네시아에서는 현대적 유통이 급속도로 성장 중이다. 특히 대도시와 위성도시를 중심으로 이러한 현상이 두드러진다. 인도네시아 유통채널 중 하이퍼마켓은 미니마켓, 편의점과 더불어 지속적으로 성장하는 영역이다. 롯데그룹은 인도네시아 하이퍼마켓 분야에서 규모 있는 투자와 존재감을 보여준다. 롯데마트는 외국계 기업(예: 까르푸, 트랜스마트, 자이언트, 이온몰)에 비해 상대적으로 후발주자이다. 롯데는 2008년 네덜란드계 인도네시아 하이퍼마켓 체인 마크로Macro 매장을 인수하면서 인도네시아 유통시장에 진입하였다. 바탐 등 신규 매장까지 새롭게 개장하면서 2018년 기준 인도네시아 전역에서 영업 중인 롯데마트 수는 총 46개이다. 롯데는 이 분야의 성공을 바탕으로 백화점과 면세점, 롯데리아, 롯데홈쇼핑 등 다양한 연관 법인이 동반 진출했다.

인도네시아는 가처분소득 증대에 힘입어 구매력을 갖춘 중산층

이 늘면서 전자상거래 역시 폭발적으로 증가했다. 특히 오프라인 상점에 대한 접근성이 상대적으로 낮은 2차 도시에 거주하는 젊은 소비자가 온라인을 통해 패션, 화장품, 전자제품 등의 기호상품을 구매하는 경우가 많아졌다. 2010년대 중반 이후 소비 부문의 빠른 디지털화는 동남아 전반에서 관찰되는 현상이지만, 인도네시아는 가장 큰 인구 규모를 갖춘 국가로 모바일과 웹 기반 소비 유통기업들의 경쟁이 가장 치열하다. 코로나19가 절정이던 2016년 6월 인도네시아 최대 전자상거래 회사 토코페디아Tokopedia는 인도네시아가 자랑하는 모빌리티 슈퍼앱 고젝Gojek과 합병을 통해 고투그룹GOTO Group이 되는 지각변동도 이루어졌다.

도소매 업종은 전형적인 국내산업으로 인식되어 국제화하기 어려운 분야로 간주되어왔다. 일반적인 개발도상국 정부와 마찬가지로 인도네시아 정부도 소매산업 영역에서는 국내기업의 이익을 지키기 위해 외국 기업의 경제행위를 인도네시아 경제에 실질적인 도움이 되는 선까지만 허용하는 편이며, 이를 넘어서는 이윤의 창출은 각종 규제를 통해 제한하려 한다.

2011년 진출한 큐텐과 2017년 롯데그룹이 인도네시아 재계 2위 살림그룹과 절반씩 출자하여 설립한 '인도롯데'에서 운영하는 아이롯데i-Lotte가 이 부분에서 활동했지만, 큰 성과를 내지는 못했다. 일레브니아Elevenia는 본래 2014년 SK플래닛이 인도네시아의 한 이동통신사와 제휴하여 설립한 오픈마켓이었으나, 2017년 살림그룹에 매각되면서 더 이상 한국 기업이 아니게 되었다.

인도네시아는 다른 동남아시아 국가와 마찬가지로 소비 부문에서 중간 단계의 발전 과정을 뛰어넘고 최첨단 기술을 세계와 같은 속도로 누리려는 욕구가 최근 강하게 발현되고 있다. 하지만 다른 한편에서는 근대화 이전의 모습을 고수한 채 변화를 거부하고 느림의 미학을 추구하는 모습도 동시에 관찰된다.

인도네시아의 소비시장에서 한국 기업이 주의해야 할 점은 이슬람 경제의 부상에 따른 '할랄 인증'이다. 2017년 일부 한국 라면에서 돼지고기 성분이 발견되었다는 이유로 현지 시장에서 전량 회수되었고, 동일한 이유에서 또 다른 한국 라면 4종에 대한 수입허가가 취소되기도 했다. 이는 인도네시아에서 할랄이 얼마나 민감한 사안인지 보여주는 사례이다.

참고로, 인도네시아 정부는 2019년 '할랄제품보장법'을 제정하였는데, 이 법안에서 할랄의 규제 혹은 인증을 받아야 하는 상품의 범위는 '음식, 음료, 의약품, 화장품, 화학제품, 유전공학 제품과 관련된 물건과 서비스' 등을 포괄한다. 더불어 기존에는 할랄 인증을 받은 제품에만 할랄 로고를 장착했는데, 2019년 10월부터는 할랄이 아닌 제품은 할랄 아님을 명기해야 하는 법안을 발표한 바 있다. 물론 이 법안은 제도 미비를 이유로 2024년부터 식음료를 시작으로 시행될 예정이기는 하다.[16] 그러함에도 장기적으로 할랄 규범이

16 코트라 해외시장 뉴스. 2021.12.30. "이제는 선택이 아닌 필수, 인도네시아 할랄 시장 동향 살펴보기." https://dream.kotra.or.kr/kotranews/cms/news/actionKotraBoardDetail.do?SITE_NO=3&MENU_ID=90&CONTENTS_NO=1&bbsSn=244&pNttSn=192614

점차 확대되는 것은 기정사실이기 때문에, 소비재나 식음료 부문에 진출하려는 한국 기업은 보다 철저한 준비가 필요할 것이다.

인도네시아는 동남아를 넘어 글로벌 수준에서 가장 큰 무슬림 인구를 가졌지만 이 나라의 이슬람은 서아시아 지역에 비해 좀 더 세속적인, 즉 종교와 사회의 균형과 조화를 추구하는 경향이 있다. 또 젊은 무슬림일수록 종교 전통과 격식에 철저하게 내재화하기보다 이슬람의 교리를 삶의 태도와 윤리적 지표로 삼으려 한다는 점을 차별적으로 인식할 필요가 있다.

인도네시아 무슬림들이 종교와 문화를 강조하면서도 우리 사회의 인식과는 달리 통속적 혹은 자율적인 태도를 보인다는 점은 여러 연구를 통해 이미 알려졌다.

인도네시아 전문가인 김형준은 『히잡은 패션이다』(2018)라는 다소 도발적인 저서를 출간하였다. 서구 유럽에서는 이슬람 여성의 히잡 착용을 성적 억압으로까지 바라보는 입장이 존재하지만 김형준은 인도네시아 여성의 히잡 착용은 선택적이며, 오히려 최근에는 교육 수준이 높은 젊은 중산층 여성이 화려하고 세련된 히잡을 선호하는 것에 주목한다. 억압적인 종교 의무가 아니라 패션의 차원에서 다채로운 색감의 히잡을 다수 소유한다는 것이다.

또 유네스코 문화유산이자 인도네시아 전통복식(혹은 염색법 그 자체)인 바틱Batik도 패션의 차원에서 재해석된다. 이지혁(2014)은 인도네시아에서 바틱이 국가 정체성이자 글로벌 문화유산이 되는 과정에서 국가주의적 도구로 활용됨에 주목한 바 있다. 하지만 오늘날에 바틱은 실용 차원에서 선호되기도 한다. 인도네시아의 한인 상공인들도 더운 날씨에 양복 대신 바틱을 입는 것만으로 격식을 찾을 수 있다는 점에서 실용적이라는 평을 자주 한다. 사실 바틱은 가격이 천차만별이라 외국인의 눈에는 잘 구분되지 않지만, 현지인 사이에서는 경제적 부를 과시하는 미묘한 구별 짓기의 아이템으로 활용되기도 한다는 점 역시 흥미로운 지점이다.

인도네시아 무슬림의 종교적 신념 혹은 이슬람 자체의 정치사회 영향력이 강화된다는 점도 사실이지만 오늘을 사는 인도네시아 무슬림들이 국가 정체성과 종교적 신념을 드러내는 바틱과 히잡을 생활의 차원에서 실용적으로 접근하는 열린 태도를 보여주기도 한다는 점을 잘 이해할 필요가 있다.

2장

인도네시아 한인

: 구성 집단별 목소리

1. 교민 1세대: 원로 한인 개척 이야기

인도네시아 한인 구성에서 교민 1세대는 대체로 1997년 외환위기 이전에 인도네시아에서 일하고 생활하던 한인을 지칭한다. 그중에서도 초창기 세대는 이미 70대 이상의 원로 그룹이다. 이들은 원목 개발 회사에 고용되어 인도네시아에 왔다. 진출 산업과 국가 특성상 산림학 전공자와 말레이인도네시아어 졸업생이 다수를 점하는 특징을 보여준다. 이들이 원목조사를 하고 개발에 참여했던 이야기는 전설처럼 전해지는 인도네시아 한인 개척사의 첫 장을 차지한다.

초기에 파견된 이들은 칼리만탄의 열대우림 속에서 10미터가 넘는 구렁이나 멧돼지 등의 야생동물로 인해 위협을 느끼고, 말라리아와 같은 풍토병과 향수병을 이겨내야 했으며, 때로는 원주민과 폭력적으로 갈등하고 설득하는 과정을 거쳤다. 원목개발을 위한 기초작업인 원목조사 과정은 이렇게 거친 적응을 요구했다.

그 시절을 살아낸 원로들은 칼리만탄섬에 들어온 지 하루 만에 현지인과 포크레인을 끌고 5인 1조로 열대우림에 바로 투입된 경우도 있었다고 증언했다. 4~5장짜리 한글로 표기된 인도네시아어가 적힌 작은 수첩 하나를 들고 들어가 텐트 생활을 하며 현지인들과 웃고 울며 두세 달을 견디다 보면 숲을 나올 때 즈음엔 인도네시아어 달인이 되어 있었다는 이야기가 대표적인 레퍼토리이다.

흥미롭게 이처럼 거친 현장에 잘 적응할 것으로 기대되어 특별히 파견된 집단도 있다. 바로 한국 최초의 해외직접투자 기업 코데코가 칼리만탄 반자르마신에 투입한, 베트남전쟁 복무를 마친 전역군인 200명이다. 이들은 거친 자원개발의 현장에서 인도네시아 개척 역사를 써내려갔다.

원목 분야의 두 거두이자 인도네시아 한인 사회의 주춧돌을 놓은 코데코와 코린도의 초기 주재원의 삶은 이렇게 시작되었다.

원목개발의 시대가 1980년대 합판제조업으로 확대되면서 인사노무관리 부문의 전문가(주로 국내 외국어대학의 말레이인도네시아어 전공자)에게 새로운 일자리가 창출되었다. 이들은 인도네시아에 진출한 한국 기업 내에서 일명 '총무'라는 직책으로 현지의 인사 및 회계를 담당했다. 한국인 '총무'들의 노하우는 다음 단계 노동집약적 산업투자가 이루어질 무렵에도 유용성을 인정받았다. 먼저 진출해 성공적으로 현지화에 성공한 코데코와 코린도 출신 인력들은 1990년대 이후 새롭게 한국 기업들이 진출할 때 여러 회사로 이직하면서 한국 기업들의 현지화에 큰 기여를 하였다. 이 두 기업 출신은 다양한 업종의 기업 정착과 현지화를 위한 준비된 안내자가 됐다.

1970~1980년대 세계를 놀라게 한 우리나라의 산업화와 1990년대 기업의 해외 진출붐을 거치면서 아시아 외환위기 이전 인도네시아에서 한인의 위상은 이미 상당히 높아진 상태였다. 이는 규모 있는 산업 진출을 위해 적극적으로 지원한 정부의 외교 노력도 있지만, 주재원의 비즈니스 활동을 넘어 해외 교민으로 장기 정착의 삶

을 선택한 교민 1세대가 주재국 국민과 융화하기 위해 현지화 노력에 집중한 결과라는 점을 기억할 필요가 있다. 특히 1998년 경제위기 후 폭동이 일어났을 때 한국 사업가는 떠나지 않고 현지인 직원과 함께 공장을 지켰던 것에 대해 인도네시아 정부와 국민이 인정하는 분위기가 상당하다.

1세대 한인은 시기적으로 1960년대 말에서 1990년대 중반까지 약 25~30년 동안 진출했던 이들이다. 초기 진출 분야는 원목개발, 은행, 건설업 등에 걸쳐 있으나 조금 깊이 파고들면 예상을 넘어서 업종 구성이 다양함을 알 수 있다. 이들의 개인적인 삶과 한인 사회를 구성해가는 과정을 이해하기 위해 다양한 문헌자료(전문작가가 쓴 회고록이나 자전적 수기, 언론 인터뷰 자료)와 인터뷰를 통해 얻은 정보를 필자가 재구성해 제시하려 한다.

우선 한인회장을 역임했던 이들의 진출 이야기를 정리하고, 주재원으로 파견되었으나 한인 사회에서 주요한 역할을 했던 인물들의 도전과 삶의 역정을 묘사할 것이다.

1) 최계월 인도네시아 진출기

재일교포 출신인 최계월은 한국의 제1호 해외 투자기업인 코데코의 설립자이다. 1919년 경남 창원에서 출생한 그는 10세 무렵 가족 모두가 일본으로 이주하면서 소학교에서 와세다대학교에 이르기까지 청·장년기를 일본에서 보냈다. 본래는 한국과 일본을 오가며 섬유사업에 종사한 것으로 알려졌는데, 그의 인도네시아와의 인연은 일본에서 매우 우연한 계기로 시작되었다.

회고록과 언론 인터뷰에 반복해 등장하는 접촉의 계기는 일본에 방문해 있던 '서西이리안 원주민 대표 3인'을 2년 가까이 후원한 것이다. 서이리안은 현재 인도네시아 영토의 최동쪽 파푸아섬에 해당한다. 인종과 문화적으로는 태평양-오세아니아에 가까운데 인도네시아 독립 이후 상당 기간 네덜란드가 점령했다가 1962년 미국의 중재로 인도네시아 영토로 합병이 결정되었다. 하지만 이 땅의 원주민은 오랫동안 독립과 자치를 향한 제3의 경로를 주장해왔다. 최계월이 일본에서 만났던 서이리안의 지도자는 자신들의 독립과 자치 주장을 지지해줄 사람을 일본 내에서 찾으려 했다.

최계월은 이들이 인도네시아의 일원이 되도록 설득하였을 뿐 아니라 1962년 자카르타를 방문하여 수카르노 대통령에게 이러한 과정을 설명하였다고 주장한다. 그 자리에서 그는 수카르노로부터 산림개발권에 대한 구두약속을 받았다고 한다.

최계월은 1963년 코데코를 설립하며 일본이 아닌 한국 기업과 한국 정부를 통해 산림개발에 착수하였다. 그는 이 선택을 민족주의적 동기와 박정희 정권의 실세였던 김종필과의 인연 덕분이라 설명한다. 1962년 한일회담을 위해 일본을 방문한 김종필은 최계월의 주선으로 당시 도쿄를 방문한 수카르노 대통령과 면담했고, 이 과정에서 최계월을 통해 인도네시아 원목사업 진출의 가능성을 확인한 것으로 알려진다.

하지만 실제 투자가 실현되기까지는 수년간의 협상과 어려움이 있었다. 코데코의 인도네시아 산림개발 진출은 회사 설립 후 5년 뒤인 1968년 한국 정부로부터 정책자금 300만 달러를 대출받아 최종적으로 이루어졌다. 한국 정부는 이 지원을 위해 처음으로 해외투자에 관한 법령을 제정하기도 했다(엄은희 2014). 코데코는 최초로 허가받은 남부칼리만탄의 임지 외에 더 많은 개발에 참여하였으며, 인도네시아 정부의 원목수출 규제 이전에 합판공장을 설립하여 산림개발과 제조업을 함께 운영했다.

하지만 1980년대부터 원유사업에 뛰어들면서 최계월 회장과 코데코의 사정은 점차 악화되었다. 원유의 직접개발은 박정희 정부의 요구와 최 회장의 인도네시아 정부(군부)와의 인맥을 통해 가능했다. 하지만 원유개발이 목적한 성과를 달성하지 못하면서 한국 정부(전두환 정권)와 야당의 비판을 받아 어려움에 처했다.

당시 코데코 직원으로 근무했던 K씨는 "원목 팔아 번 돈을 마두라 유전개발에 쏟아부었지만 역부족이었다"고 증언하였다. 이후 코데코 기업의 핵심업종인 임업과 팜농장 사업은 현지인에게 매각되었다. 다행히 코데코에너지의 영업은 이어지며, 마두라 유전에서는 인도네시아 내수용 석유와 가스가 여전히 생산되어 회사의 명맥은 유지되고 있다.

최계월 회장은 2015년 일본에서 96세의 나이로 사망하였다. 인도네시아 한인 사회에는 그의 발자취가 여전히 크게 남아 있다. 그는 1972년 인도네시아거류민회 초대회장(1972~1986)을 맡았으며 1976년 늘어나는 교민 자녀를 위한 한국 학교 설립에도 앞장섰다. 최 회장의 직계가족과 코데코 출신의 교민은 그의 공로를 기려 2020년 1월 한국 국제학교 강당 앞에 흉상을 건립하기도 했다.

2) 신교환-신기엽 가계 인도네시아 정착기

앞서 일제강점기 시대 인도네시아에 농업 전문가로 파견된 신교환의 사례를 수교 이전 진출의 맥락에서 살핀 바 있다. 신교환은 1968년 한국계 원목개발 회사의 파견자로 인도네시아로 돌아왔지만, 투자를 희망했던 한국 기업이 도산했다. 하지만 빈손으로 한국으로 돌아가는 대신 인도네시아에서 한니목재주식회사를 독자적으로 창업하면서 제2의 인생을 시작했다.

그의 자서전으로 알려진 『젊은이여, 세계로 웅비하라』(2007)는 사실 교민신문 『한타임즈』에 연재되었던 기사를 그의 사후 1년 후 자녀들이 다듬어서 출간한 유고집이다. 제목에서도 알 수 있듯, 신교환은 이 책을 통해 인도네시아가 원목, 원유, 자원 등이 풍부한 기회의 땅이라는 점을 강조하였다. 인도네시아 정부와의 인적 네트워크를 활용하고 한국 기업과 지인의 투자를 받았지만, 신교환의 이력은 한국 기업 차원의 진출이라기보다 개인 창업에 가깝다는 점도 흥미로운 지점이다. 이는 일제강점기 시대 인도네시아에서 체류하는 동안 인도네시아를 이해하고 언어를 습득했던 것이 큰 이점으로 작용한 덕이었다.

신교환은 14년간 한인회장을 역임했던 최계월에 이어 1986년부터 3년 8개월간 2대 한인회장으로 봉직하였다. 장남인 신기엽은 아버지가 이미 1970년대 거류민회 시절부터 한인 사회의 구심점으로 활동해왔다고 기억했다.

실제로 1972년 거류민회가 만들어진 후 처음에는 별도의 사무실이 운영되었으나, 비용과 합법성 등의 문제로 신교환의 자택을 거류민회의 사무실이자 교민의 사랑방으로 활용하였다. 1972년은 아직 인도네시아와 한국이 정식 수교가 이루어지기 전이었고, 한반도에서 인도네시아의 합법적인 수교국은 남한이 아닌 북한이었던 시절이었다. 당연히 비수교국가의 일시적 체류자(거류민)들이 허가받지 않은 조직활동을 하는 데에는 다양한 제약조건이 따를 수밖에 없었다. 신교환은 자신의 집을 거류민회 사무실로 제공할 만큼 체류 한인 사이의 친목을 위해 노력하였고, 1974년부터는 거류민회의 수석부회장직을 맡으며 한인 사회의 주요 국면마다 기여해왔다.

신교환이 인도네시아를 단지 돈 벌러 온 곳이 아니라 정착할 곳으로 삼았다는 점은 단신 체류를 벗어나 비교적 이른 시기인 1973년에 가족을 인도네시아로 불러들인 점에서도 잘 드러난다. 당시 인도네시아 한인 수는 겨우 120명이었다. 20대의 청년 신기엽은 아버지와 함께 20년 가까이 목재사업에 종사하였고, 1993년 무역과 물류 회사 한인도익스프레스를 설립하면서 독자적인 사업을 했다. 1986년 아버지 신교환이 한인회장직을 수행하던 때 신기엽은 한인회 운영위원으로 참여하다가 2013년에는 4대 한인회장으로 추대되면서 인도네시아 한인 사회에서 '부자父子 한인회장'의 기록을 남겼다.

신기엽이 회장 임기를 시작한 2013년은 한국과 인도네시아 간 수교 40주년이 되는 해였다. 이를 기념하기 위해 2013년은 '한-인도네시아 우정의 해'로 지정되어 다양한 행사가 성대하게 펼쳐졌다. 한인 사회와 한인회의 활동이 경제와 산업 부문을 넘어서 외국인 공동체와 현지 사회의 상호작용을 넓히는 계기가 되었다는 점에서 기억할 만한 성과이자 업적으로 삼을 만하다.

3) 코린도 승은호 정착기

코린도의 모태인 동화기업은 본래 1940년대 북한 출신 승상배가 만주 지역에서 설립했는데, 6.25전쟁을 겪으며 남한으로 피란을 온 뒤 1951년 서울에서 재창립되었다. 전쟁으로 한반도 곳곳이 폐허가 된 상태였으니 사람이든 군인(연합군 포함)이든 지붕 있는 건물이 필요한 시절이었다. 승상배는 피란지인 부산과 대구에서 미군 사령부의 건설 군납업에 참여할 기회를 얻으면서 남한에서 사업가로 재기했다. 건설자재가 주로 나무와 합판이었기에 동화기업은 건축에 이어 제재소와 원목사업에 뛰어들었다.

당시 한반도의 대부분 산은 민둥산이었기에 한국의 건설업과 목재업은 초기부터 수입산 원목에 의존할 수밖에 없었다. 동화기업은 인천의 간척지에 대규모 수상 저목장(수입 원목을 바닷물에 띄워 저장하는 장소)을 갖춘 대표적인 목재기업으로 성장하였다.

1960년대 동화기업의 원목 수입국은 필리핀이었다. 하지만 필리핀이 자국의 자원과 환경보호를 위해 원목 수출 금지를 검토하기 시작하면서, 수입 지역이 말레이시아(보르네오섬)로 확대되었고 본격적으로 주재원을 파견했다. 한국(해외투자법 신설)과 인도네시아(산림개발업 해외투자 허용) 양국의 결정과 1968년 코데코의 진출을 본 동화기업은 한 해 뒤인 1969년 현지법인 인니동화를 설립하며 본격적인 인도네시아 산림개발에 착수했다.

인니동화의 사운을 흔들었던 위기는 한국에서 발생했다. 서울 본사격인 동화기업이 1974년 박정희 대통령의 배신자로 지목된 전 중앙정보부장 김형욱의 도피자금을 제공했다는 혐의로 사정당국과 국세청의 집중적인 조사를 받았다. 정부 눈 밖에 난 동화기업은 추가 은행 대출이 막히면서, 인도네시아 임지개발도 더 이상 진행하기 어려운 상황이었다. 이 난관은 승상배 회장의 장남인 승은호 회장이 한 일본 기업으로부터 돈을 끌어오면서 해결되었다.

동화기업의 현지법인 인니동화마저 법정관리에 들어간 상황이라 동화기업의 인도네시아 법인은 1976년 새롭게 코린도(코리아+인도네시아의 의미)를 설립하여, 칼리만탄 빵깔란분 임지개발에 착수했다. 이런 점에서 코린도는 사실상 인도네시아에서 출발한 한인 기업이자 '망명기업'이라고 볼 수도 있다(서지원·전제성 2017). 코린도의 실질적인 출발지인 빵깔란분 사업장은 여전히 원목개발, 합판공장, 조립장을 갖춘 대단위 농장으로 운영 중이다.

승은호 회장은 1990~2012년까지 23년 동안 3대 한인회장으로 봉직하였다. 그의 한인회장 재임 기간 동안 한인 사회는 급속도로 성장하고 조직화가 이루어졌으나 내적분화도 심화되었다. 1990년대는 한인 사회 내에 20년 이상을 인도네시아에 거주한 장기 정착자가 전 국토와 다양한 경제영역에서 뿌리를 내리는 시점이었다. 오랜 기간 친목단체이자 위기 시 비상연락 네트워크의 성격이 강했던 '거류민회'는 1994년 인도네시아 정부에 공식 등록된 외국인 단체인 '한인회'로 조직적 정비가 이루어졌다. 또한 한인 사회의 정보 네트워크가 된 『한인뉴스』 발간과 늘어난 한국 교육 수요에 대응하기 위해 한국 국제학교의 신축 이전을 위한 기금 조성에도 한인회가 주도적인 역할을 했다. 승은호 회장기를 거치면서 한인 사회의 성장을 위한 도약대가 마련되었다고 볼 수 있다.

4) 한인 화합을 강조한 양영연 정착기

5대 한인회장(2016~2019) 양영연의 인도네시아 첫 방문은 1989년으로 한인 원로세대 중에서는 비교적 늦은 편이다. 필자가 인터뷰를 청했을 때, 양 회장은 자신은 진출 시기만 따지면 1세대가 아니라 2세대에 해당한다고 밝히기도 했다. 당시는 아시안게임과 올림픽을 치르며 한국이 개발도상국을 벗어나 선진국 도약으로의 희망에 부풀어 있던 시기였다. 또한 노동운동의 활성화와 최저임금의 상승으로 노동집약적 업종의 한국 기업인이 공장 이전을 위해 인도네시아를 부지런히 찾았다. 한국에서 체육계 인사로 활동하던 양영연은 40대 중반 사업하던 지인을 만나러 방문한 것을 계기로 인도네시아에서 사업을 시작하고 정착했다.

인도네시아에 한인 기업이 우후죽순처럼 늘어나던 시기였기에 제조업 자체의 분업 체계뿐 아니라 수출 기업에게 필수적인 포장용지carton box와 설명서, 라벨 등의 인쇄물 수요도 급증했다. 1991년 탕그랑에 PT. 보성이란 포장재와 인쇄 전문기업을 설립한 양 회장은 10년 가까이 자기 사업에만 전념했다고 말한다. 하지만 체육인의 본성이 강하고 공장지대에 단신부임한 남성들의 친목을 도모하기 위해 축구와 골프 등의 체육활동 동호회를 만드는 데 관심이 많았다고 했다.

양영연은 2000년대 접어들어 각종 체육 관련 활동에 참여하면서 한인 사회의 중심부로 진입했다. 진출 시기는 다른 원로세대와 비교할 때 길지 않지만, 연륜과 체육활동을 통한 폭넓은 인간관계를 배경으로 5대 한인회장으로 선출되었다. 2018년 자카르타의 한 한식당에서 인터뷰를 했는데, 그는 자신의 진출 배경과 한인회장으로서의 포부를 다음과 같이 밝혔다.

필자 어떤 계기로 인도네시아에 오셨는지, 하시는 사업은 어떤 건지 말씀해주시겠어요?

양 회장 인도네시아에 처음 온 것은 1989년으로 지인들을 만나러 단순하게 방문했습니다. 그런데 그게 계기가 되어 1991년에 탕그랑 지역에 PT. 보성을 창업하고, 2003년에는 찌까랑의 자바베카 공단에 PT. 태원이란 회사를 하나 더 창업했어요. 우리가 생산하는 것은 카톤박스, 옵셋박스, 쇼핑백, 펄프 몰드 등입니다. 인도네시아 생산현장에서 공급까지 마무리합니다. 쉽게 설명하면, 한국과 현지 기업들이 생산하는 각종 상품이 안전하게 수출되고 잘 판매되도록 포장지 생산과 설명서 인쇄를 담당하는 업무가 제 사업의 핵심입니다.

필자 한인회장이 되시고 나니 어떠세요?

양 회장 인도네시아 교민은 모든 부분에서 세계 1등이죠. 제3국 한인회 임원들을 만나 이야기를 나눠보면 인니 한인이 얼마나 괜찮은지 금방 드러납니다. 어느 나라 이야기를 들어봐도 인도네시아 교민 사회 같은 곳이 없어요. 우선 모든 부분에서 협조가 잘 이뤄져요. 회장으로서 그렇게 고마울 수가 없어요.

한인회장을 맡고 보니 선배님들의 크고 작은 성과가 대단하다는 것을 알았어요. 일찍이 인도네시아에 진출하여 길을 닦으신 분들의 공로에 저는 무임승차한 겁니다. 선배들을 위해서, 또 지금의 우리를 위해 반드시 인정받는 한인회가 되어야 한다고 생각합니다. 한인 전체의 한인회, 한인에게 필요한 기구가 돼야죠. '한인회가 뭣 하는 곳이며, 누가 시켜서 한인회장 노릇하느냐?'고 따지는 거 이해합니다. 그래서 저는 모두 참여해 함께 이루기를 바라죠.

인도네시아 방문횟수가 늘고 동일인을 여러 차례 반복해서 만나면서, 첫 만남에서는 듣지 못했던 다양한 톤과 깊이의 이야기를 들을 수 있었다. 처음 만나는 교민은 대체로 인도네시아가 얼마나 기회의 땅인지, 이곳의 한인 사회가 얼마나 대단하고 화목한가를 말하지만 사실 사람 사는 곳에서는 협력과 우애만큼이나 갈등과 분열이 나타나는 것도 자연스러운 일이다.

양영연이 회장직을 시작하던 때는 한인 사회 일부의 분쟁이 소송으로 갈 만큼 갈등 국면이 복합적으로 나타나던 시기였다. 이에 그가 한인회장직을 수락하며 내건 공약은 '한인 사회 분쟁조정' 그리고 수도 자카르타 중심의 한인회와 지역 한인회 간의 화합이었다. 1장에서 잠시 언급한 바와 같이 인도네시아의 한인은 자카르타와 인근 도시에 집중적으로 거주하지만, 넓은 영토 곳곳에서 경제활동과 삶을 영위하는 한인의 숫자도 다른 동남아국가에 비해 많은 편이다.

그는 취임 첫해에 자카르타 한인과 지역 한인 간의 포괄적 대화와 협력을 다지기 위해 '제1차 재인도네시아한인회총연합회 회의'를 개최하였다. 인도네시아 한인 중에는 한인 사회보다는 현지인 사회에서 빈곤 상태로 살아가는 불법체류자들도 있고, 한국인 아버지와 현지인 어머니 사이에서 태어난 다문화 자녀의 교육과 경제 문제도 종종 발생했다. 필자는 양영연 회장이 한인 사회 주변부에 놓인 빈곤 상태의 한인을 구제하고 다문화 자녀를 지원한 점에 깊은 인상을 받았다. 특히 2018년 평창 동계올림픽 동안 '다문화가정 모국 방문단'을 꾸려 다문화가정 청소년에게 한국 방문의 기회를 제공한 것을 주목할 만한 성과로 기록하려 한다. 같은 해 그는 인도네시아에서 개최된 자카르타-팔렘방 아시안게임에서도 당시 주인도네시아 대사관의 김창범 대사와 함께 민관합동위원회의 공동의장직을 수행하며 체육계 인사로서의 활약을 보여주기도 했다.

5) 중부의 가발산업 김영율 정착기

앞서 언급하였듯 인도네시아 한인 사회는 자카르타를 벗어나 자바섬 곳곳에 뿌리내리고 있다. 대표 사례로 중부자바 가발산업의 선두에 선 PT. 성창 김영율의 정착 스토리를 꼽을 수 있다.[1] 1980년대 말 한국의 노동집약적 산업이 대거 동남아시아로 이동을 고려하던 시기에 가장 선두에 있던 업종은 신발과 섬유봉제 산업이다. 이 두 업종은 인도네시아에서 각각 한인신발협회KOPA와 한인봉제협회KOGA를 결성할 정도로 규모가 있고 관련 기업의 수도 많은 편이다. 그에 미치지는 않지만 중부자바 지역에서는 족자와 뿌리발링가를 중심으로 한국계 가발공장이 일종의 클러스터로 집중되어 있다. 이 업종 역시 노동집약적 산업으로 1990년대 한국에서 인도네시아로 대거 이동한 사업 부문이다.

---

1 필자는 중부자바의 중심도시 족자카르타에 여러 차례 방문했음에도 불구하고, 김영율 회장을 직접 만나지는 못했다. 김영율의 이야기는 손경식의 저술(2017)과 「한인뉴스」 등의 기록을 중심으로 재구성한 것임을 밝힌다.

김영율 회장은 중부자바 가발산업의 가장 선두에 서 있던 인물이다. 1988년 한국에서 창업을 하였으나 곧바로 인력 수급의 어려움을 경험하며 동남아시아의 여러 국가를 물망에 두고 고려하다 1993년 인도네시아 행을 결정하였다. 가발산업의 성패는 화학적으로 제조하는 것이 아니라 인모人毛의 수급과 손기술을 갖춘 인력을 얼마나 갖췄는지에 달려 있다. 따라서 가발산업은 산업화 수준이 낮고 발전 혜택을 덜 받은 곳을 선호하는 경향이 있다. 가발은 실제 인모로 만들어지는데 화학물질이 가미된 샴푸로 머리를 감는 경우 원자재로서의 가치가 떨어진다. 그렇다 보니 인모를 구하기 위해 문명의 혜택을 덜 입은 시골로 들어갔고 그런 이유에서 한국계 노동집약 기업들이 집중 입지한 자카르타 서부의 반튼이나 탕그랑 대신 중부자바가 공장 설립의 최적지로 선택되었다.

2017년 기준 PT. 성창은 현재 중부자바 뿌리발링가에 본공장이 있고 반자르, 시다르자, 보보사리, 족자카르타까지 일정 거리를 두고 7개 공장을 운영 중이다. 생산인구는 현지인 약 1만 5,000명, 한국인 관리자 30여 명에 달한다.

초창기 동포 사회의 신뢰가 덜 구축되고 사업 규모가 크지 않아 교민 내부에서 사기와 재산 문제가 발생하는 경우가 많았다. 성창도 그랬다. 다음 인터뷰가 말해주듯, 김 회장은 한국 재산을 모두 처분해서 기업 대표로 이름을 올린 명의자에게 전달했다가 문제가 생겨 맨손으로 다시 사업을 시작할 수밖에 없는 처지가 됐다고 했다.

저에게는 IMF가 기회가 되었습니다. 인도네시아 진출 3년차 정도된 1996년 말에 이미 자리를 잡기 시작한 사업을 보다 안정화시키려 공장 이전을 계획했습니다. 그런데 새 공장의 축성을 완료하고 임차해서 쓰던 공장의 기계와 장비들을 옮기려고 하는데, 이게 불가능했어요. 처음에 법인 설립 절차가 하도 복잡해서 한국인으로 인도네시아 경험이 풍부한 다른 동포의 명의로 법인을 설립했습니다. 회사가 제 이름이 아니다 보니 장비와 재료를 수입하는 모든 과정이 그 지인의 이름으로 이루어졌습니다. 그래서 공장 이전을 하려고 하니 장비와 기계가 내 것이 아니니 들고 나갈 수 없다고 하더군요.

– 손경식(2017)에서 재인용

하지만 그에게도 우연이자 필연의 기회가 만들어졌다. 1990년대 말부터 거래했던 미국 파트너가 2009년 전 세계적으로 흥행한 할리우드 영화 〈아바타〉의 판도라 행성 원주민 나비족의 머리를 가발로 제작해줄 수 있는지 문의해왔다. 이를 계기로 그의 회사는 매우 호의적인 조건으로 미국 시장에 진출했고, 중부자바의 공장은 신규 생산 시스템을 갖추고 인력도 보강하는 수순에 접어들었다.

1990년대 외환위기 때였고 사업을 접어야 하나 계속할 수 있을까 안개 속에 있던 때인데, 오히려 기회가 찾아왔습니다. 〈아바타〉 영화의 가발을 만든 것을 계기로 주문과 지원이 쏟아져 들어왔습니다. 생산시설을 현대화하라고 현지 판매업체에서 지원금도 받았습니다. 금융위기로 인도네시아의 환율이 심하게 널뛰기를 하던 시기였는데 우리는 시장이 거의 90퍼센트 미국이었습니다. 그런 상황에서 달러로 결제 받는 우리 업종은 기대 이상의 호황을 맞았습니다.

- 손경식(2017)에서 재인용

은퇴 이후에도 인도네시아를 제2의 고향으로 삼겠다는 김영율은 이미 사업의 상당 부분을 2세에게 이양한 상태였다. 많은 한인 원로의 삶이 그러하듯, 인도네시아에서 번 돈을 이제는 인도네시아인을 위해 쓰겠다는 계획을 그에게서도 들을 수 있었다.

이제는 여기가 저의 고향이고 자식과 손자 세대까지 족자의 지근거리에 다 사니 한국에 갈 생각도 없고, 죽어도 이제는 여기서 묻혀야지 하는 생각입니다. 저 같은 생각을 하는 원로들이 꽤 되어서 한국인들끼리 납골당을 공동으로 잘 지어보면 어떨까 하는 이야기들도 술자리에서 종종 나오기도 합니다.

은퇴 후 일을 생각한 지는 좀 되었습니다. 저는 인도네시아에서 많은 것을 받았으니 감사하는 마음으로 이곳에 환원하려는 계획이 있어요. 저는 좀 근본적인 데에 관심을 둡니다. 인도네시아가 모계 중심 사회이지 않습니까? 시골에 가면 가족 구성이 아빠 없이 엄마나 아이들인 경우가 좀 많습니다. 이런 경우 대부분 생활고를 겪고 그러다 보면 엄마나 아이들이 그릇된 유혹에 빠지는 경우가 도시뿐 아니라 농촌에서 정말 많습니다. 그런 악순환을 선순환으로 바꾸기 위한 노력이 필요하다고 봅니다.

저는 가발업종의 특성을 잘 살리면 선순환으로 돌릴 수 있다고 생각해요. 돈벌이를 하는 일터와 육아시설, 종교시설을 한 단지에 갖추는 겁니다. 가발업은 그게 가능합니다. 장소를 많이 차지하는 중장비와 큰 기계보다는 사람이 앉아서 일할 작업대가 시설의 상당수를 차지합니다. 현재 4헥타르 정도의 부지를 확보해서 100가구부터 시작해보려는 계획이 있습니다. 잘되면 최대 500가구까지 다른 곳에서도 비슷한 것을 하나 더 만들면 1,000가구는 그렇게 자립하는 모델을 만들 수 있지 않을까 기대합니다. 물론 그 여성은 다들 솜씨 좋은 인력들이니까 그렇게 생활의 안정을 제공하다 보면 기술력 있는 사람들이 우리 회사에 더 남을 것이고 그러면 우리 회사의 매출액과 생산성도 점점 늘어날 테니 이것이야말로 윈윈이 아닐까 싶습니다.

– 손경식(2017)에서 재인용

6) 한인 역사 기록자, 김문환

김문환은 인도네시아 한인 사회를 연구하는 독립 연구자로 '걸어다니는 역사사전'으로 불리는 인물이다. 학문세계의 공인된 학자는 아니지만 인도네시아 한인 사회의 역사와 다양한 사건의 배경을 좇아 방대한 자료 수집과 주요 관련자들의 증언을 채록한다.

김문환은 한국의 제1호 해외 투자기업인 코데코에 취업하면서

1975년 인도네시아에 정착하였다. 25년간 근속하다 코데코의 사운에 위기가 찾아온 2003년경 퇴직 후 개인사업을 시작하고 현재도 한인회의 고문으로 현지의 다양한 매체에 재인도네시아 한인 사회뿐 아니라 인도네시아의 정치경제 동향에 대한 글을 기고한다. 2017년 초 자카르타의 한 식당에서 만나 첫 번째 인터뷰를 할 때부터 그는 자신을 한인 1.5세대로 규정하였다. 반 발 앞선 선배 세대의 개척정신을 높이 평가하며 자신을 뒷자리에 두려는 겸손함의 발현이라 여겨진다.

그는 인생의 전성기를 코데코가 성장하고 안타깝게 표류하던 시기에 함께했다고 볼 수 있다. 퇴직 후 시작한 개인사업이 어려움에 처하면서 귀국을 고려한 적도 있지만 25년간 수집하고 정리해온 서류를 폐기하면 한 시대의 기록이 사라질 수도 있다는 두려움을 느꼈다고 한다. 그래서 모아둔 자료를 기초로 2004년부터 『한인뉴스』에 「오! 인도네시아」 시리즈를 연재하기 시작했다. 한 해 뒤에는 한국 정부의 공식 요청에 따라 일제강점기 인도네시아에 온 한인의 흔적을 추적하는 일에 참여했다. 김문환은 이 작업의 의미를 다음과 같이 정리한다.

> 2005년 10월 12일부터 21일까지 국무총리실 산하 '광복 60년 기념사업추진위원회'가 후원하고 '국가보훈처'와 '독립기념관'이 주관하는 해외독립운동사 사적史蹟 조사팀이 인도네시아를 방문했다. 독립기념관 김도형 박사를 비롯한 일행 3명은 인도네시아에서의 해외 독립운동 발자

> 취를 조사했다. 이때 필자를 비롯하여 몇몇 교민이 조사활동에 협조하였는 바, 해외 독립운동사 연구는 한인 사회의 뿌리를 찾는 일이 선결되어야 한다는 사실을 깨달았다. 그래서 '한인 사회의 뿌리를 찾아서'라는 다큐멘터리가 탄생되었다. 자카르타의 유적지, 기록보관소, 증인을 찾아 나서기 시작했으며, 멀리 반둥 남부의 가룻, 와나라자, 갈룽궁 산자락까지 2~3년간 쉬지 않고 뛰어다니다 보니, 어느덧 '한인 진출사'의 부분적인 골격이 잡혔다.
>
> – 김문환(2013), 『적도에 뿌리내린 한국인의 혼』 저자 서문 중

이 인용문에서 볼 수 있듯, 김문환의 뿌리 찾기 노력이 결실을 맺기까지 한국 정부와 전문 역사학자의 지원이 중요한 계기가 된 것은 사실이다. 하지만 40년 가까이 해외 교민으로 살아온 그는 자신과 선배 교민들의 삶을 기록으로 남겨야 한다는 사명감으로 이 작업을 해냈다. 김문환은 본인보다 앞서 이 땅에 진출했던 이들의 역사적 궤적을 꼼꼼히 기록함으로써, 한인 사회의 정체성 형성을 역사 속에서 찾는 데 기여하고자 했다. 2013년 발간된 그의 저서에는 일제강점기 독립운동가와 군속들의 사연에서부터 대한민국 제1호 해외투자 사례였던 한국 기업들의 인도네시아 목재산업 진출 이야기, 더 나아가 1980년대까지 한인 기업인들과 다양한 목적으로 인도네시아를 찾았던 사람들의 이야기가 인물 중심으로 담겨 있다. 그 밖에 과거 신문자료 등을 통해 발굴된 경제 목적으로 온 조선인들의 흔적을 더듬는 작업 역시 부수적으로 포함시키고자 노력하

였다.

그의 노력으로 곳곳에 산재한 각종 한인 관련 자료를 수집 정리할 수 있었으며, 한-인도네시아 수교 40주년에 맞춰 발간된 『적도에 뿌리내린 한국인의 혼』을 통해 그 내용의 상당수가 공식적으로 자료화되었다. 김문환은 현재 재인도네시아한인회 자문위원, 재인도네시아 한인문예총회장, 민주평화통일자문회의 동남아남부협의회 자문위원 등으로 활발히 활동 중이며, 2020년 교민 사회 공동의 노력으로 발간된 『인도네시아 한인 100년사』의 대표 집필자로 기여하였다.

2. 주재원이 정착 한인이 되는 과정

특정 기업이 2개국 이상에서 영업활동을 영위하는 과정은 대체로 수출(상품과 서비스 직접 판매)-라이센스화(현지 대리인에게 일부 권한 이양)-진출 혹은 해외직접투자(상품과 서비스의 현지 생산과 현지 및 글로벌 재판매)의 과정으로 진화해간다. 해외직접투자는 한 국가에 집중된 기업의 영업활동을 국제화하는 과정의 최종단계로, 이를 통해 로컬기업은 다국적기업으로 성장하게 된다.

다국적기업은 본사와 해외 자회사의 비전과 목표를 공유하고, 글로벌 통합, 지역별 차별화, 범세계적 혁신을 지향하려는 목적에서 역량 있는 직원을 현지에 파견하고 이들을 통해 본사와 해외 자회사 간의 갈등을 조율하고 공동의 이해를 확산시키기 위해 노력한다(이성준 외 2016). 이러한 역할을 수행하는 이들을 일컬어 '주재원sojourner'이라 부른다. 다시 말해 특정 기업이 국제화를 시장조사 단계에서는 단기출장과 대리인을 통해 현지 정보를 얻는 수준에서 만족하려 하지만, 해외사업(생산과 영업)이 기업의 이익구조에서 일정 수준을 초과하면 본사 직원을 현지에 파견하고 주재駐在시키는 방식을 택한다.

해외 파견 주재원의 역할은 크게 두 가지로 구분해볼 수 있다. 가장 먼저 회사 입장에서 주재원을 파견하는 이유는 현지에 있어야만 명확하게 아는 현지의 시장이나 노동환경에 대한 정보와 현장지식을 구축하는 것이다. 주재원은 현지에서 '해외시장 정보와 지식의 수합과 진출 여부 결정' 업무를 통해 소속 기업의 해외 진출 필요성과 가능성을 진단하고 진출이 확정된 이후에는 성과를 얻도록 만드는 역할을 수행해야 한다.

다음으로 본사와 해외 자회사 간의 '과업조정'이 중요한 역할이다. 과업조정은 일방이 아닌 쌍방향으로 이루어지는데, 본사가 가진 경영상의 강점과 영업의 노하우를 현지에 전달하는 '본사 지식의 현지 전달top-down'이 한 축이라면, 해외 자회사에서 특화 혹은 재조정된 '현지 지식의 본사 전달bottom-up'이 다른 한 축이 될 것이다. 과거에는 글로벌 표준의 현지 적용이 강조되었다면, 최근에는 현지 환경과 특성에 따라 유연한 적응과 변화가 보다 강조되는 방향으로 시대 흐름이 바뀌는 추세이다.

당연하게도 해외 주재원의 성공은 현지 적응 유무에 달려 있다. 현지 국가에 심리적인 안정감을 느껴야 직무 몰입도, 현지인 및 현지 사회와의 상호작용, 그리고 일반생활 적응을 빠르게 할 수 있기 때문이다. 그래서 현지 경험이 있거나 언어에 익숙한 사람에게 우선적인 기회가 주어진다.

해외 근무 직원은 대체로 자신의 직위에 만족하는 경우가 많은데, 본사에 비해 단순화된 위계구조 안에서 자율권과 책임권한이 커지기 때문이다. 하지만 업무 적응과 현지 문화 이해도가 낮은 상태에서는 적응에 어려움을 겪고, 회사는 주재원 파견에서 긍정적 결과를 얻지 못한다. 이에 회사는 주재원에게 상당한 투자, 예를 들면 추가 파견 수당, 주택과 차량, 자녀 학비 등을 지원함으로써 주재원의 사기를 높이려는 전략을 쓰기도 한다. 특히 개발도상국으로 파견되는 주재원에게는 회사의 이런 투자가 주요 유인책으로 활용되어왔다.

인도네시아 초기 한인 사회도 주재원을 중심으로 형성되었다. 산림개발 시대부터 한국에서 특수한 목적하에 인도네시아로 파견되는 이들이 대부분이었다. 국내에 있을 경우와 비교할 때 월등하게 높은 해외근무 수당은 주재원이 해외를 스스로 찾게 하는 동력이 되었다. 그런데 1970년대는 한국인이 참여하는 업종이 산림개발이 대부분이었기 때문에, 산림 전문성을 갖춘 이들(산림학 전공자)이거나 인도네시아인과 협상, 논쟁, 업무지시 등을 할 수 있는 이들(말레이인도네시아어 전공자)이라는 비교적 유사성이 높은 이들이 주재원으로 나갔다. 이들 이외에 국가기구가 파견하는 외교부 공무원들, 외환관리를 담당하는 한국은행 직원, 무역진흥을 담당하는 코트라, 그리고 이들의 규모에서 기인하는 각종 한인 사회 비즈니스ethnic market에 참여하는 이들이 초기 교민 사회의 구성원이었다.

주재원들은 대체로 투자기업을 대표하는 입장으로 왔기에 현지인에 비해 경제, 사회문화, 정서적으로 우월감을 가졌고, 일정 기간 근무 후 한국으로 복귀하는 모델을 꿈꾸었다. 양국 간 최초의 현대적 관계가 수립된 이후 1972년 결성된 한인 조직의 이름이 '교민회 혹은 한인회'가 아니라 '거류민회'라는 점에서도 이들이 장기적으로 이곳에 머물 의도가 없었음을 알 수 있다.

이러한 조건이었지만 특이하게 인도네시아 초기 교민 사회는 남성 주재원의 단신부임보다는 가족 단위로 이주가 이루어진 점이 특징적이다. 선진국의 경우 더 나은 생활과 교육 기회 등을 위해 가족 동반이 많이 이루어지는 편이지만, 개발도상국이자 수교도 되지 않았던 인도네시아에 가족과 함께 입국한다는 것은 당시로서는 쉽지 않은 선택이었을 것이다. 아마도 동남아에서 가장 거리가 있는 국가라는 제약조건이 오히려 1~2년의 가족 생이별을 감당하기보다 가족 동반 이주를 감행하게 하는 계기가 된 것은 아닐지 추측해본다.

주재원은 기후, 음식, 교통수단 등의 일상 생활조건과 언어, 관습, 제도 등 문화환경이 자신이 살아온 모국과는 전혀 다른 상황에서 일해야 한다. 인도네시아는 환경과 문화의 제 측면에서 매우 상이한 요소를 가졌기 때문에 주재원 생활이 녹녹하지는 않았을 것이다. 가장 큰 차이는 한국 사회에서는 거의 접해볼 기회가 없었던 종교와 문화의 상이성에서 왔을 것이다. 무슬림 신도가 전체 국민의 87퍼센트를 차지할 정도로 인도네시아 근로자는 무슬림이 대부분이라 이들의 종교 신념 및 기도시간에 대한 이해가 기반이 되어야 의사소통과 작업지시가 수월해진다.

무엇보다 현장에 영어를 못하는 현지인 직원이 많아 인도네시아어를 필수적으로 알아야 한다. 일반적으로 한국인이 취업하는 기업은 주로 우리 진출 기업이며 주재원 또는 현지 직원 신분으로 관리직 또는 사무직으로 종사한다. 제조업 기업의 현장 관리직으로도 종사하기 때문에 근무 지역은 자카르타 및 수라바야 등 대도시에 국한되지 않고 생활상의 불편함이 많은 원거리 지역에서 일해야 하는 상황도 펼쳐진다.

초기 주재원들에게 회사가 제공하는 경제 보상이나 생활 편의 제공의 폭은 매우 넓었다. 주택과 차량은 물론 경기가 좋을 때는 자녀의 교육비까지 지원받는 경우가 많았다. 가정부Pembantu, 유모Suster, 운전기사Sopir를 비교적 저렴한 인건비로 고용 가능하기 때문에 대부분의 주재원 가정은 이들을 고용해 생활에 도움을 받는다.

애초에 '거류민' 정체성이 강했던 인도네시아 교민 사회에서 주재원 문화가 달라지기 시작한 것은 초기 교민 사회의 기틀을 닦은 두 회사 코데코나 코린도가 한국 내에 본사 개념이 없어진 이후부터라고 보는 것이 타당하겠다. 코데코는 처음부터 한국이 아니라 인도네시아에 본사를 두었다가 박정희 대통령 사후 사실상 한국과의 인연이 엷어지고 원유사업 실패를 계기로 회사의 명운이 쇠했다. 그러자 이 회사에서 일하던 직원이 한국으로 돌아갈 근거가 사라져버렸다. 코린도는 한국 기업의 자회사로 시작했으나 본사가 정치 혹은 경제 이유로 도산하면서 실질적으로 인도네시아가 본사가 된 경우이다. 두 회사는 인도네시아 현지의 사업 기반은 지속되었기에 이 회사의 직원들은 일반적인 주재원들과 다른 경로를 밟았다.

1990년대 이래로 한국 사회에서도 인도네시아를 기회의 땅으로 보는 기업과 투자자들이 점점 많아졌다. 그래서 주재원으로 파견되었다가 본국 귀국 시점이 도래할 즈음 회사를 퇴직하고 새롭게 진출하는 기업에 경력직 현지채용으로 이직하여 지속적으로 주재원 생활을 하거나 혹은 창업해 외국인 투자자로 경제적 삶의 방식을 바꾸는 경우도 많이 나타났다.

주재원으로 파견되었다가 인도네시아에서 인생 도전으로 창업과 정착을 선택한 이들의 목소리를 다음과 같이 재구성해본다.

1) 진출과 정착의 배경

(1) 동향 네트워크와 정착 결심을 하게 만든 책임감: 가죽업 30년차 JN의 사례

필자 어떤 경로로 진출하셨나요?

JN 우연한 기회였죠. 원래 저는 엔지니어예요. D전자에서 엔지니어로 일하면서 기계 쪽이 장래성 있는 기술이라고 생각했어요. 잘 배워서 창업을 해봐야겠다는 생각은 있었던 거 같고. 그러던 찰나에 인도네시아 공장에 들어가는 기계를 만들어달라는 주문이 들어왔어요. 기계 제작 중도금을 받기 위해 인도네시아로 갔는데 하필 발주를 넣은 사람이 동향이더라고요. 말이 잘 통했어요. 인연이 거기서 끝나는 게 아니더라고요.

기계 완성 후 설치하고 빠지려고 했는데 선배가 여기 사람 못 믿겠다, 이 기계를 내가 어찌 담당하느냐 생산이 정상화될 때까지는 있어 달라고 부탁을 했어요. 나는 그때 2주 있을 생각으로 바지 와이셔츠 속옷도 5개가 안 되었단 말이에요. 그런데 좀 있고 싶기도 했어요. 여기가 내가 처음 나온 해외였거든요.

그렇게 6개월 있기로 하고 머무는데 그 선배가 갑자기 상을 당해서…. 한국에서도 사업하는 집이라 그 선배는 이제 아버지 사업 받아야 한다고 정산하고 한국으로 귀국한다고 하는 거예요. 중국 사람이 샀는데 기계가 다르다고 나한테 더 있어 달라고 부탁을 했어요. 내가 애정을 가진 기계잖아요. 나도 떠나야 하나 말아야 하나 고민한 밤이 많았는데, 기계가 아깝더라고요. 이제 길들이는 중인데 중고가 되어버렸잖아요.

그런데 화교랑 일하는 게 쉽지 않아요. 상처가 많았죠. 안 되겠다 싶어서 틈틈이 노력해서 4년 만에 내 회사를 차렸습니다. 내가 기계라고 했잖아요. 가죽은 잘 모르니까 그때 반둥에 나왔던 사람도 스카우트하고 한국에서 전문 기술직도 모셔오고. 그렇게 사업을 했습니다. 내가 가죽에는 특별한 노하우가 없지만….

필자 책임감이 참 크신 거 같아요. 전공도 아니었던 일이 이제는 전문가가 다 되신 거네요. 벌써 30년 하신 거잖아요.

JN 그래도 나는 기계 전문가고, (가죽에) 특별한 노하우는 여전히 없어요. 가죽은 이제는 직원하고 아들이 하고 있어요. 처음에도 나는 기계 전문이고 가죽은 훌륭한 직원들이 한다 식으로 역할을 분담했습니다. 그렇지만 공정은 알아야 사장도 해먹으니까, 나는 모든 공정을 다 공부하고 내가 납득한 과정은 솔직히 다 공개하자 생각했어요. 납기준수 못 맞출 때도 거짓말을 하면 안 돼요. 변명하지 않고 솔직하게 사정을 얘기하면 납기가 조금 어긋나도 대부분 기다려줘요. 사업에서는 신뢰가 자산이지요.

(2) 한국과 기술격차가 있고, 로컬 수요가 확인되니까: 건축설비업 12년차 SJ의 사례

필자 어떤 경로로 진출하셨나요?

SJ 인도네시아에 대해서는 예전부터 '기회의 땅'이라는 이야기가 많았어요. 인구가 많고 성장세고 이미 진출한 한국인들도 많다고. 제가 한국에서 이 사업체를 시작한 게 1995년인데, 공장 수요가 많아서 우리 업종에도 기회가 있다는 이야기가 있었습니다. 인건비는 싸니 설비를 좋게 해서 새로 짓는 공장들이 많다고요. 그때 우리 회사는 기회를 잡지는 못했는데 그때는 안 나간 게 맞았어요. 제가 시장조사팀에서 같이 나갔다가 왔는데 바로 IMF가 와서.

필자 IMF 때 오히려 기회가 열렸다는 이들도 있던데, 사장님은 다르셨나 봐요.

SJ 우리는 그때는 아니었고, 경쟁이 치열한 한국에서 기술경쟁이 중요하잖아요. 내가 다니던 회사가 기술은 정말 좋죠. 그런데 한 10년 전부터 인도네시아가 '기회가 땅'이라는 이야기가 다시 돌더라고요. 그 큰 나라가 이제 좀 살 만

해진 거 같은데 공장, 창고, 대형 쇼핑몰 같은 신규 발주가 정말 많이 쏟아졌어요. 우리 회사는 L마트 쇼핑몰 신축하는 데 견적 요청이 와 견적만 냈는데. 운이 좋았습니다. 공사까지 주문 받아 이곳에 왔습니다. 쇼핑몰에 이어서 한국 대기업, 여러 공공기관 등이 신축하는 데서도 로컬 수주가 있어서 이어서 시공을 더 했고요. 정말 운이 좋은 케이스예요, 우리 회사는. 한국에서 단일 플랜트 계약하고 선수금도 받아서 왔기 때문에 시작이 상당히 수월했습니다.

필자 그때는 자재를 한국에서 들여오셨다는 거네요. 지금은 여기 공장이 있으시다고 들었는데.

SJ 7년 전(2012)부터는 아예 정식으로 공장을 설립하고 기계설비까지 한국에서 다 갖춰서 눌러앉게 되었습니다. 우리 기술력과 퀄리티는 현지에 비해 아주 월등합니다. 예를 들어 알루미늄 금형 몇 쪽만 개발하면 누수나 바람을 차단해 이로운 점이 많은데도 현지인은 아직까지 기술력이 부족해서 그런지 금형 제작하는 데 시간이 너무 많이 걸립니다. 우리 회사가 이틀에 시범 제작한 것을 보더니 발주처가 현지에 맡기면 세 달은 걸렸을 거라고 좋아하더군요. 알루미늄 공정은 한국에서 한 것을 가져왔는데 설비만 갖추면 현지에서도 되겠다 판단이 들었습니다. 그 후 여기서 절단 가공까지 다 하니 로컬시장에서도 되겠더라고요.

필자 앞으로의 영업전략을 말씀해주세요.

SJ 우리 회사는 좋은 품질이지만 합리적인 가격대를 맞추는 게 목표입니다. 소비자들에게 더 좋은 자재에 품질도 좋다 입소문이 나야지 로컬에서도 먹히죠. 로컬이 수긍할 가격, 믿고 구입해도 되는 품질이다, 그런 얘기를 들어야죠.

(3) 선배 한인이 닦아놓은 길과 로컬 진입의 가능성: 공장설비업 7년차 LJ의 사례

필자 어떻게 정착을 결심하셨나요?

LJ 저도 나와 보니 알겠던 게 이 나라에 한국 기업들이 들어온 지 상당히 오래되었더라고요. 초기에 진출했던 기업들, 여기(탕그랑)에서는 신발기업들이 어려운 환경에도 불구하고 초석을 잘 다져놓은 덕에 후발 기업들도 비즈니스를 시작할 수 있겠다는 도전의식을 얻었어요. 그런데 아직 현지 한국 네트워크가 제조업체 중심이에요. 제조업체 뒷받침하는 게 얼마나 많은데. 저희 같은 설비도 할 일이 많죠. 한국 네트워크 안에서 시작하고 시장성 보고 내가 한 번 해봐도 되겠다 견적 나오면 로컬 비딩도 넣고. 이게 참 재미있어요.

필자 도전하는 일이 재미있으셨나 봐요. 그런 마음이나 자세를 기업가정신 entrepreneurship이라 부르는 거죠? 저는 공무원 집 딸이어서 그런가, 그런 게 참 없어요. 이렇게 이야기 듣는 것은 재미있지만 실제로 시도하지는 않을 거 같습니다.

LJ 저도 마찬가지입니다. 아버지가 교사였어요. 순탄하고 안전한 길만 걸으셨어요. 근데 어머니가 달라요. 사업하는 집 출신이셨거든요. "남이 안 간 길을 개척해라, 도전을 두려워하지 마라." 어머니 말씀 덕분에 진출했지요. 한 곳에 잔류하지 않고 늘 새로운 일을 찾으려는 마음이 큰 거 보면 어머니 영향인 거 같아요. 지금은 로컬 진입이 저에게 새로운 길입니다. 여기도 이제 살 만하니 가족들도 이곳 생활에 만족해하고. 가족 응원이 있어서 버틸 수 있고요.

(4) IMF와 발리 테러 위기 이후 찾아온 기회: 건설업 30년차 SM의 사례

필자 언제 오셨나요?

SM 1991년 5월에 인도네시아에 왔습니다. 원래 제가 D건설사에 근무하면서 아프리카와 중동 오지 공사를 해본 경험이 많았어요. 아프리카 다니면서 해외 생활에 대한 두려움은 일찍 덜어낼 수 있었습니다.

인도네시아는 90년대 전후로 건설붐이 일었고 내 사업을 시작하기에 좋은 곳이라 생각했습니다. 한국 네트워크를 통해 가족이 함께 와도 안전하고 오히려 교육하기 더 좋다는 얘기도 들어서 처음부터 가족을 데리고 함께 나왔습니다. 아내에게는 주재원을 할 때처럼 3년만 버티자고 설득하고요. 내가 홀아비로 외국을 계속 떠도는 건 이제는 못하겠다고 했거든요. 그런데 3년이 지나니 아내가 이제는 인도네시아 생활 만족도가 높아서 "올 때는 (가기 싫다고) 울면서 오고 갈 때는 (떠나기 싫다고) 우는 곳"이 인도네시아라는 말이 있는데 정말 그렇더라고요.

필자 IMF 때 힘들지는 않으셨어요?

SM IMF하고 폭동 났을 때는 정말 힘들었죠. 여기 사업 다 놓고 나가야 하는가 눈앞이 캄캄하기도 하고. 그런데 사실 IMF 이후 사업하는 사람들은 더 좋았어요. 우리야 외환으로 거래하는 사람이니까 생활 여유도 있고 인도네시아는 인프라가 늘 부족한 국가이니 공사수주도 늘어났고. 발리 테러 났을 때는 경찰 관련 기관에서 테러방지 시스템 구축사업 공고가 나왔는데 한국통신업체에서 그 사업을 수주했어요. 여기 사정을 잘 모르니 추가 요구사항이 계속 나오고 일이 느려지니 우리한테 도와달라고 하더군요. 그 일을 해결해줘서 우리 회사에는 오히려 더 도움도 되었고요.

2) 로컬시장이 보인다

(1) 로컬시장 진입을 위한 도전과 한국 기업 간 과잉경쟁: 건설업 SM의 사례

필자 언제가 사업적으로 가장 힘드셨어요?

SM 외국 회사가 겪는 한계가 분명해요, 여기는. 이 사업 30년 하다 보니 더 그래서 현지화를 할 수밖에 없어요. 당장 제가 국적을 (인도네시아로) 바꿨습니다. 한국인이 현지인이 하는 사업에 뛰어들 때 기술과 마케팅 실력이 앞서니까 시장점유율을 지금까지는 확보하는 데 문제가 없었어요. 한국인이 어디서든 잘해내잖아요. 자부심도 있죠. 그래도 이제는 인도네시아 로컬에서 승부를 봐야 하니 인력의 현지화가 중요합니다. 한국 직원은 가급적 최소화해요, 지금도 한국인은 저 포함 10명 안팎입니다.

그런데 이제 한인 기업 사이에 경쟁이 좀 심해요. 참 이건 우리가 고쳐야 할 지점인데요, 한국 대기업이 여기서도 좀 심하게 할 때가 많습니다. 인도네시아 건설시장에 한국 대기업이 대부분 진출해 있습니다. 국내 건설 경기가 워낙 안 좋고 중동 쪽도 유가 하락으로 건설공사가 많이 유보되다 보니 건설시장 다변화 일환으로 인도네시아가 잠재력이 있어 보이죠.

문제는 수익성도 별로 없는 건설공사에 한국 기업끼리 저가 수주 경쟁을 벌여야 하는 일이 자주 발생하고 원청 대기업이 워낙에 남지 않는 공사를 발주하는 경우가 많은데 이 경우 한국 건설 대기업이 한인 협력업체에게 특혜나

주는 것처럼 유도해서 계약조건에 각종 불공정 조항 등을 명기하는 경우가 많습니다. 리스크는 동포 작은 기업에게 넘기는 거죠. 너무도 불공정한 행위를 아무 거리낌 없이 당연하게 얘기하는 걸 들으면 참 동포끼리 왜 이러나 싶을 때가 있습니다.

한국 법정 아니라 외국 판사 앞에서 한국 기업끼리 소송을 다투는 일을 하면 이거 정말 대한민국 망신 아닙니까. 우리처럼 피해보는 한인 건설기업이 더 이상 나타나지 않도록 해야 합니다. 물론 개개인도 준비가 필요해요. 한국 사람 이야기 듣고 왔다가 한국 사람 때문에 피해본 사례가 정말 많습니다. 지금은 공개되고 신뢰할 만한 정보가 많아요. 진출할 마음이 있다면 너무 조급하게 단기간에 무언가를 이루려 하지 말고 코트라, 대사관, 코참, 교민회 등을 통해 많은 정보를 크로스해서 보고 신중하게 진출하는 게 중요합니다.

(2) 현지화localization는 '같기道': 건설업 SM의 사례

필자 어떤 점이 가장 힘드세요?

SM 우리가 노가다로 분류되지만 이게 서비스업이에요. 기술도 계속 바뀌고 그리고 디자인도 좀 있어야 하고. 그래서 여전히 사람이 제일 중요합니다. 가장 힘든 일이 직원 관리하는 거예요. 인건비는 저렴하지만 성향이 느긋하잖아요. 저도 한국 사람 빠른 거 힘들어했는데 여기랑 비교하면 저도 한국 사람이더군요. 인도네시아에서 사업을 하려면 느림의 미학에 빠져들어야 합니다. 인도네시아에서는 인도네시아 법을 따라야죠.

그런데 이게 같이 느려지란 얘기가 아닙니다. 익숙해져야 합니다. 미묘한 지점을 잘 찾아야죠. 왜 예전에 KBS 〈개그콘서트〉에 '같기도'라는 게 있었잖아요. 우리끼리 그런 말 많이 합니다. 인도네시아 사람처럼 느려지면서 또 한국 사람의 신속함은 놓치지 않아야 한다고 봅니다. 성공하는 기업들이 나는 직원을 가족처럼 대한다라고 하잖아요. 저도 직원은 가족 같다는 말 자주 쓰지만 그런 점도 있고 아니어야 하는 점도 있어요. 가족이면서 또 직원이어야죠. 착하고 성실한 것만으로 저는 100퍼센트 만족할 수는 없어요. 일로 능력을 증명하도록 독려해야 하고 또 직원은 직원다워야죠.

(3) 고가의 수업료와 승률의 짜릿함: 인테리어업 7년차 TJ의 사례

필자 어떤 경로로 진출하셨나요?

TJ 한국 ○○ 공공기관의 공사에 참여하면서 인도네시아에 처음 왔습니다. 공공기관이지만 딱딱하지 않게, 제가 그전에 한국에서 엔터회사 같은 곳 인테리어를 한 적이 있어서, 시각적인 컬러 디자인 같은 것을 포함한 디자인을 제시했습니다. 한국 시장에서는 이미 유행하고 있던 거지만, 인도네시아에서는 처음 접하는 양식이어서 반응이 좋았던 거 같습니다.

필자 첫 사업이 잘되어도 두 번째가 잘되어야 정착이 가능하시죠?

TJ 성장하는 회사라는 소리도 종종 듣는데 그때마다 손사래를 칩니다. 성장은 아직입니다. 아직 고가의 수업료를 치르는 걸요. 대기업의 경우 상황이 안 좋으면 발 빠른 대처가 가능하죠. 한국 본사에서 아니라 판단되면 철수 결정도 할 수 있고 현지화로 돌려 로컬로 분류할 기동력을 갖고도 있고요. 그런데 중소기업은 여기가 본사가 되는 경우가 많고 뭐든 걸린 게 많으니 바로 적응할 여유가 없습니다. 직격탄 맞을 때가 많죠. 그래서 여기서 오히려 변신을 더 많이 준비해야 합니다. 유관 사업, 우리의 경우 가구사업으로 확장도 틈틈이 준비해야 하고요. 한국처럼 계약할 때 매뉴얼 공사만 해서는 차별화가 안 됩니다. 로컬 비딩bidding(수주)에는 네덜란드와 일본(식민지배했던 나라들의 네트워크가 여전히 살아 있어요), 싱가포르, 그리고 최근에는 중국까지 쟁쟁한 글로벌 회사가 다 붙습니다. 이제는 경쟁이 세져서 기존 경험이나 경험이 일반화된 매뉴얼을 되풀이만 해서는 안 됩니다. 언제나 처음 만나는 일인 것처럼 긴장하고 수업료 치르는 기분입니다. 승률이 좋아서 지금까지는 기분이 좋지만 아직은 멀었죠.

3) 정착 이후에 보이는 것

(1) 삶은 성공과 실패로 나눌 수 있는 게 아니다: 신발부품업 28년차 YJ의 사례

필자 어떤 사업을 하고 계시고, 진출 계기는 어떠셨나요?

YJ 내가 원래 군무원이었는데 부산이 그때 신발이 넘쳐나던 때였지요. 평생 월급 받아도 하는 일이 심심하잖아요. 제 기질상 좀 더 역동적인 걸 해보고 싶어 지인 소개로 부품업체에 발을 들였어요. 그때가 40대 후반으로 들어갈 때였죠. 1970년대 초 부산에서부터 우리는 신발끈 하나만 했어요. 그때는 고무신에서 운동화로 넘어가는 때인데 신발끈 하나 만드는 것도 기술이었죠. 그때 시작해서 초지일관 이거 하나만 했어요.

필자 1980년대 말 부산 신발업이 이쪽으로 많이 넘어왔다고 들었습니다.

YJ 그런데 내 생각에 부산에서 신발사업이 너무 빨리 빠졌어요. 정부의 '산업 합리화' 조치에 따른 거긴 한데 빠지려고 하니 물결처럼 이동했어요. 인도네시아에 자리 잡는 업체들이 많다고 해서 다 같이 가는 분위기. 자카르타 수도로 가는 줄 알았더니 옆에 탕그랑이라고 공장들은 다 거기에 있더라고요. 80년대 후반 부산 신발기업들 옮기기 시작할 때 나는 조금 서둘러 가야겠다 하면서 나왔죠. 순간순간 도전이었어요. 한국에서는 퇴출 기업이라고 낙인 찍는 거 같아 기분도 별로 안 좋았고. 인도네시아 온 건 우연보다는 필연이었어요.

(그런데) 와서 보니 일단 나라가 다르잖아요. 공장 더운 건 마찬가지지만 여기가 더 덥지, 사람들하고 말은 잘 안 통하지…. 중국 베트남 열리고 IMF 지나면서 여기 신발산업도 침체된 적이 있어요. 그래도 나는 그때 실패하고 싶지 않았어요. 또 실패라고 생각도 안 했고. 여기 인도네시아에 성공한 한인 기업들이 많아요. 신발도 많지. 그런데 지금 성공한 건만 보면 안 돼요. 도전도 하고 성실하게 버텨낸 것도 있는데 궤도에 오를 때까지 순간순간은 낭떠러지 앞에 설 때가 많아요.

필자 앞으로 대표님 사업은 어떻게 될 거 같으세요?

YJ 나는 성공이니 실패니 하는 이분법적 구분이 싫어요. 우리 아들이 이제 잘해요. 배운 사람들은 뭘 해도 달라요. 다 같은 신발끈이 아니에요. 우리 공장은 자체 염색설비를 갖추고 있어요. 한 달에 300개 정도 다른 신발끈을 만들어낼 수 있어요. 소비자 요구가 더 다양해지니까 거기에 맞추려고 우리도 진화한 거죠. 기술도 계속 늘려가고 그러니 경영도 잘하고. 이제는 아들이 하게 하고 나는 슬슬 은퇴를 해야죠. 나는 여기 생활 28년차인데 여행이라고 해야 마누라 칠순하면서 아들네하고 발리 한 번 같이 다녀온 거밖에 안 갔어요. 그렇게 살았어요. 우리도 이제는 여행도 좀 다녀볼까 싶어요.

(2) 미안함과 자긍심이 공존하는 2세 경영 준비: 가죽업 JN의 사례

필자 2세 경영 준비 중이시면 앞으로도 여기서 쭉 사시겠네요?

JN 우리 아들한테는 미안하죠. 미국 유학까지 갔다 왔는데 여기서 중소기업 사장하라고 하니까. 그래도 하겠다니 고마울 뿐이지요. 나도 (한국에) 부모님이 안 계시니 이제는 여기가 고향이고. 우리 아이는 학교를 다 여기서 다녀서 여기가 고향이에요. 그래도 기술은 다 한국에서 배워와요. 한국은 중소기업도 잘해요. 글로벌 수준인 곳이 많아서 아들은 주기적으로 한국에 가서 기술을 배워옵니다. 디자인은 또 유럽 것도 봐야 하고. 글로벌 기업도 하루아침에 무너지니까 작은 기업들은 늘 더 많이 대비해야 합니다.

3. 여성의 삶: 내조자에서 경제 주체까지

인도네시아의 한인 여성들은 대체로 주재원의 동반 가족으로 이 땅에서 삶을 시작했다. 주재원 부인에 관해 이야기하면 가장 먼저 듣게 되는 표현이 있다. 바로 앞에서도 이야기했던 "올 때는 오기 싫어서 울지만 갈 때는 가기 싫어서 운다"이다. 저렴한 인건비로 가정

생활의 여러 영역에서 가사노동을 지원하는 가정부, 유모, 운전기사를 고용하고 살아가기 때문이다. 날씨가 덥고 대중교통시설 미비에 현지 도로 사정도 좋지 않아 반드시 현지인 운전기사를 두는 것이 오랜 기간 교민 사회의 관행이었다. 또 동남아 대부분의 국가에서 꼭 외국인이 아니더라도 중산층 이상에서는 가정부나 유모를 두기에 한국인 가정은 가정부와 운전기사를 대체로 고용하는 편이다.

고단한 살림살이라는 전통적으로 여성 배우자에게 주어졌던 조건에서 자유로울 수 있다는 점은 주재원의 가족 동반 이주를 부인들도 기꺼이 받아들이게 만드는 유인책이 되기도 했다. 하지만 이런 생활이 모두에게 만족스러운 것은 아니다. 주재원의 아내로 일상에서 편리함과 여유를 느끼며 여가활동과 자녀교육에 매진하며 즐기는 경우도 많지만, 교육 수준이 높거나 한국에서도 직장생활 경험을 가졌던 이들은 할 일이 없다는 사실에 괴로워하는 경우도 많기 때문이다.

사실 주재원의 아내가 별도의 일, 특히 영리활동과 연계되는 경제활동을 하기는 쉽지 않다. 인도네시아 정부가 주재원의 가족에게 제공하는 배우자 비자나 가족 비자는 직업을 구하거나 영리활동이 불허되는 조건이 붙기 때문이다. 그렇다 보니 초기 교민 사회에서 여성은 대사 부인을 중심으로 구성된 부인회에서만 활동했다.

한국부인회가 최초로 결성된 것은 1973년 한국 대사관이 창설되면서부터이다. 부인회를 만든 배경은 여성 배우자들 간의 친목 도모와 대외봉사를 하자는 취지였다. 하지만 당시는 국력도 크지 않았고 재외공관의 인적자원도 부족했기에 문화예술 활동(한국 문화 소개, 한국 음식 접대 등)을 요구받거나, 양 국가 사회문화 교류에서 실무에 참여하기를 요청받을 때가 많았다.

부인회 활동이 한인공동체가 인도네시아 사회에 안착하는 데 큰 기여를 한 것은 주지의 사실이다. 하지만 여성의 역할이 누군가의 부인에 멈춰 있는 방식은 어느덧 시대적 소명을 다해가는 시점이 도래하였다. 참고로 인도네시아 교민 사회에서 부인회라는 여성조직의 명칭도 2016년 이후 한인회의 여성분과로 편입되면서 그 소임을 마감하였다.

1990년대 이후 인도네시아 교민 사회에서도 가정을 벗어나 '일하는 여성'이 나타나기 시작했다. 이 그룹은 다음과 같이 구분된다.

먼저 체류 한국인의 숫자가 많아지자 한국 음식(김치), 한국 식당, 한국식 게스트하우스에 대한 수요가 증대했다. 아직까지는 여성의 고유 역할로 인식되던 가사노동이 사회적으로 확대되는 상황이었지만, 이러한 일에서 솜씨와 장사 수완을 발휘하는 인물들이 등장하였다. '비즈니스하는 여성'들이 나타난 것이다.

인도네시아 한국마트인 '무궁화유통'이 대표적인 사례일 것이다. 무궁화유통은 세계옥타World Federation of Overseas Korean Trader's Associations, World OKTA 회장을 역임한 김우재와 오랜 기간 부인회 회장으로 봉직한 박은주 부부의 사업체이다. 애초 김우재가 인도네시아를 찾은 목적은 원목개발 사업에 참여하기 위함이었으나, 그가 도착했을 때는 인도네시아 정부가 일종의 '자원민족주의' 차원에서 가공산업(합판공장)에 참여하지 않는 외국 기업에게는 원목개발 면허를 주지 않거나 취소했다. 남편 사업이 어려움을 겪자 이 난국을 헤쳐나간 것은 부인 박은주이다. 부부는 공동으로 1980년대 초 7평 남짓의 공간을 마련하여 한국종합식품 회사를 설립하였는데, 외방도서의 사업장들(주로 원목개발지)에 김치 납품을 시작하면서 재기에 성공했을 뿐 아니라 유통업 전반으로 확장하였다는 이야기는 널리 알려져 있다(김우재 2009).

다음으로 노동집약적인 소위 TGF(섬유, 의류, 신발) 산업이 인도네시아로 대거 생산기지를 옮기면서 기술 및 인사관리 직원으로 인도네시아에 진입하거나 파견되는 새로운 여성 집단이 생겨났다. 기술직은 전형적인 여공의 삶을 살다가 관리직으로 승진하는 경우가 있었고, 관리직에서는 한국의 대학교에서 말레이인도네시아어를 전공한 여성이 주재원으로 파견되는 사례가 1990년대 중반부터 일부 나타나기 시작했다. 이들 중 대부분은 주재원 생활이 종료된 후 귀국했지만 장기근속을 하거나 자기 사업체를 창업하는 용기 있는 도전에 나서기도 했다.

또 다른 특수한 경우는 1990년대 한국 국제학교의 규모가 급작스럽게 확대되면서 이른바 '현지채용' 교사 수요가 발생한 것과 연결된다. 이를 계기로 한국의 교사자격증을 가진 여성이 한국 국제학교의 교사가 되는 사례가 왕왕 발생했다. 교사자격증이 없더라도 학벌이 되는 경우 한국에서와 마찬가지로 중고생 '과외'를 통해 경제활동에 참여하는 경우가 발견되기도 했다.

보다 최근에는 여성 사업가도 속속 등장했다. 여성 사업가는 전형적으로 요식업계나 한인마트 등을 이끄는 경우가 많으나 인도네시아가 한인의 역사와 규모가 큰 사회이다 보니 다양한 서비스영역에서 자기 사업을 하는 이들(컨설팅, 호텔 서비스, 실내장식, 화장품, 음식이나 장신구 등의 팝업 스토어 창업 등)이 나타나고 있다.

이에 더하여 2010년대 이후에는 대사관 직원 중에서도 여성 외교 공무원이 많아졌고, 기타 주재원 파견, ODA 활동가, 전문 사업 서비스 제공자(변호사, 세무사 등), 취업 준비생 중에서도 여성의 비중이 높아졌다.

마지막으로 이주 2~3세의 경우 학업을 마치고 인도네시아로 돌아와 취업을 하거나 가족 사업을 승계하거나 유관 사업을 하며 경제활동에 직접 참여하는 여성이 최근 더 늘어나는 추세이다.

다음은 여성 한인과의 인터뷰를 통해 그들이 인도네시아에서 살아가는 단면을 그려내려 한다.

1) 내조자의 삶: 자녀 키우기 속의 자아 찾기

기혼 여성에게 요구되는 가장 중요한 과업은 무엇보다 자녀교육이다. 앞서 강조하였듯이 인도네시아의 한인 사회가 남성 중심 주재원 공동체를 넘어 일과 생활이 공존하는 사회영역이 발전할 수 있었던 것은 비교적 이른 시기에 한국 학교가 설립되었기 때문이다. 하지만 여전히 많은 한인은 자녀를 한국 학교가 아니라 유수의 국제학교에 보내는 경우가 많다.

한국 대학교가 아니라 해외 대학교를 보내려는 의지의 발현이기도 하지만, 한국 학교보다 교육을 '덜' 시킨다는 점을 강조하기도 한다. 한국 학교는 자카르타 인근에만 있어 자카르타를 벗어난 지역에서는 국제학교를 보내는 것이 당연한 일이기도 하다. 수라바야에서 만난 이주 3년차의 한인 여성 J씨의 말을 들어보자.

필자 인도네시아에 오신 지 얼마나 되셨고, 요새 무슨 일에 신경을 제일 많이 쓰세요?

J 저는 비교적 최근인 3년 전에 왔어요. 한국에선 저도 일을 했는데 여기 오면서 좀 쉬고 지금은 아이 키우는 데만 신경을 쓰고 있어요. 일에 지치기도 했지만 다른 한편 언제 이렇게 아이와 오랜 시간을 보내보나 하면서 즐기려고요.

필자 아이의 학교생활은 어떠세요?

J 국제학교를 다니니 아이들이 '여럿이 함께' 사는 모습을 배우는 거 같아서 좋았어요. 학교에서 각 나라 전통 옷을 입고 문화행사를 많이 해요. 저도 참여한 적이 있거든요. 좀 덥기는 했지만 아이와 한복을 맞춰 입고 간 적이 있어요. 요새는 한국이 좀 인기가 많잖아요. 사람들이 "안녕하세요"라고 한국어로 인사하고 같이 사진도 찍자고 하고. 아이도 신이 났는지 태극기를 열심히 흔들며 기꺼이 사진 모델이 되어주기도 했다네요. 아이가 그런 환대를 받았다는 걸 생각하면 또 행복해지기도 해요.

아이가 다니는 학교에서도 인도네시아 문화 체험활동을 종종 하는데, 수마트라 전통춤도 추고 여기 전통 악기도 배웠대요. 이 나라가 생각보다 세계문화유산도 많다고 들었어요. 그래서인지 얼마 전에는 아이가 인도네시아에서 사는 것이 얼마나 큰 행운이지 그런 이야기를 하더라고요.

필자 학교 교육 말고, 더 하시는 일이 있으세요?

J 우리 아이는 아직은 초등학생이라 저는 공부는 아직 안 시키고 있어요. 자카르타에서는 애들을 학원에 보내고 과외도 시킨다는데 그건 더 커서 할 일이고…. 저는요, 아이 데리고 여행을 많이 다니려고 했어요. 세계에 대한 경험도 좋지만, 일단 우리가 사는 인도네시아 자체가 큰 나라잖아요. 그래서 인도네시아 구석구석을 아이에게 보여주려 노력했어요.

여행을 해보면 이 나라가 그냥 후덥지근한 열대의 나라가 아니라 경이로움이 절로 나오는, 자연환경이 웅장한 큰 나라라는 사실을 알게 되는 거 같아요. 지역마다 음식 문화도 많이 다르고, 환경이나 종교 의례도 다양하다는 걸 알게 되었답니다. 다행히 아이도 다양한 문화를 체험해보는 걸 좋아했어요.

하지만 이곳에서의 삶이 늘 만족스러운 것만은 아니다. 고향과 한국을 그리워하는 향수병을 겪는 경우도 많고, 지금 여기서 무엇을 하고 있나 불안감을 느끼며 자아 찾기에 어려움을 겪는 경우도 만날 수 있었다. 해외에 나와 있지만 어쩐지 "인간관계는 더 좁아졌다"고 호소하는 인터뷰 대상을 만난 적도 있다. 하지만 어떻게 해서든 이곳에서의 삶을 받아들이고, 즐길 요소를 찾으며, 자신을 확장시키는 계기로 삼으려는 건강한 태도를 지닌 이들이 더 많았다.

사실 현재의 삶을 긍정하는 사람들이기에 인터뷰에 응했을 수도 있다.

자아 찾기 사례 1

필자 여기 생활에 만족하세요?

J 수라바야 이주 3년차인데 올 때는 걱정이 많았으나 지금은 오히려 홀가분해진 기분이에요. 한국에서 저도 좀 독하게 살았어요. 결혼하고도 회사에서 최고의 퍼포먼스를 보여주려 늘 노력했고, 제가요 출산 며칠 전까지 야근을 자청했거든요. 지금은 그때 생각하면 어떻게 그렇게 살았을까, 오히려 제가 그때로 돌아가서 저를 안아주고 싶기도 해요.

필자 그렇게 일하다 여기서 지금 경제활동을 안 하는 삶이 불안하지 않으세요?

J 일하면서 얻는 성취감에 크게 만족하는 타입이었는데, 지금은 그런 짜릿함이 없어서 아쉽기는 해요. 엄마 보고 싶을 때, 찬바람 불 때 좀 우울해지기도 하고요. 그래도 지금은 제가 좀 가벼워진 느낌이라는 걸 인정하려고 해요. 오래되신 분들 하는 말을 들으면 한없이 가벼워지다가 어느 순간 다시 채워진대요. 저도 그럴 때가 오지 않을까 기대해봅니다.

자아 찾기 사례 2

필자 인도네시아에서 생활하면서 어떤 것이 힘드셨어요?

K 이주 5년차인데 해외 나와서 살면 다들 더 국제적이 된다고 생각하기도 하지만 여기가 인간관계는 더 좁아요. 한국은 워낙에 빠르고 또 요새는 발전 속도가 장난 아니잖아요. 한국에 사는 친구나 지인들을 보면 자기계발에, 일년에 한두 번씩 해외여행에, 애들은 온갖 체험학습을 시키고…. 다들 다양한 경험을 하며 넓어지는데 나는 여기서 뭐하나 그런 생각이 들 때도 많아요. 그래서 요새 젊은 사람들은 해외파견 잘 안 나오려 한다면서요, 한국이 살기에 더 좋다고. 마지막에 살 곳이 한국이라면 힘들어도 한국에서 버텨야 한다고요.

필자 그런 불안이 있으신데 오래 사셨네요?

K 지금은 먹고사는 일이 이제 다 여기에 고착되어 버려서요. 저는 이제 여기가 더 편해요. '여기가 이제 내 두 번째 고향이다' 그렇게 맘먹는 순간 편해졌어요. 인생은 속도가 아니라 방향이라고, 나의 방향이 맞으니 지금 천천히 간다고 조바심내지 말자라고 생각하니 편해지고 여기에 관심이 생기고 여기 사람들과의 관계도 진지해지는 것 같아요.

2) 경제활동의 주체되기: 봉제 사업가의 사례

1970~1980년대 한국 경제를 이끈 동력에는 봉제로 대표되는 경공업을 빼놓을 수 없다. 봉제 노동은 대체로 젊은 여성 노동자를 고용해서 하는 노동집약적인 산업으로, 생산국의 경제성장과 인건비가 상승하면 다음 단계 개발도상국으로 공장을 이전하는 방식으로 글로벌 생산체계가 발전해왔다.

공장의 해외 이전 시 투자 여부의 결정은 자본을 투입하는 사장이나 임원의 최종적이자 고유한 권한일 수 있다. 하지만 현지에서 조업이 실제로 돌아가도록 하는 데는 기술 이전 전문가가 중요한 역할을 한다. 기술 이전은 '기계도 적응하고 사람도 적응하는 시간'이 드는 작업이다. 1980년대 기술관리직으로 파견되었다가 인도네시아에 정착해 여전히 주체적인 경제활동을 하는 한인 여성들은 어떤 삶의 궤적을 그려냈을까?

부산과 서울의 봉제공장에서 기술자로 일하다 인도네시아에서 여성 봉제 사업가로 변신한 K씨와 L씨의 이야기를 들어보자.

K씨의 진출 이야기

필자 제가 지금껏 남자 사장님들을 주로 만나왔는데요, 여성 대표님을 만나서 너무 기쁩니다. 어떻게 진출하고 정착하셨는지 얘기 좀 들려주세요.

K 지금이야 사장이지, 아휴 저도 쉽지 않았어요. 저는 부산의 C 업체 봉제공장에서 일했는데 솜씨가 좀 있어서 조장도 일찍 달고 기술자로 일찍 올라갔어요. 왜 인도네시아에 왔냐? 다 인건비 문제죠. 회사가 인도네시아에 진출해 보려고 출장 다니는데 기술자도 한 명 가야 한다고 해서 제가 처음 왔어요. 아시안게임을 할 때였으니까 (19)86년이네요. 우리 회사가 데모가 쎘어요. 저도 돈 더 많이 받으면 좋지만 관리직이 되어서 과장님하고 출장도 다니니 그 판에 못 끼겠더라고요. 인도네시아는 인력이 풍부하니까 우리가 출장 다녀와서 "인도네시아가 월급도 저렴하고 인구도 많아 경쟁력이 있다"고 보고서를 올렸

습니다. 그래서 회사가 이제 인도네시아 공장을 새로 지은 거죠. 옛날 기계도 가져왔지만 여기는 인력이 많으니까 새 기계도 많았어요.

필자 그럼 인니에서도 C회사에서 계속 일하신 건가요?

K 처음에는요. 원래 공장 새로 세팅하면 반년은 나오는 대로 다 못 써요. 불량률이 높아서요. 기계도 적응해야 하고 사람도 적응해야 하니까요. 바하사 스무 마디 겨우 배운 상태에서 손짓발짓해가면서 6개월 (현지인들과) 합을 맞춘 다음에야 공장이 제대로 돌아갔죠. 그전까지는 뭐 진짜 다 투자였죠.

필자 '공장 말'이란 표현이 있다고 들었어요. 정말 그 시절은 힘드셨을 거 같아요.

K 나야 뭐, 한국에서 나 일 시작할 때 생각이 많이 나더라고요. 그래서 언어를 잘 배우려고 노력했어요. 인도네시아 직원들도 다 같은 수준은 아니에요. 일머리 좋고 나랑 의사소통을 잘해서 눈에 띄는 애들이 꼭 있어요. 그렇게 맘이 맞는 현지 직원을 만나면 반갑고 고마운 마음에 더 잘해주고, 그러면 그 친구가 (조업 과정을 다른 인도네시아 직원들한테) 더 잘 설명해주고 그렇게 된 거죠.

L씨의 진출 이야기

필자 어떤 배경에서 한국에서 인도네시아로 오셨는지 말씀해주세요.

L 제가 경기도 A시 출신이에요. 어렸을 때 ○○강에서 멱 감으며 동무들과 놀던 게 제일 좋은 기억이에요. 그땐 나도 꿈이 있었죠. 고등학교도 가고 싶고, 그림도 그리고 싶었고. 그런데 집안 형편이…. 그때는 다들 그랬으니까 중학교까

지만 졸업하고 서울의 공장에 갔습니다. 산업체 고등학교라고 낮에는 공장에서 일하고 밤에는 회사가 운영하는 야간 고등학교 과정을 다니는 거였어요. 내가 코피를 쏟아가며 공부해서 고등학교 졸업장을 땄어요. 공부를 못 한 게 한스러우니까. 그런데 고등학교 졸업장을 받고 나니 인생의 목적이 좀 사라진 기분이었어요.

필자 그럼 고등학교 졸업장 따고도 같은 공장에서 계속 일하셨어요?

L 집안 사정도 있고 동생들 공부도 계속해야 하니 내가 일을 그만둘 사정은 아니었습니다. T사로 옮겨서 기술자로 일하기 시작했어요. 내가 일솜씨는 있나 봐요. 팀장까지 승진해서 재봉만 보는 것이 아니라 라인을 관리하고 가끔은 디자인도 점검하는 사람이 되었습니다.

필자 그럼 인도네시아는 언제 오신 거예요?

L 아시안게임 때부터 우리 공장도 해외로 옮긴다는 소문이 있기는 했어요. 그러다가 인도네시아에 공장을 새로 연다는 이야기를 듣고 자원해서 나왔어요. 1989년에 인도네시아에 처음 왔어요. 왔는데, 낙후되었어도 우리보다 더 큰 나라고 내가 가르치며 이끌고 갈 수 있을 거라는 생각이 들더군요.

기술자로 왔다가 자기 공장을 차리고 싶은 욕망이 여성이라고 없을 수는 없다. 하지만 대체로 창업의 기회는 남성에게 더 자주 갔다. 하청 오더를 주고받는 벤더도 남성이 주로 하는 영역이었고, 창업 자금을 끌어올 기회도 남성에게 먼저 주어졌다. 그래서 창업을 꿈꾸던 많은 여성 기술자는 건강이나 가정사를 이유로 본국으로 귀환해야만 했다.

필자의 현지조사는 인도네시아뿐 아니라 한국에서도 종종 이루어졌다. 금천구에서 소규모 봉제공장을 운영하는 여성 역시 인도네시아에서 10년 가까이 기술자로 일하다가 결혼을 위해 한국으로 돌아온 경우이다. '배운 도둑질'이라고 봉제업에서 여전히 경제활동을 영유하나, 한국이나 인도네시아에서나 봉제업은 '한 고비 넘으면 또 다른 고비'와 맞닥뜨려야 하는 일의 연속이다. 그래도 인도네시아에서 버틴 세월만큼 그녀들의 삶에서는 어엿한 경영자의 연륜이 쌓여 있었다.

K의 창업 이야기: 노력만이 자산이다

필자 그럼 창업은 어떤 계기로 하셨나요?

K (기술자로) 3~4년 지나니까 남자(관리자)는 다 사장하고 싶어 해요. 한국에서 오더 주는 벤더들도 인도네시아가 잘 나가니까 이리로 넘어와서 자기 공장을 차리고 싶어 하고. 그런데 나는 돈이 없잖아요. 자본도 없고 맨손으로 그저 손 기술력만 있는 사람이니까.

그래서 저는 빚 내서 공장 인수하는 거 말고 현지 (화교)회사에 먼저 취업을 했어요. 인도네시아 회사에서 직장생활을 해보면서 이 사람들 습성도 알고 문화도 좀 더 파악해야 한다고 생각했어요. 현지에서 좀 더 살아봐야지 싶었죠. 그렇게 남아서 일하니까, 내가 금세 떠날 거처럼 보이지는 않았나 봐요. 현지에서 그렇게 몇 년 더 버티니까 그때가 돼서야 여자지만 믿고 투자를 해주겠다는 사람도 나타나고 그러더군요. 지금 회사는 1991년에 설립했는데 350명을 데리고 시작했어요, 지금은 1,000명이 넘어요. 20년 만에 지금 공장 부지를 사서 이제 내 공장이다 하고 일하고 있죠. 벌써 28년이나 되었네요.

필자 오래하셨구나. IMF 때는 어떠셨어요?

K 그때가 위기였죠. 투자금 받은 빚도 다 못 갚았거든요. 어떻게든 공장 안 상하게 밤새 지키고 무조건 열심히 할 수밖에 없었어요. 사업하면서 오더 납기 지키고 직원들 월급 제때 주고 그러는 게 정말 어려운데요, 그때 버틴 거는 정말 잘했어요. 그런데 이게 다 우리 공장장님 덕분이에요. 제가 공장장 복이 있어요. 저는 가방끈도 짧고 특별히 내세울 것도 없어 바닥부터 시작했어요. 우리 공장장은 한국 사람인데 엄청난 노력파예요. 한국 패션 현장에서 일하던 분인데 열정이 정말 넘쳐요.

필자 지금은 어떤 점이 제일 힘드신가요?

K 여기도 인건비죠. 봉제는 인건비예요. 인도네시아 임금폭등으로 휘청하는 한국 회사가 많아요. 우리 회사도 어렵고. 인건비는 오르는데 이 나라 루피아가 하락세잖아요. 섬유류 원부자재는 다 수입이니 봉제기업들이 환율에 잔뜩 긴장하고 있죠. 나는 아직도 중소 임가공 수준이라 경영난이 있어요. 대형 벤더들 위주로 쏠림도 많고. 큰 회사들은 수카부미로 중부로 공장 이전도 해낼 수 있지만 우리는 못 그러니 사업하면서 늘 걱정을 이고 살아요. 퇴직금 줘야 하니 해고도 못 시키고 그래서 근근이 공장 돌리는 곳들도 꽤 됩니다. 이거 하나 끝나나 보면 다른 하나 터지고….

필자 자카르타 주변은 정말 인건비 걱정이 많으시구나.

K 그래서 현지화가 중요해요. 우리 회사엔 이제 한국 사람이 나하고 공장장

2명밖에 없어요. 이젠 거진(대부분) 인도네시아 회사죠. 다행인 건 인도네시아 직원들 중 20년차 넘는 직원들이 정말 많아요. 이 사람들 믿고 가는 거죠. 빠른 것에 익숙한 우리가 보기엔 다소 답답해 보이지만, 다그치지 말고 감성적으로 잘 다가가야 해요. 노동법도 요새 강화되고 젊은 애들은 고발도 잘해요.

L씨의 사장 되기: 힘 조절

필자 사장님은 언제 창업하셨어요?

L 나는 한국에 다시 갔다 온 경우예요. 기술직으로 파견돼서 재봉, 마감, 디자인, 벤더 상대까지 다양한 업무를 수행하며 2000년에는 공장장 명함도 받았어요. 일종의 현지 법인의 법인장 대행 격이었죠. 그런데 15년 이곳 생활이 나는 쉽지가 않았어요. 계속 아프더라고요. 어떤 여자들한테 여기 기후가 별로 안 좋다는데, 내가 계속 그랬어요….

필자 그래서 한국으로 돌아가신 거예요?

L 딱 15년 버티다 여기 생활 정리하고 한국으로 돌아갔어요. 일단 내가 살고 봐야겠다 싶어서.

필자 그럼 언제 다시 나오신 건가요?

L 한국에 들어가서 다행히 건강은 회복했어요. 그런데 이제는 가만히 있으니 답답한 거예요. 우리 같은 사람은 가만히 있으면 또 아프기도 해요. 일을 다시 하고 싶다고 생각하는 중이었는데, 인도네시아 공장 생산관리 책임자를 찾는 회사를 소개받았어요. 우리나라 회사는 아니고, 다른 나라 회사였어요. 공장장으로 일을 그만두었는데 이번에는 회사 임원 명함을 주더라고요. 그래서

인도네시아로 다시 왔어요.

필자 요새는 회사에서 어떤 일이 제일 힘드세요?

L 이제는 이력이 날 법도 한데, 한 고비 넘으면 또 다른 고비가 닥치는 게 인생인가 봐요. 요새 우리 업종은 노조가 젤 걱정이죠. 노조와의 힘겨루기가 점점 힘들어져요. 제가 처음에 왔을 때는 상상할 수 없을 만큼 이쪽 친구들도 노조를 만들어서 사측과 힘겨루기를 합니다. 나라가 발전하니 당연히 의식도 따라오는 것이려니 생각합니다. 물리적 충돌이나 파업 없이 문제를 해결하기 위해 노력하는 편이에요.

필자 신규 진출하려는 분들께 해주실 말씀 있으세요?

L 노조건 관련 공무원이건 상대하려면 존중과 양보, 타협이 필요하죠. 느긋이 즐겨야 하고요. 때때로 압박도 필요합니다. 상황에 따라 강한 압박만이 해결수단이 되는 경우도 있습니다. 나는 월급 사장이니까 최근에는 경영의 입장에서 주로 생각해 어떻게 하면 적은 돈으로 해결할까 많이 고민하는 편입니다.

노하우는 특별한 것은 없어요. 때에 따라 다르고 상대에 따라 달라요. 평소 관계를 잘 맺어두는 것이 방법이라면 방법일까요? 현지 직원들 출퇴근이나 회사 시설 혹은 복지에 관심을 두려고 노력합니다. 월요일에는 소리 높여 인도네시아 국가도 같이 부르고 직원들이 기도한다고 하면 저도 같이 따라 하기도 합니다. 내 딴에는 힘 조절을 하는 거죠. 풀 때 풀고 조일 때는 조이고.

3) 경제활동의 주체되기: 식당 창업자의 사례

여성이 경제활동을 시작할 때 가장 먼저 시도하는 업종으로 음식점을 꼽는다. 가족이나 주변에서 음식 잘한다는 말을 들었던 여성일수록 더 그렇다. 하지만 식당은 단순히 가사일의 연장이 아니라 낯선 이들을 상대로 돈이 되는 음식을 팔아야 하는 비즈니스이다. 나와 가족의 입맛에 맞는 음식보다는 사회 평균 혹은 주요 타깃을 설정한 상업전략이 필요한 영역이다.

해외에서 식당을 창업할 경우 한국인 커뮤니티를 대상으로 할지 현지인을 대상으로 할지에 따라 메뉴 구성과 맛이 달라져야 할 것이다. 더군다나 사회경제적 부침浮沈이 있는 해외에서 식당을 여는 일은 상당한 자본을 필요로 하는 일종의 모험성 투자활동이다.

교민 사회에서 가장 성공한 요식업계 모델로 인식되는 C 식당 L 대표의 창업과 식당 경영 과정은 이 모든 어려움과 성과를 잘 보여준다. C 식당은 자카르타뿐 아니라 수도권 주요 도시와 수라바야에까지 체인점을 낸 중견기업으로, 수년 전부터 한국인을 넘어 현지인의 입맛에 맞는 한국 음식을 만들어내 로컬에서도 통하는 한국 식당으로 인식된다.

L 대표는 수산업을 하는 남편을 따라 인도네시아에 들어왔다. 남편은 1980년대 중반 한국의 수산업이 사양길에 접어들던 시기 인도네시아로 진출해 동남아, 필리핀, 홍콩 등지로 다니며 해운과 수산업을 하면서 기반을 다진 사업가였다.

L 대표는 많은 여성이 그러하듯 현지에 와서 10년 동안은 교회와 집, 자녀교육에만 신경 쓰면서 살았다고 한다. 그렇지만 현지생활 10년차 정도가 되어 더 생산적인 일을 해야겠다고 결심했다. 하지만 그녀는 창업을 '너무 몰라서 용감했던 도전'이라 설명한다. 사실 창업 후 얼마 지나지 않아 IMF를 맞으며 사업 면에서 최악의 시기를 보내야만 했다. "이 또한 지나가리라"라는 말만 믿고 버텼지만 손님이 한 명도 없던 날도 있었다고 어려운 시절을 회상하였다.

요식업을 시작한 지 20년이 되었지만 여전히 매일매일이 어렵습니다. 하면 할수록 어려운 일이라고 생각해요. 단골이 되어준 고객들과 직원들을 생각하고 버티고는 있지만 두려운 마음도 적지 않습니다. 그래도 적절한 시점에 계획을 세우고 사업을 확장해온 것은 스스로 생각해도 기특한 지점입니다. 지난 일을 생각하면 보람도 큽니다. 다수의 매장을 갖춘 한식당 체인을 운영하기 위해서는 식당만 잘하는 것으로는 부족해요. 보다 신선하고 좋은 식재료를 공수하기 위해 소도 키워봤고 농장을 조성해 채소류를 직접 챙겨봤고요. [...]
변화하지 않고 그대로 멈추면 도태한다는 생각으로 살아왔습니다. 현지인의 입맛에 맞게끔 다양한 변화를 시도하되 음식의 품질은 20년 동안 후퇴하지 않고 쌓아올렸다는 자신감이 있으니 지금도 이 사업을 지속하는 것이지요. [...]
한식은 가짓수가 많고 요리사의 요리방법에 따라 맛의 차이가 납니다.

그래도 이제 사업 규모가 되다 보니 맛의 일관성을 갖추기 위해 직원들과 함께 노력합니다. 요리와 사이드 메뉴에 대한 데이터를 정리하고 규격화하는 시스템을 갖추는 것, 주기적으로 종업원을 교육하는 것, 음식 쓰레기를 줄이면서 간소하지만 알찬 식단을 만드는 방법도 계속 연구가 필요합니다. 이제는 저도 은퇴를 준비할 시기라 자녀들에게 2세 경영을 준비시키는 일도 중요하게 생각합니다.[2]

---

2 이 글은 필자의 직접 인터뷰가 아니라 『한인뉴스』를 비롯한 다양한 매체에 반복적으로 등장하는 창업 스토리를 기반으로 재구성한 것임을 밝힌다.

3장

변화하는 한인 사회

: 다양성 속의 통합을 위해

1. 현지 사회와 관계 맺기

1) 기업활동의 현지화 노력

해외투자에 수반되는 갈등과 시행착오를 줄이기 위해 다국적기업은 '현지화 전략'을 강조한다. 현지화는 잠재적 갈등을 줄이고 현지 환경에 대한 적응력을 높임으로써 성공적인 사업을 영위하기 위한 전략적 대응이다. 그렇지만 기업활동에서 어떤 영역을 현지화할지 정하는 일은 하나의 정답이 있다기보다 업종 성격, 현지 상황, 개발 기업의 내부역량이 종합적으로 고려되어야 하며, 한 번의 이벤트성 활동이 아니라 구체적이고 단계적인 접근이 이루어져야 한다.

경영학자들은 현지화의 주요 영역을 마케팅, 인적자원, 생산 및 기술, 자본 조달, 조직의 현지화, 현지 사회와의 융화라는 여섯 가지로 구분하여 전략적 접근을 제시하곤 한다(이지평·손민선 1998). 하지만 지금까지 국제경영에서 대다수 현지화 전략은 주로 제조업 상품의 생산과 유통을 주도하는 다국적기업이 문화, 경제발전 단계, 정치와 법률 시스템, 소비자 가치 등에서 국가별 차이를 인식하고, 그에 따라 개별 국가에 맞는 전략과 프로그램을 마련하는 것으로 이해되어왔다.

필자는 도시가 아닌 원거리 외방도서에서 산림 자원개발에 특화된 K기업 연구를 통해 인도네시아에 입문했다. 현지화라는 주제어로 선행연구들을 살피다 보니 자원개발 업종이 맞닥뜨리고 대응해야 하는 현지화 과제는 좀 다르다는 생각이 들었다. 이 기업의 현지화는 마케팅 전략이 아니라 생산 과정에 초점을 두고, 시장이 아니라 조업이 이루어지는 사업장과 위치한 지역 사회와의 관계에서 상호이해를 높이고 갈등의 가능성을 낮추는 데 맞춰져 있기 때문이었다. 더구나 오지의 사업장에서는 노동자들이 안정적으로 재생산활동을 하도록 생활과 지역 사회에 대한 일정한 투자와 지원을 요구한다(엄은희 2014).

인도네시아 진출과 산림개발에 특화되었던 코데코와 코린도 두 그룹 모두 칼리만탄에서 조업을 시작하면서 노동자를 위한 집단거주지 건설과 운영을 지원하는 회사 방침을 수립하였다. 물론 초기부터 철저히 준비했다기보다는 안정적 인력수급이 절대적으로 중요해진 시점, 대체로 산림개발업뿐 아니라 제조업으로서 합판공장을 설치하면서부터 회사-노동자 혹은 회사-지역 사회 간의 관계에 신경을 써야 할 필요성이 제기되었다. 노동자의 재생산활동을 지원하는 것이 노동효율을 높이는 데 도움이 된다는 점이 부각되었기 때문이다.

처음에 회사 지원은 기숙사와 식당, 현지 직원을 위한 기도소 마련 정도에 머물렀으나, 제조업 거점이 생긴 이후에는 가족 동반 거주 지구, 종교시설, 자녀를 위한 학교 지원으로 이어졌다. 구매력을 갖춘 노동자촌의 형성은 자연스럽게 상권 형성으로 이어졌다. 현재도 코데코와 코린도의 사업지인 칼리만탄섬과 파푸아섬에서는 '잘란 초이Jalan Choi(최계월 거리)'와 '잘란 코린도Jalan Korindo(코린도 거리)' 혹은 '드사 코린도Desa Korindo(코린도 마을)' 등의 현지화 흔적을 찾을 수 있다.

다음 인터뷰는 K사에서 CSR(기업 사회적 책임)과 현지화를 담당한 30년차 임원과의 대화 중 일부를 옮겨온 것이다. K사의 CSR과 현지화에 대한 생각이 드러나는 대목이다.

필자 K사가 생각하는 현지화 중 제일 중요한 게 뭔가요?

SH 우선 기도실을 회사 안에 설치하는 것은 이제는 (인도네시아에서 조업하는 기업들에게) 기본 중의 기본이에요. 우리가 진출할 때는 그거 해야 한다고 회사를 설득하는 것도 일이었는데 말이에요. 현장 관리자 입장에서 직원들이 기도한다고 일손 놓고 작업장을 빠져나가는 것도 큰 문제였죠. 한 번 기도하러 가면 몇십 분에서 한 시간도 걸리는 경우가 있으니, 자연적으로 작업에 차질이 빚어지잖아요. 공정이 물 흐르듯 진행되어야 하는데 한두 사람이 자리를 비우면 군데군데 문제가 생기는 거잖아요. 당연히 불량률이 높아지죠. 기도하러 가서 공백 생기면 위에서 내려다보다 관리직원이 뛰어 내려가는 일도 있었다니까요.

회사 곳곳에 기도 공간을 만들면서 갈등이 사라지기 시작했죠. 초창기엔 기도 때문에 관리자와 현지 근로자 사이에 오해도 많았지만 그만큼 이 사람들에게 종교는 떼어낼 수 없는 거구나 그런 생각도 했습니다. 나중에는 아예 마을에다 머스짓Masjit(이슬람 사원)을 지었어요. 이건 우리 직원만이 아니라 마을 주민 전체를 위한 기부였지요. 우리가 당신들 종교를 이렇게 지원한다, 어느 날 갑자기 나타난 외국인이 아니라 우리는 이제 이웃이다, 그런 생각을 가시적으로 보여주는 거죠.

필자 워낙 오래된 기업이잖아요. 이제는 종교영역에서만 현지화를 하는 건 아니시죠?

SH 그다음으로 학교죠, 가족 다 데리고 그 오지까지 들어오니까요. 이런 건 지방정부가 알아서 다 해야 하지만 여기 지방정부 교육 재정이 빈약하잖아요. 학교 지어 기증하겠다니 교사 월급도 지원하라고….

필자 A 지구에서는 스쿨버스도 지원하잖아요.

SH 잘 아시네요. 그런데 학교에서 나중에 국가 기념일이나 지역행사하는 거 보면 참 그 별거 아닌 게 동네 축제가 되는 거에요. 직원 복지까지만 하자였는데 하다 보니 지역 사회가 좋아해요. CSR 그 개념도 없을 때 우리는 그거 하고 있더라고요.

필자 종교 인정과 지원, 교육과 인프라, 이게 현지화의 요체이다?

SH 우리는 100년을 보는 회사니까요. 요새는 사람의 현지화도 생각이 많아요. 초창기엔 한국 기술자가 다 필요했지요. 기계도, 전기도, 산림조사도. 아시다시피 이제는 한국 직원 수가 많이 줄었어요. 회사 전체로 치면 3퍼센트가 안 되죠. 일용직 현지인 생각하면 1퍼센트일 수도 있겠습니다.

필자 현지인 임원도 나오겠죠?

SH 있을 뻔했는데, 알잖아요. 그건 아주 쉽지는 않은데, 어쩌면 될 것도 같아요. 여기 사람들도 이제 공부를 많이 해서. 아, 그리고 나 오랑 인도네시아 Orang Indonesia(인도네시아인, 인도네시아 국적 취득자)인 거, 알고 있죠? 오랑 인도네시아 임원이 생각해보니 좀 있습니다.

'거의 인도네시아 기업'이라고 현지 교민 사회에서 평가받는 K사의 사례는 오래된 기업의, 그것도 자원개발이라는 특수 분야에서 발현되는 현지화 사례일 것이다. 이 사례를 넘어 인도네시아에 진출하거나 현지에서 창업한 한국·한인 기업 모두 현지화에 대한 책임과 의무에 점점 더 민감해지고 있다. 회사 내부의 적응전략 차원, 현지 사회와 정부 요구, 기업활동에 사회환경 책임을 묻는 글로벌 트렌드 등 다각적 측면에서 현지화는 이제 수동적 적응전략을 넘어서 지속가능한 경영을 위한 필수 전략으로 바뀌어가는 중이다.

해외 진출 기업의 현지화를 위한 노력은 대체로 CSR활동으로 수렴된다. 인도네시아는 2007년에 기업의 사회적 책임활동을 의무화한 회사법을 제정한 국가이다. 이는 세계 최초 사례이다. 2012년에는 기존의 CSR 의무화 법안에 대한 구체적인 정부 시행령까지 발표되면서 기업의 CSR은 더 이상 미룰 수 없는 과제가 되었다. 이에 기업들은 자체 사업, 코이카 등이 매칭하는 국내 및 현지 NGO와의 협력사업 등 다양한 경로를 통해 CSR활동을 펼친다. 정부 영역에서는 인도네시아의 중소기업부Kementerian KUKM, 투자조정청BKPM, 한국의 산업통상자원부, 현지 공관, 코참이 공동주관하고 코트라가 실무를 담당하는 CSR 포상·포럼활동을 2011년부터 운영 중에 있다. 인도네시아는 한인 기업 진출의 역사도 길고 대기업 진출 비중도 높은 편이어서 창의적인 CSR활동, 예를 들어 1촌 1품One village One Product, OVOP 등을 통해 기업의 현지화와 지역 사회와의 상생에 기여하는 CSR의 모범사례들을 만들어 내고 있다.

2) 생활영역에서 만나는 현지인: 가정부와 운전기사

인도네시아 이주와 정착에서 한국인 가정이라면 한 번 이상 겪는 일이 가정부, 유모, 운전기사와의 관계에 적응하기이다. 한국에서는 경험해보지 못했던 관계인데다 운전기사는 대체로 출퇴근을 하지만 유모나 가정부와는 한집에 사는 경우가 많다. 이들은 한국인이 외국인으로서 인도네시아에서 살면서 가장 빈번하게 만나는 현지인 집단인 셈이다. 살아온 환경, 가치관, 마인드, 경험이 상이한 이들과 한 공간에서 의지하며 지내야 하는 일은 고용인인 한인뿐 아니라 피고용인인 인도네시아인에게도 도전과제이고 상호 적응이 필요한 부분이다.

특히 일상을 공유하되 뇨냐Nyonya(안주인)-뻠반뚜pembantu(가정부) 위계관계하에 만나는 이들의 관계는 상당히 미묘한 지점이 많다. 한인 여성의 현지 적응 과정에서는 월급을 주는 한국인 가정의 안주인과 집안일의 조력자 사이의 관계 설정이 중요하다.

인도네시아 피고용인의 역할은 단순히 가사노동 제공만이 아니다. 든든한 지킴이이자 조력자로 일인 다역을 하는 경우도 많다. 예를 들어 주택이나 아파트 관리에서 문제가 발생하였을 때 집합주택의 관리자를 상대하여 해결하기, 불청객이 찾아왔을 때 고용인 대변하기, 여행지나 시장에 동행했을 때 물건값 흥정하기 등 교민 가정과 현지 사회의 접점에서 경계를 오가며 다양한 활약을 한다.

생활영역에 들어와 있지만 이는 고용 혹은 매매를 목적으로 하는 경제관계이기도 하다. 따라서 회사와 같은 경제영역에서 통용되는 현지인과 비즈니스적 관계 맺기를 생활영역에서 일하는 관계에도 적용할 필요가 있다. 일반적으로 인도네시아인은 타인과의 초기 관계 맺기에서 놀라우리만큼 친화력을 발휘하는데, 일찍이 국제무역을 통한 외국인과의 교류가 많아 개방적인 성격이 형성되었고, 다종족이 모여 사는 국가라 이방인에 대한 거부감이 상대적으로 적기 때문이다.

하지만 이들의 문화 속성 중에서 한국인이 반드시 유의해야 할 지점이 있다. 바로 '루꾼rukun' 문화를 이해하는 것과 '말루malu' 상황을 만들지 말아야 한다는 점이다. 먼저 루꾼은 조화harmony를 뜻하는 현지어로 자바 사회의 덕목이자 특성이다. 김형준(2012)은 루꾼을 "실질적 화합이나 갈등의 부재, 즉 개인이 타인과 진정으로 화합함으로써 갈등이 존재하지 않는 상태보다는 내면적인 상태와 관계없이 갈등이 외부적으로 표현되지 않는 상태"라 설명한다. 루꾼을 유지한다는 것은 공동체에서 최상의 가치이자 목표인데, 이를 위해서는 공동체의 구성원들이 서로 싸우거나 긴장 상태를 유발하면 안 된다. 즉 어느 개인이 타인에게 화가 나는 상황에서도 화를 표출하지 않음으로써 표면적으로나마 주변에 긴장 상황이 생기는 것을 막는 것쯤으로 해석될 수 있다. 실제로 인도네시아인은 작은 일에 화를 내지 말라고 어렸을 때부터 교육받고 자란다.

그러나 인도네시아인이 감정을 드러내지 않아 분노나 슬픔을 적게 느낀다고 판단하면 절대 오산이다. 타인에게 분노를 표현하는 사람이 극히 적은 인도네시아 사회에서 누군가 이들에게 공개적으로 망신을 주거나 욕을 한다면 이것은 '말루' 즉 수치를 당하는 것으로 심한 모욕감을 느끼고 상상할 수 없을 만큼 고통스러워한다. 분노 표출이 금기시되는 문화에서 인내가 한계에 다다르면, 소통을 통한 갈등 조정 과정을 건너뛰고 바로 무자비한 폭력으로 이어지는 경우도 존재한다. 일상을 공유하는 관계 형성 경험이 누적됨에 따라 인도네시아인의 이 두 가지 문화 특성은 장기거주하는 한인들 사이에서 이미 기본 현지 지식이자 꼭 지켜야 하는 에티켓으로 자리 잡았다.

물론 가정에서 사적 영역의 고용 양태는 최근 몇 년 동안 크게 달라지고 있다. 도심 교통 체증으로 자카르타 주정부의 강제적 홀짝제 시행, 급격한 디지털 전환과 고젝이나 그랩과 같은 모빌리티 서비스의 등장과 편의성 증대, 그리고 지난 2년간 코로나19 팬데믹 이후 사람들 간 접촉을 줄이기 위해 운전기사 대신 직접 운행하는 관행이 크게 증가한 것이 관찰된다. 동시에 입주 가정부 문화도 O2O online to offline 서비스의 진화와 함께 시간제 가사도우미로 대체되는 변화가 이루어지는 실정이다.

이주가 일상화된 오늘날 인류는 그 어느 때보다 다원화된 복합

문화 속에서 살아가지만 문화 차이는 여전히 공존을 향한 규범 정립보다는 오해와 갈등을 불러일으키는 경우가 많다. 문화는 단순히 사회구성원이 공유하는 생활관습을 넘어서 문화 담지자들의 가치관과 정서적 취향을 드러내고, 분류하고, 평가하는 것까지를 포함하는 공유된 의미체계이다. 따라서 개별 문화는 그 사회구성원이 현실을 이해하고 평가하고 행동하는 정서적, 윤리적, 인지적 틀을 제공한다. 서로 다른 문화 간 접촉과 교류의 순간이 많아질수록 문화상대주의를 넘어서는 문화 이해와 고려를 위한 노력이 필요하다.

3) 두 문화의 가교 한·인니문화연구원

개인적으로 인도네시아 한인 기업이나 인도네시아 한인 이주사를 연구하던 초기 3~4년 동안 주로 만났던 이들은 기업인과 주재원의 정체성을 지닌 남성이었다. 양국이 민간의 경제협력(투자와 무역)을 중심으로 발전해온 까닭에 이들의 이야기는 연구 목적에 부합하는 중요한 자료가 되었다. 하지만 인도네시아 한인 사회는 다른 동남아국가와 비교해봐도 여성 체류의 역사와 규모가 큰 편이고, 기업 조직 너머 사회와 생활의 영역에서 현지인과 긴밀하게 관계를 맺고 교류하는 여성의 활동이 활발한 편이다.

인도네시아 한인 사회에서 필자가 처음으로 만나 교류한 여성 인물은 '한·인니문화연구원'을 이끄는 사공경 원장이다. 필자에게 있어 사공경 원장은 인도네시아 한인의 생활영역을 관찰하고 때로는 들어가 섞여볼 기회의 창문을 열어주신 분이다.

사공경의 이주 배경은 전형적인 주재원 파견-가족 동반으로 시작되었다. 1990년 파견지인 자카르타에 들어왔는데, 남편의 3년 재임이 끝나던 시점에 현지화된 기업 K의 영입 제안을 받아 이 가족은 본국 귀환 대신 현지 취업과 정착의 경로를 밟았다. "부임지가 싱가포르였다면 3년 끝나고 집에 가자고 했을 텐데, 인도네시아에 더 살아볼까 하는 말을 들었을 때 뛸 듯이 기뻤다"라는 고백에서 알 수 있듯, 사공경 원장은 이 나라의 형언하기 어려운 매력을 온몸으로 받아들인 인물이다. 사공 원장은 인도네시아 문화에는 아직 다 밝혀내지 못한 어떤 '원시 혹은 시원의 것'이 있다고 강하게 주장한다.

3년간 내조자 역할을 수행하면서 인도네시아 문화체험을 꾸준히 해왔던 사공경은 가족과 함께 장기 정착을 결정한 이후, 가정을 벗어나 사회로 나아가는 길에 큰 장애물을 두 차례 넘은 전력이 있다. 1997년 한국 국제학교의 확장 국면에서 현지채용 교사가 된 일, 그리고 2003년 그동안 부인회 산하의 '문화탐방반' 형태로 운영되던 비정기 친목모임을 한·인니문화연구원이라는 조직 형태로 발전시킨 일이다. 그녀는 2005년 펴낸 저서에서 다음과 같이 밝혔다.

> 저는 사회 발전의 원동력을 문화라고 믿고 싶습니다. 인도네시아의 문화를 껴안고 나가지 못하는 기업은 실정에 맞는 아이디어를 내기가 어

렵지 않을까요? 창조적인 삶을 살기 위한 기본은 문화를 이해하는 것에서부터 출발합니다. 다양한 색채와 성격을 지니는 지상의 문화는 공유할 가치가 있지 그 차이를 확인하고 논할 것이 아닙니다. 그동안 인니 문화탐방반을 운영해오면서 정말 많은 것을 배웠습니다. 인도네시아 곳곳에 숨겨진 오래 숙성된 역사의 향기와 그 삶의 흔적들을 확인하면서 인간과 자연에 대한 애정과 시간의 경건함에 대해, 그리고 진정한 평화와 긍정과 수용의 정신에 대해 생각했습니다.

– 사공경, 『서부자바의 오래된 정원』

한·인니문화연구원은 조직의 설립목표를 인도네시아와 한국의 소통을 위한 다양한 문화활동의 전개에 둔다. 한인회의 많은 활동이 향수를 달래고 정체성을 지키기 위해 한국 문화와 한국어 교육을 중심으로 전개되는 것에 비해 이 단체의 특징은 현재의 생활터전인 인도네시아 문화에 관심을 가지고 배우고 익히려 시도한다는 점에서 차별적이다. 주요 활동으로는 문화탐방, 열린강좌, 인터넷 수필 공모전, 바틱 전시회, 예술공연 등이다. 2010년 이후에는 현지 교민과 인도네시아 문화단체 간 공동활동을 추진하거나 한국의 교육 및 연구기관과 현지 사회 간 네트워크를 지원하는 활동도 전개 중에 있다.

현재 이 조직은 한인회 산하의 비영리단체로 등록되어 있다. 자카르타 한국 대사관과 담장을 사이에 둔 코리아센터 1층에 위치하며, 별도의 교육실과 전시실을 갖추고 다양한 문화활동의 장이자 동시에 영사과에 볼일을 보러 온 교민이라면 누구든 방문할 수 있는 열린 휴게실의 기능도 한다.

2. 증가하는 한-인도네시아 다문화가정

사전적인 의미에서 '다문화'는 복수의multi 문화culture를 뜻한다. 그러나 학술적으로는 다양한 문화, 혹은 문화 다양성 이상의 정치철학적 의미를 담는 개념으로 활용된다. 정의하는 방식은 학자마다 조금씩 다르지만 다문화는 복수의 문화가 존재할 수 있음을 인식하고 존중하는 것, 서로 상이한 문화 간의 차이가 수평적이고 병렬적인 상태로 인정되는 것, 그리고 이러한 요소를 포용할 가치관 및 행동을 지칭하는 개념으로 이해된다(이인희 · 황경아 2013).

한편, '다문화'의 활용 개념인 '다문화주의'는 "인종 · 민족 · 집단별 문화 권리의 보호에 대한 정치철학적 지향성"을 지칭한다(양경은 · 함승환 2020). 또한 '다문화사회'는 "시민 · 국민으로서 누릴 수 있는 사회경제 · 정치문화 권리를 취득하고 향유하는 데 인종과 민족이 차별의 근거가 되지 않는 사회"로 정의되기도 한다(김혜순 2008).

학술의 장이 아닌 한국 사회와 정책의 장에서 유통되는 '다문화' 용어는 '다문화가족지원법', '다문화가족', '다문화정책' 등 형용사 혹은 명사로 다양한 맥락 속에서 차용된다. 특히 2008년 다문화가족지원법이 제정되면서 '다문화'는 다문화가족이라는 대상층을 지칭하는 명사로 통용된다. 2020년 한국에서 태어난 출생아 100명 중 6명은 다문화가정 자녀로, 전체 출생에서 다문화 출생으로 분류되는 비중이 역대 최대치를 기록했다. 한국의 출산율 감소와 마찬가지로 다문화가정의 출산율도 감소하는 추세인데, 전자의 감소 폭이 커지면서 상대적으로 다문화가정 내 출산의 비중이 높아지는 상황이다(통계청 보도자료 2021.11.08.).

한국에서 '다문화'는 한국인 남성과 여성 결혼이민자 간의 국제결혼 사례가 급증한 2000년대 초반부터 사회적 의제로 부상하였다. 한국에서 '다문화'는 고용, 교육, 문화, 복지 등 다양한 분야에서 널리 사용된다. 이제는 일상적인 형용사 혹은 명사로까지 활용되는, 예컨대 학교 안에서 "너 다문화지?"라는 질문을 거리낌 없이 하는 것에서 볼 수 있듯 여기에는 여전히 사회 고정관념과 편견이 포함되어 있음을 부인하기 어렵다. 이미 수많은 다문화가정이 우리 사회의 일부가 된 지 오래되었고 이제는 다문화가정의 청년들이 사회 진출을 시작할 시점에 접어들었다. 그러함에도 여전히 한국인들의 인식의 기저에는 동남아를 낭만화하거나(우리의 1960~1970년대), 동남아인들은 기후와 식민 경험으로 인해 게으르다는 뿌리 깊은 편견이 유지되고 있다.

그런 의미에서 본다면 동남아시아인과의 국제결혼은 이렇다 할 문화와 제도, 인식이 부재한 가운데 양적 확대가 먼저 이루어졌고 뒤늦게 제도 보완과 인식 개선의 필요성이 제기되는 중이라 볼 수 있다.

또한 한국 사회는 오랜 기간 결혼 이주 여성과 그들의 자녀 그리고 한국 국적을 취득한 자에 대해서는 사회통합의 대상으로, 이주노동자는 정주를 허용하지 않는 임시체류자로 대응해왔다. 이와 같은 이주자에 대한 한국 사회의 이중적 태도는 다문화정책을 곧 가족 유지와 인구관리 정책의 일환으로 바라본다는 점에서 비판받기도 한다(양경은·노법래 2020). 다문화라는 용어가 광범위하게 사용됨에도 불구하고 이주민에 대한 문화적 차별을 개선하기 위한 다문화'주의'의 성숙에는 아직까지 사회 관심이 부족한 상황이라 보는 것이 적절하다.

그렇다면 현지에서 한-인니 다문화가정을 꾸리는 일부 교민의 상황은 어떠할까? 한국에서 통용되는 '다문화' 인식은 현지 사회에도 그대로 영향을 미친다. 결혼 과정, 자녀의 국적 선택, 서로 다른 문화 속에서 어떻게 아이를 키워야 할지에 대한 질문과 고민이 한국의 다문화가정에서 전개되는 양상과 유사한 측면이 크다.

다음에 인용하는 다문화가정을 이룬 두 사람의 수기에 그들의 고민이 잘 담겨 있다.

국적 넘어 이룬 사랑: 다문화가정의 소원

제가 요즘 한참 이슈가 되고 말도 많은 다문화가정을 꾸린 사람입니다. 별로 달갑지 않은 시선에 뒷말하는 사람들도 많은 줄 압니다. 저는 마흔 중반 넘어 늦은 나이에 즈파라에서 세 번째 인생을 시작했어요. 한국에서 그저 평범하게 살았는데, 가까운 친척의 소개로 머나먼 이곳 즈파라에서 첫 타국 생활을 시작했습니다.

4년 정도는 낯선 곳에 적응하느라 그저 바빴습니다. 한국에 오기 전 거의 아침을 먹은 적이 없는데, 여기서는 더운 열대에 몸이 상할까 아침 식사를 거르면 큰 일이 날 것처럼 겁을 먹기도 했지요. 의사소통이 중요하니까 새벽 일찍 일어나 샤워하고 아침마다 2시간씩 언어 공부를 했습니다. 늦은 나이에 하는 공부가 쉽지는 않았고 여전히 부족하지만, 현지인과 대화에 불편이 없는 정도는 이제 되었습니다.

이곳에서 인생 4년차에 접어들 무렵 백화점을 갔다가 묘한 감정을 느끼게 하는 여직원을 봤습니다. 오십 줄을 앞두고 혼자 사는 것에 익숙해졌다고 생각했는데, 집에 와서도 그 여성 얼굴이 잘 안 잊히더군요. 나에게도 언젠가 인연이 있겠지 막연한 생각으로 지내왔는데, 그 인연이 이 머나먼 이국땅에 있다는 생각이 들었습니다.

만남을 거듭하면서 사실 종교, 나이, 문화 차이로 부딪치는 일도 많았습니다. 제가 나이가 많은 외국인이니 장인과 장모 될 분들도 우리 가족들도 반대가 많았습니다. 하지만 일 년 넘게 서로 다른 환경에서 살아온 외국인끼리지만 서로를 이해하기 위해 노력했고 마침내 승낙을 받았습니다.

마흔아홉에 결혼해서 쉰 살에는 아들도 얻었습니다. 새로운 삶은 기쁘기도 하지만 다른 한편 두렵기도 했습니다. 다문화가정이 내 일이 되고 보니 저는 오히려 한인회와 한글학교 일도 더 열심히 해야겠다는 생각이 들었습니다. 아내도 적극적이었어요. 아이를 위해 한글을 빨리 배우고 싶다고. 즈파라 한인회가 운영하는 토요 한글학교는 전원이 다 인도네시아 부인들과 자녀들로 구성되어 있어요.

마음의 문을 열고 세계화에 발맞춰 좀 더 멀리 볼 지혜가 개인에게도 한인 사회에도 필요하다고 봅니다. 색안경을 끼지 말고, 그들을 이해하고 따뜻한 손길을 주었으면 합니다. 사랑에는 국경선이 없으니까요. 종교, 국적, 신분을 떠나 사랑하는 남녀가 여러 가지 어려운 조건을 극복하고 새로운 인생을 출발함에 따라 따뜻한 말 한마디와 격려의 박수를 보내주는 자세가 필요합니다.

- C의 이야기, 2014년 인도네시아 이야기 공모전 수상작 중

지구는 둥그니까: 한-인니 국제 가정의 자녀교육 고민

저는 인도네시아 여성과 결혼해서 아이 둘을 키우고 있습니나. 지금 우리 가족은 한국 방문을 준비 중입니다. 아이들은 인도네시아에서 태어나고 자랐으니 가족 방문차 한국 가는 마음이 정말 다를 거 같습니다. 나에게는 '고국 방문'이지만 아이들에게는 '한국 여행'의 의미가 더 크겠지요. 사실 저도 인도네시아 생활 10년차를 넘기고 보니 한국에서 오히려 이방인 같은 느낌이 들 때가 종종 있습니다.

아이가 사춘기에 접어들면서 인도네시아 엄마와 한국인 아빠 사이에서 자신의 정체성 고민을 시작하는 거 같아요. 저는 나름 평범한 가정 출신인데도 사춘기 시절을 그야말로 질풍노도처럼 보냈거든요. 아이의 자아 형성 과정이 힘들고 고통스러울까 봐 부부 모두 걱정이 많습니다.

다문화가정의 자녀로 자란다는 것 자체가 단점보다 장점이 더 많다는 것을 어떻게 알려줄 수 있을까요? 한국인도 아니고 인도네시아인도 아닌 아웃사이더가 되기보다는 문화 다양성과 언어 소통능력을 겸비한 단단하고 바른 사람으로 성장했으면 하는 바람입니다. 사실 아이가 이미 부부 사이에서 중재하거나 중간에서 자기 역할을 짊어지는 모습을 보여줄 때가 있어 대견하기도 합니다. 한국 사람은 모든 걸 신속하고 빈틈없게 하려는 경향이 있고 인도네시아는 천천히 물 흐르듯 맞춰가면 된다고 생각하는 경향이 있잖아요. 제가 보기에 아이는 두 문화 사이에서 나름의 해법과 기준을 맞춰가는 거 같아 대견할 때가 많습니다.
그렇지만 저는 제 아이를 무조건 인도네시아에서 키울 거예요. 한국에서 다문화가정 출신 아이가 겪는 고통과 차별이 상당하잖아요. 밖에서 보면 객관적으로 보이잖아요, 한국 사회는 다른 것을 받아들이는 자세가 정말 부족해요. 학교 경쟁도 너무 심하고, 왕따에 폭력에. 조금 다르다는 이유로 차별받는 구조 속에 아이를 결코 놓아두지 않을 거예요. 다른 문화와 공존하며 사는 데에는 이곳이 훨씬 낫다고 봅니다.
저한테는 이미 여기가 고향이죠. 제 꿈은 아내의 고향 마을에 어린이들을 위한 도서관을 짓는 겁니다. 돈과 물품 지원도 중요하지만 글과 책이야말로 아이들에게 꿈과 희망을 줄 장기적인 선물이 될 거라고 생각합니다.

- K의 이야기, 2017년 인도네시아 이야기 공모전 수상작 중

그렇다면 인도네시아 사회에서 다른 국가와 문화 간의 결혼은 어

떻게 받아들여질까? 인도네시아인이 문화적으로 공유하는 결혼관, 젠더관계, 시댁과 처가와의 관계 등은 한국 문화와 차이가 있을 수밖에 없다.

여기서 강조해야 할 점은 한국인은 종종 우열의 관점에서 바라보려는 경향이 강하지만, 인도네시아 혹은 동남아시아 사회는 대체로 결혼과 젠더관계가 우리 사회에 비해 '비교적 평등하게' 관계로 발전해왔다는 것이다. 식민 이전의 전통 사회에서는 그들도 계급이 분화된 봉건 질서를 발전시켰지만, 한국처럼 계급 간 수직 이동이 거의 불가능한 '폐쇄적 계급구조'가 아니었다. 인도네시아는 한국에 비해 오히려 사회 이동이 어느 정도 가능한 '열린 체계'라 평가할 수 있는데, 이처럼 '비교적 평등한' 사회관계의 특성은 젠더관계에서도 유사하게 적용된다.

5~16세기까지 진행된 인도의 영향, 13세기 말부터 현재까지 서서히 진행 중인 이슬람 영향은 말레이 세계의 원原 문화인 오스트로네시아 문화권의 젠더의식에 변화를 초래했지만, 여전히 원 문화에 바탕을 둔 젠더관계가 일상생활에 깊게 뿌리박혀 있다. 친족체계는 양변적이고, 친족 문제를 결정할 때는 부계, 모계 모두 동등한 지위를 행사했다(Reid 1988).

혼인 제도에 대한 사회 인식도 한국과 큰 차이를 보인다. 국제결혼은 한국과 달리 동남아시아에서는 전통적으로 매우 흔한 혼인 방식이었고, 이에 대한 사회 인식은 관용적이었으며 토착인 간 결혼보다 오히려 선호되기도 했다. 이것은 동남아시아가 예로부터 유럽과 동아프리카, 아랍, 인도를 거쳐 중국을 잇는 인도양 국제무역의 기로에 위치했고, 국제무역의 주역이었다는 점, 따라서 이미 5세기부터 코스모폴리탄적 성격의 국제도시가 발전했다는 점을 고려하면 이해가 쉬울 것이다.

동남아시아 해양문화권에서 발전해온 인도네시아에서는 이러한 말레이 문화의 관습이 보편적으로 용인되었다. 동남아에서 여성이 무역을 관장하는 경우가 많았으므로, 아랍 무역상에게 있어 현지처는 단순한 첩이 아니라 무역 네트워크를 넓힐 파트너로서의 의미를 지니기도 했다(강희정 외 2019).

이런 점에서 다른 문화와 공존하는 법을 배우기에는 한국보다 "이곳이 훨씬 낫다"는 앞의 두 사람의 생각은 적절할 수 있다. 따지고 보면 인도네시아 교민 사회가 공동체의 뿌리로 추앙하는 장윤원 역시 현지의 화교계 인도네시아 여성과 결혼하여 자녀들을 키웠다. 그런 점에서 향후에는 K가 기대하듯 "다문화가정의 자녀로 자란다는 것 자체가 단점보다 장점이 더 많아"지기를 기대해본다.

3. 한류라는 기회

인도네시아는 중국, 일본 혹은 다른 동남아국가에 비해 한류가 늦게 도달한 곳이다. 지리적으로 멀다 보니 관광 교류가 다른 나라에 비해 적었고, 인도네시아 종교문화 배경이 워낙 상이하여 문화 접점을 찾기가 쉽지 않았던 것으로 판단된다.

하지만 지금은 다르다. 조코위 대통령이 먼저 자신과 딸이 한류 팬이라고 고백한 바 있는데, 2018년 자카르타-팔렘방 아시안게임 개막식에서는 '슈퍼주니어'가 피날레 무대를 장식할 만큼 K-팝의 인기가 큰 편이다. 세계의 한류 팬과 마찬가지로 자국 내 재해가 발생했을 때, 팬클럽 차원에서 K-아이돌의 이름을 걸고 기부와 봉사에 나서는 모습도 심심찮게 볼 수 있다. 2억 7,000명의 인구 덕분에 인도네시아인은 세계에서 대표적인 SNS 매체인 페이스북과 틱톡 TiKTok 계정이 가장 많은 나라로 꼽히기도 하는데, 이를 통해 한국 문화를 찾는 현지인 수가 급속도로 증가하고 있다.

필자는 인도네시아 내 한류 확산의 계기를 다음과 같이 크게 나누어보려 한다.

1) 테러 이후 발리를 다시 찾게 한 힘

인도네시아인이 한국에 관심을 가진 계기는 2002년 월드컵부터일 것이다. 필리피노가 농구를 사랑하는 만큼 인도네시아 청소년과 성인 남성은 축구를 사랑한다. 시설이 잘 갖추어지지 않은 동네 공터나 풀밭에서도 공놀이를 즐기는 이들을 자주 볼 수 있다. 축구를 통해 인도네시아인도 같은 아시아의 한국에 관심을 가졌고, 개최국 한국의 선전을 함께 응원하며 관심이 급격하게 증가했다. 이 과정은 종교문화 장벽을 뛰어넘는 계기가 되었다.

같은 해 한류 드라마의 상징과도 같은 〈가을동화〉가 인도네시아에서 방영되었는데, 당시 시청률 11퍼센트로 동시간대 시청자 수가 2,500만 명에 달하는 것으로 보도되었다. 이를 계기로 한류 스타가 인기를 얻기 시작했다. 곧바로 〈겨울연가〉도 선보였는데, 이후 드라마 주인공이 사용한 머리핀과 목도리, 각종 장신구 아이템이 유행하는 모습이 관찰되었다. 더불어 인도네시아 언론에서 한국 관광지를 소개하는 프로그램이 연달아 제작되었다. 상하常夏의 나라 인도네시아에서는 볼 수 없는 오색찬란한 가을 단풍과 환상적인 겨울 설경이 인도네시아인의 마음을 사로잡았다고 알려진다.

인도네시아 초대 문화원장이었던 김상술(2010)은 2004년 한국에서 방영되고 이후 대표 한류 드라마가 된 〈발리에서 생긴 일〉의 촬영과 제작이 인도네시아에서 한류가 확산되고 정착되는 데 결정적인 기여를 했다고 본다. 이 드라마는 한류 스타 하지원, 조인성, 소지섭 등이 출연했는데, 도입부와 마지막 장면이 인도네시아의 유명 관광지 발리에서 촬영되었다.

사실 2002년 10월 발리에서는 이슬람 과격조직의 폭탄테러로 200명이 넘는 사망자와 200명 이상의 부상자가 발생했다. 이로 인해 발리의 관광 경기가 급속도로 식으면서 인도네시아와 발리 경제가 크게 타격을 입었다. 이와 같은 상황에서 한국 드라마의 발리 현장 촬영 결정은 인도네시아 국민과 관광업계뿐 아니라 정부에게도 긍정적인 영향을 미쳤다.

김상술은 첫 촬영을 앞두고 열린 내외신 합동 기자회견에서 발리 테러에도 불구하고 드라마 촬영을 한 배경에 대한 질문에 다음과 같이 답했다.

> 기본적으로 한국 사람은 용감하다. 발리 폭탄테러 사건에도 불구하고 한국의 발리 여행자 수는 전년 대비 오히려 늘었다. 그 이유는 발리가 자연이 잘 보존된 아름다운 관광지이기 때문이다. 드라마 촬영을 지원한 이유는 한국 사람이 즐겨 찾는 아름다운 섬 발리를 한국 사람에게 더 많이 알리기 위해서다. 요즘 한국 드라마가 인도네시아 국민의 사랑을 받는 만큼 인도네시아 문화도 한국인에게 잘 알려져야 서로 문화적 이해와 교류를 증진시킬 수 있기 때문이다.
>
> \- 김상술, 2015에서 재인용

결과적으로 이 드라마는 한국뿐 아니라 인도네시아 내에서 인기리에 방영되었다. 인도네시아 정부와 언론에서도 한국과 한국 드라마에 대한 지지와 응원을 표하며 문화 교류의 가능성을 보여준 사건으로 평가된다.

이 일을 계기로 한국 정부도 문화원을 중심으로 한국 문화 홍보에 관심을 가졌다. 그런데 민간 산업 차원의 접근보다 정부 주도 차원이 강하다 보니 내용 선정에서 우리 문화의 독창성과 우수성에 초점이 맞추어지고, 주로 한국의 전통문화를 교민과 현지인에게 무료로 보여주는 방식이 주를 이루었다. 그래서 한국과 인도네시아 사이의 문화 교류라고 하지만 사실상 한국 문화의 인도네시아로의 이전이 강한, 일방향적인 흐름이라 보는 게 합당하다.

덧붙여 인도네시아에 한류가 더 빨리 확산될 수 있었던 배경에는 주요 대학교에 한국어 보급과 한국학과가 설치된 것이 큰 도움이 되었다. 족자카르타 소재의 가자마다국립대학교는 2003년 8월 인문대학 내에 한국어과를 처음으로 공식 개설하였다.

한글 전파에 대한 한국 정부(대사관)의 노력이 본격화된 것은 2002년 한국이 공동개최한 월드컵에서 4강에 오르는 예상 밖의 선전을 이루며 아세안 지역에서 한국 인지도와 이미지가 급상승한 것과 IMF를 조기졸업한 후 한국 기업의 인도네시아 진출이 다시 본격화된 것과 궤를 같이한다.

먼저 정부에서는 대외정책의 일환으로 학과 설립에 앞서 한국학 연구소와 한국어 강좌를 대학교 내에 활성화시키기 위해 노력하였다. 여기에는 국제교류재단[KF], 한국교육학술진흥원, 코이카 등의 재원과 인력 지원이 힘을 보탰다. 한국 정부는 한국어 강사를 파견하는 것과 동시에 정부 초청 외국인 장학생 선발 과정에서 향후 한국어와 한국학 교육을 담당할 교수 요원, 즉 한국어와 한국학을 전공하는 외국인을 양성하기 위해 노력하였다.

가자마다국립대학교의 한국어학과 출범을 계기로 한국어 열풍은 인도네시아 전역으로 확대되었다. 2005년 자카르타 소재 한 공립고등학교에서 한국어가 제2 외국어로 지정되고 시범교육이 실시되기도 하였다. 대학 수준에서도 한국어 교육을 넘어 이제는 한국의 문화와 사회 일반에 관심을 갖는 한국학연구센터 설립의 단계로 나아가는 중이다. 대표적으로 나시오날대학교UNAS는 비교적 이른 1987년부터 한국학연구센터Center for Korean Studies를 설립하고 한국어 강좌를 운영해왔는데, 2005년 6월 한국어학과를 공식 출범시켰다.

인도네시아국립대학교의 한국어 교육과 한국어학과 설치는 비교적 장기간에 걸친 조심스런 계획 속에서 추진되었다. 먼저 2003년 한국어학과 개설을 위한 5개년 계획이 수립되었고, 2005년 한국학 연구 프로그램이 설치되었으며, 2006년 8월 한국어학과 학사 과정이 공식 출범하였다.

여기에는 한국인 투자기업 목림기업의 지원이 큰 힘이 되었다. 회장이 2006년 인도네시아국립대학교에서 한국어학과가 출범하기 직전 한국어학과 신입생 30명에게 4년간 장학금을 지원한다고 약속하고 이후 동포 기업의 후원금을 함께 모아 대학 측에 전달하였다. 2010년 1회 입학생이 졸업하는 시점까지 목림기업 포함 15개 한국 기업은 입학생 전원에게 전액 장학금을 지원함으로써 인도네시아 최고 대학교에 한국학이 뿌리내리도록 지원하였다. 인도네시아국립대학교의 한국학과는 단순히 한국어 교습을 넘어서 한국 사회 전반에 대한 이해를 추구한다는 점에서 보다 주목할 만하다.

인도네시아의 한국어 열풍은 한국 대사관이나 코이카 등 우리 정부의 한국어 보급 노력에 힘입은 바가 크다. 하지만 이 과정에서 교민과 한국(인) 기업의 지원활동도 큰 역할을 하였다. 예를 들어 인도네시아 한국부인회(현재의 코윈)가 자카르타 나시오날대학교의 한국학연구센터에 장학금 지원을 해온 것과 한국외국어대학교 동문회에서 가자마다국립대학교 한국학연구센터 지원사업을 한 것은 초창기 한국어 강좌의 명맥 유지에 큰 보탬이 되었다는 점을 기억할 필요가 있다.

2) 자발적 한류 모임 '한사모'

이렇게 정부 주도의 노력과 동시에 민간 부문에서도 한국 문화를 산업적 방식으로 유통하거나 교민 사이에서 스스로 우리 문화와 인도네시아 문화를 연계하려는 자발적인 노력이 싹트기 시작했다. 현지인들 사이에서도 우리 문화에 대한 노출빈도가 높아지며 자연스럽게 우리말과 음식에 관심을 가진 사람이 생겼고, 한발 더 나아가 한국 드라마와 한국 음악의 팬덤이 형성되었다. 고액의 유료 콘서트가 인도네시아 현지에서 열리는 등 민간 부문의 상업·사회 교류가 이제는 자연스럽게 자기 성장 중이다. 더불어 최근에는 인도네시아 중산층을 중심으로 관광 목적으로 한국을 찾는 이들의 수도 폭발적으로 증가하고 있다.

그런데 이렇게 한국 정부와 문화산업계 혹은 교민의 노력으로 한류의 전파 노력이 이루어진 것뿐 아니라 인도네시아 현지에서 자발적으로 한국 문화에 관심을 가지고 스스로 한국 문화의 매개역을 자임하는 이들에게 주목할 필요가 있다. 대표적인 사례가 반둥을 중심으로 결성된 '한사모(한국을 사랑하는 이들의 모임)'이다(박지현 2015).

한사모는 2007년 6월 반둥의 한 쇼핑몰 앞에서 '반둥 한국 문화 교류'라는 공연을 펼치며, 자신들의 활동을 공개하였다. 이 공연의 청중은 수백 명에 달했고, 이 행사를 통해 이들 '한사모'는 주인도네시아 한국 대사관, 한인 기업, 한인회의 적극적인 지지를 받았다. 이들은 그저 한국 아이돌 커버댄스만을 춘 것이 아니라 한국의 여러 드라마를 나름대로 해석하고 재구성하여 새로운 공연을 보여주었으며, 자신들이 좋아하는 한국 문화와 반둥 순다 종족의 민속예술(호신술, 가면극, 협주곡)을 보여주며 양국 문화의 매개자로서 이미지를 각인시켰다. 대부분 10대와 20대 학생과 대학생으로 구성되었는데 누구의 지도를 받은 적도 없이 각자 혹은 집단으로 모여 인터넷 동영상에 의존해 한국 드라마, 한국 음악, 심지어 한국의 전통무용인 부채춤을 선보이는 열정을 보여준 바 있다.

초기에는 반둥 한인회가 주로 지원에 나섰으나, 대략 2015년을 기점으로 주인도네시아 한인문화원 등도 이들의 활동을 지원하며 한류 페스티벌을 공동주최해오고 있다.

K-드라마나 K-팝이 현지에서 열광적 지지를 받는다고는 하지만, 문화적 우월감에 취해만 있으면 오해와 갈등으로 급변할 가능성도 있음을 유의해야 할 것이다. 2021년 여름 한국에서 방영된 〈라켓소년단〉이라는 드라마는 배드민턴을 다뤘다. 선남선녀가 나오는 로맨스물이 아니고 청소년 가족 드라마라 국내외에서 큰 호응을 얻지는 못했지만 배드민턴 강국 인도네시아에서는 달랐다. 배드민턴이 국민 스포츠인 까닭에 제작이 이루어진 한국보다 인도네시아에서

오히려 관심이 더 뜨거웠다.

하지만 이 드라마에 인도네시아를 비하한 장면이 포함되면서 인니 국민의 분노를 불러일으켰다. 방영 3주차의 한 장면이 문제가 되었다. 주인공을 포함한 한국 청소년 선수단이 인도네시아에서 열린 대회에 참석했는데, 자국의 승리를 위해 인도네시아 측이 일부러 질 나쁜 숙소와 에어컨도 안 나오는 낡은 연습장을 배정했다는 식의 장면이 연출되었다. 이에 더해 한국 배우가 "개매너"라는 말을 반복적으로 사용하기도 했다. 문제를 키운 것은 방송국이었다. 인도네시아 시청자가 방송국과 세계배드민턴협회 웹사이트를 찾아가 항의의 뜻을 전달했는데, 제작진이 SNS 계정에 사과글을 올린 것이 인도네시아 국민의 분노를 더 키우는 결과를 낳았다.

다음 인용문은 인도네시아인이 직접 인터뷰를 통해 『한국일보』(2021.07.06.)에 전한 문제 제기이다.

> 배드민턴은 국기國技로 여길 만큼 우리나라가 자랑하고 사랑하는 스포츠이다. 선수들이 열심히 하는 모습만 보여줘도 될 텐데 왜 다른 나라 사람을 비하하는가. 특히 드라마 주인공들은 대부분 아역배우이다. 이들이 드라마 속 차별 발언을 일상에서 따라 하고, 한국 아이들도 모방할 것 같아 걱정이다.
>
> \- 피라, 27세, 회사원

> '개매너'라는 대사는 너무 심했다. 그것도 두 번이나 나온다. 인도네시아

에서 개를 뜻하는 안징anjing은 치욕스러운 욕이다. 우리가 무슨 죄를 지었나 고민했을 정도이다. 어떻게 인도네시아 문화를 공부하거나 조사하지 않고 함부로 대사를 만드는가. 이번 사건이 반성의 계기가 되길 바란다.

– 켄, 25세, 회사원

대표적인 한류 연구학자 홍석경(2021)은 한류는 '전파현상'이 아니라 '수용현상'이라는 점을 강조한다. 국내외 한류 연구들은 얼마 전까지 한류의 부흥이 한국 정부의 지원, 특히 1990년대 말 시작된 문화산업진흥책의 결과라고 오해하는 경향이 컸다. 하지만 홍석경을 비롯한 최근의 한류 연구자들은 이러한 주장에 전면적으로 대항한다. 최근의 한류 연구자들은 한국의 문화산업은 문화 수출을 목표로 국가가 지원한 결과 탄생한 것이 아니라 한국의 자생적인 문화 발전과 한국인의 문화 역량이 집적된 결과 양질의 콘텐츠를 생산할 수 있었다고 주장한다. 나아가 국경을 넘어 한국 콘텐츠에 대한 해외의 호응은 급격한 디지털화와 참여문화를 바탕으로 우수하고 새로운 상상력을 자극하는 양질의 콘텐츠를 발견하는 이들이 늘어났기 때문이며 현재는 변곡점을 넘어서 글로벌 문화가 되어가는 와중임을 강조한다.

이러한 전이는 특히 개발도상국에서 더 도드라지게 나타나는데 이는 한국이 남의 나라를 침범한 제국주의의 역사에서 벗어나 있고, 많은 개도국과 마찬가지로 식민지에서 출발했음에도 현재는 경제적으로 발전하고 사회적으로 성숙한 국가라는 점과 관련이 깊다.

한국의 문화산업은 과거의 식민 주체, 다른 국민의 착취로 원초적 부를 축적하지 못한 나라도 문화 역량을 지닐 수 있고, 자력으로 쟁취한 민주화를 통해 다른 나라를 매혹할 문화 주체가 될 수 있음을 세계에 보여준다. 오늘날 개발도상국 시민들에게 한국은 자신들도 꿈꿀 수 있는 미래의 한 사례로서 자리매김하고 있다.

이런 점에서 대외관계에서 한류를 활용할 때 국가주의적 접근으로 경도되지 않도록 주의할 필요가 있다. 자생적인 해외 한국영화나 K-팝 페스티벌을 지원하는 과정에서 실질적으로 그 행사를 현지 문화원 행사처럼 만들어버리는 것과 같은 일들이 여전히 일어나기 때문이다. 지금은 산업적이든 외교적이든 더욱 정교하고 세련된 접근이 필요한 때이다. 세계의 한류 수용자에게 한국의 대중문화가 21세기의 새로운 문화 위계의 이식이나 재영토화의 위협이 아니라 스스로 선택하고 변용 가능한 잠재력을 지닌 공유문화가 될 수 있도록 한국의 문화산업계, 정부 부처, 교민 사회가 모두 스스로를 돌아보고 정비할 필요가 있다.

4. 자카르타에서 펼쳐진 작은 통일과 코스모폴리탄 가능성

1) 2018 아시안게임과 남북 공동응원단

문재인 정부 등장 이후 남북관계의 급진전은 스포츠 부문에서 시작되었다. 2018년 2월 평창올림픽을 시작으로 5월 남북은 탁구 세계선수권대회에서도 단일팀을 이뤄 출전하며 스포츠가 한반도 평화 정착의 주요 수단으로 인식되었다.

같은 해 또 다른 국제 스포츠 행사가 예정되었는데 인도네시아 자카르타와 팔렘방에서 열린 2018 아시안게임이다. 행사를 앞둔 6월에 개최된 남북체육회담은 아시안게임에서 복수의 단일팀 구성과 개/폐막식 공동입장이 합의되었다(연합뉴스 2018.06.18.).[1] 아시안게임이 예정된 2018년 8월은 같은 해 6월 싱가포르에서 열린 북미 정상회담 직후로 한반도 평화통일에 대한 국제 관심이 모이던 시기였다. 인도네시아 동포 사회는 평창올림픽을 통한 한반도 평화 실현의 장면들이 자카르타에서도 재현될 것이라 기대하며 대사관과 함께 아시안게임에서 남북 재외동포 공동응원단 활동을 준비하기 시작했다. 이 과정에서 2016년 말 인도네시아 현지에서 결성된 416자카르타촛불행동(이하 촛불행동JKT)이 수행한 역할은 매우 흥미롭다. 필자는 이들의 활동에 관한 별도의 논문을 발표하기도 했다(엄은희·박준영 2019).

2016년 말에서 2017년 초까지 한국 사회의 촛불 물결은 대한민국 영토 안으로 한정되지 않았다. 재외동포도 다양한 방식의 모임을 자발적으로 조직하여 모국에서 시작된 촛불 행렬에 동참했는

1 "남북체육회담 공동 보도문. 체육 협력 교류 활성화." https://www.yna.co.kr/view/AKR20180618158200005

데, 11월 7일부터 '재인도네시아 한인, 유학생 시국선언 준비모임'이 라는 새로운 온라인 밴드가 만들어지며, 자카르타에서 공개집회를 준비한 것이 이 활동의 출발이었다. 11월 12일 한 식당에서 개최된 '한인, 유학생 시국선언 모임' 공개집회에는 약 70명의 교민이 참석했는데, 이는 집회 주최 측과 참석 인원 모두가 놀랐을 만큼 큰 규모로 기억된다. 정치 색채를 드러내는 것을 극도로 경계하던 동포 사회였기에 더욱 인상적이었다.

촛불행동JKT는 시국선언 이후 온라인 연대를 유지하며 활동을 이어오다 1년 뒤인 2017년 11월 창립 출범식을 갖는다. 느슨한 연대 공동체에서 조직會으로 거듭날 것을 결의한 것이다. 다음은 촛불행동 공동창립준비위원 P씨의 인터뷰 인용문으로 이 조직이 밝힌 조직의 목적과 의의이다.

> 촛불행동은 '나와 이웃의 행복을 고민하는 자카르타 민주 시민 공동체'입니다. 자발적 결성, 수평적 운영이라는 점에서 기존 풀뿌리 시민단체와 성격이 같지만, 기존 시민단체보다는 형식적으로 좀 더 느슨한 형태를 갖고 있습니다. [...] 소셜미디어의 발달은 우리 공동체 안에서도 직접 민주주의를 실현하는 훌륭한 도구 역할을 합니다. 국내 사회에 우리의 목소리를 전달할 때, 인도네시아 한인 사회에 우리 활동 내용을 알릴 때 소셜미디어를 적극 활용합니다. 촛불행동은 현재 네이버 밴드와 카카오톡을 통해 구성원 간 소통하고 있습니다. 온라인 공간을 통해 여러 사회 현안에 대해 토론합니다. 또 온라인 서명 운동, 피케팅 등에 참

여합니다.

- 『데일리인도네시아』(2017.10.27.)[2]

촛불행동JKT의 활동은 2018년 자카르타 아시안게임에서 남북 공동응원 활동을 통해 한 단계 도약하였다. 그런데 많은 예산이 필요하고 선수단 일정 파악 등도 해야 하기에 자체의 역량을 넘어서는 일이었다. 이에 공동응원단 활동을 위한 특별조직을 만들어 다양한 협력 채널과 논의를 시작하였다. 촛불행동JKT가 다른 단체에 '협력 대상'으로 인정받기 위해서는 자카르타에서 남북 공동응원단 조직의 가능성을 증명할 필요가 있었다. 이를 위해 촛불행동JKT는 과감하게도 인도네시아 주재 조선민주주의인민공화국 대사관에 직접 연락을 취하고 협력을 요청했다.

필자 어떻게 북한 대사관에 연락을 했나요?

P 자카르타에서 이런 중요한 스포츠 행사가 열리니까, 남북 재외동포 공동응원단을 만들면 좋겠다는 생각이 들었어요. 여기가 해외이고 인도네시아니까 가능한 일이지요. 인도네시아는 북한과 남한 대사관이 함께 있습니다. 대사관 직원 가족들로 한정되더라도 북한 교민도 있을 수 있고요. 우리는 그게 그

2 모임활동이 공유되고 소통이 이루어지는 온라인 클럽(네이버 밴드)의 가입자는 총 182명(출범 시점)이며, 이 중 연회비를 내는 정회원 수는 50~60명 선이다. 직업군으로는 남성 자영업자, 여성 주부, 유학생이 가장 많고, 연령대로는 20~50대까지 다양하지만 소위 민주화 세대(30~40대)가 주류이다. 인적 관계가 긴밀하고 좁은 동포 사회에서 정치적 목소리를 내는 게 쉽지 않은데, 상대적으로 이러한 부담에서 자유로운 교민과 젊은 주재원이 주로 정회원으로 가입하였다.

낭 될 거 같았어요. 여기서는 북한 식당에 갈 수도 있고 북한 교민인 식당 종업원들과 농담도 할 수 있고 그렇거든요.

필자 북한 대사관과 연락할 때 어려운 점은 없었나요?

P 처음 전화했을 때는 연결 담당자를 계속 바꾸는 등 그쪽도 우리의 제안에 당황하는 모습이었어요. 우리나 그쪽이나 처음 있는 일이었을 테니까요. 국가보안법이 여전히 있으니까, 저희는 저희대로 대사관과 국정원을 통해 북한 주민 접촉이 가능한지를 건건이 물어봐야 했고요. 그런데 저희가 북한 대사관에 재차 요구하자 그쪽도 진지하게 검토를 시작했어요. 결론적으로 아시안게임 시작 전까지 공동응원단을 구성하는 것은 합의하지 못했습니다.

촛불행동JKT는 아시안게임을 앞두고 응원용품 제작업체 섭외 등 현지 거주 한인으로서 할 수 있는 일에 집중하였다. 현지에서 공동응원단 구성에는 합의하지 못했지만 북한 대사관과의 연락망은 확보되어 있었고, 이를 통해 북한 선수의 입국 일정과 북측 응원단의 응원 일정 등을 공유받을 수 있었다. 사전합의가 불발되었음에도 경기일에 남북 동포가 같은 응원석에서 사실상의 공동응원단 구성을 가능케 만들었다.

이 상황은 국내의 대북민간협력단체들에게도 폭넓게 공유되었고, 국내에서는 '2018 아시안게임 원코리아 공동응원단 조직위원회'의 이름으로 140명의 응원단이 파견되기에 이르렀다(한겨레 2018.08.13.).

아시안게임 기간 중 남북은 여자농구, 조정, 카누 등 3개 종목에서 남북 단일팀을 구성하였다. 수상경기는 또 다른 개최지인 팔렘방에서 열렸기 때문에 자연스럽게 공동응원단의 응원전은 자카르타에서 열린 여자농구 경기로 집중되었다.

2018년 8월 15일, 개막식보다 사흘 먼저 시작된 여자농구 단일팀의 첫 경기가 치러진 붕카르노 실내체육관에는 묘한 긴장감이 넘쳐났다. 여자농구팀도 남북 간에 사실상 처음으로 호흡을 맞춰보는 장이었고, 인도네시아의 남측 교민과 북측 교민이 응원전에서 처음으로 만나는 날이기도 했다. 경기는 큰 격차로 승리를 거두었고, 그 승리가 북측 선수의 선전으로 가능했기에 남북 응원단은 진심으로 함께 기뻐하였다. 남북 단일선수단뿐 아니라 관중석에 뒤섞여 앉은 남북 응원단의 공동응원도 국내외 언론을 통해 빠르게 타전되었다. 이후 경기가 거듭되면서 남북 재외동포의 관계는 더욱 밀접해져갔다.

북측 올림픽 위원회는 아시안게임 경기장 근처 호텔에 북측 올림픽 홍보관을 만들어 운영하며 북측 체육 관련 기념품과 평양냉면, 대동강 맥주를 판매했다. 남과 북의 두 응원단은 응원이 끝난 후 홍보관으로 이동하여 식사를 함께하고, 안광일 북한 대사도 이곳을 방문하여 '자카르타평화서포터즈'의 활동을 격려하였다.

촛불행동JKT는 북측 선수단의 요청으로 선수들을 위해 한국 음식을 선수촌으로 보내기도 했다. 아시안게임 폐막 이후에는 대회 기간 활동을 격려한다는 의미에서 북측 대사관의 공식초청을 받았는데, 이는 대한민국의 민간인으로 해외의 북한 대사관 공관을 방문한 최초의 사례였다.

여자농구 단일팀은 평화를 상징하는 팀이면서 은메달을 딸 정도로 기량도 훌륭해서 국내외 언론의 높은 주목을 받았다. 뿐만 아니라 남북 공동응원단은 경기장 주변에서 언제나 언론의 취재 대상이었고 대회 기간과 대회 후에도 국내 신문, 라디오 등 다수의 언론에서 인터뷰를 요청받았다. 공동응원에 참여한 촛불행동JKT의 구성원들은 언론들의 인터뷰 요청에 적극적으로 응했고, 특히 외신의 인터뷰에서는 외국어가 가능한 구성원들이 공동응원에 담긴 '평화의 가치'를 강조했다. 더불어 촛불행동JKT는 한국 대사관과 한인회를 주축으로 한 '아시안게임민관합동위원회'의 회의에 초대되거나 응원전을 위해 공식적으로 좌석 티켓 비용을 지원받는 등 주요 한인 협력 단체 중 하나로 인정받을 수 있었다.

이들의 활동 지역이 인도네시아라는 점은 한계이면서 동시에 기회이기도 했다. 아시안게임에서 남북의 민관이 자주 접촉할 수 있었던 배경에는 인도네시아의 '정치적 계산과 배려'가 있었다. 조코위 인도네시아 대통령은 2019년 재선 유무를 결정하는 대통령 선거를 앞두고 있어서 아시안게임의 성공은 사활을 걸 만큼 중요한 사안이었다. 인도네시아 정부 입장에서 남북 간의 평화적 만남은 대회 흥행 요인 중 하나였다. 실제로 조코위 대통령은 문재인 대통령과 김정은 위원장에게 아시안게임에 공식 초청 의사를 밝혔다(자카르타포스트 2018.07.18.).

이런 측면에서 재외동포 남북 공동응원단을 조직한 촛불행동

JKT의 활동은 한반도 문제로 국한된 것이 아니라 적어도 아시아 차원의 평화라는 보편가치를 위한 활동으로 승화되었다. 한반도 지도를 활용한 응원도구를 본 외신 기자들은 경쟁적으로 응원단을 취재했고 세계적으로 통일을 원하는 한민족의 바람뿐 아니라 아시아의 평화를 지향하는 세계시민으로서의 모습이 부각되었다.

2) 재외동포 풀뿌리운동의 가능성

필자는 촛불행동JKT의 활동을 글로벌 한인으로 민족 정체성에 기반한 원거리 민족주의의 발현으로 해석한 바 있다. 아시안게임이 시작되고 활동이 실제로 펼쳐지자 촛불행동JKT 구성원들은 이것이 민족국가의 문제를 넘어 보편적 평화를 지향하는 활동일 수 있음을 깨달았다. 이들은 한반도 평화 정착 및 통일이 당사자인 남과 북뿐만 아니라 국제사회의 외교적 지지를 얻어야 한다는 사실을 절감했음을 증언했다. 그래서 대회 기간에 마주치는 관중과 외신 기자들에게 한반도 평화 통일의 당위성과 남북 단일팀 결성의 의미 등을 적극적으로 설명하려 노력했다.

또한 촛불행동JKT는 다른 해외 지역 한인 단체의 응원 현수막 제작 등을 독려하여 '전 세계 한인 동포들이 한반도 평화를 염원한다'는 메시지의 전달과 확산을 시도하였다.

이런 점에서 이 활동은 촛불행동JKT가 정상성 회복의 주체로 원거리 민족주의 실현을 넘어 세계시민되기 실천으로 나아가는 행보를 보여주기도 했다. 자카르타평화서포터즈 활동을 통해 촛불행동JKT의 활동을 보편가치로 확대시키는 방법을 자연스럽게 경험하였고 이것이 재외한인 단체의 역할이라는 점도 깨달았다. 이후 촛불행동JKT는 기존에 이어오던 세월호 참사 진상규명이나 5·18민주화운동의 의미와 가치를 인도네시아 현지 사회와 공유하기 위해 더 많은 노력이 필요함을 알았다.

촛불행동JKT는 거주국의 현지 시민과 '5·18민주화운동 기념사진전', '아시안게임 남북 공동응원단'으로 접촉하고 대화하기 시작하였다. 이를 위해서는 우리에게 익숙한 방식이 아니라 보편적인 소구력을 갖도록 해당 주제를 설명하는 언어와 논리가 새롭게 구성되어야 했다. 촛불행동JKT는 이 과정에서 탄핵활동을 '민주주의 수호활동'으로, 세월호 참사 진상규명을 '안전과 인권을 위한 활동'으로, 남북 단일팀 응원활동을 '아시아의 평화 증진활동'으로 재의미화하였다. 이러한 언어 개발과 의미 전유를 바탕으로 촛불행동JKT와 현지 시민 사회 간의 초국적 연대가 가능해질 수 있었다. 또한 이러한 연대의 경험이 언론과 소셜미디어를 통해 다른 나라의 재외한인 사회와 국내로 유입되면서 새로운 국제활동이 연쇄적으로 펼쳐지기도 했다. 이러한 호응은 다시 촛불행동JKT를 향한 응원이 되어 현지 사회와 초국적 연대활동을 지속하며 거주국의 활동에 더욱 매진하게 만드는 동기로 작용하기도 했다.

이와 같은 촛불행동JKT를 비롯한 해외 한인 시민 사회의 지속가능성은 각 단체를 운영하는 당사자들뿐만 아니라 한국 정부의 재외동포 정책에서 보다 전향적이며 중요하게 고려되어야 할 과제이다. 촛불행동JKT는 현재 단체의 지속가능성을 고민하며 다시 '정체성 정립'의 과제에 마주하고 있다.

조직 결성의 출발점이 된 정상성 회복을 위한 원거리 민족주의의 실천은 단체 구성원의 소속감을 높이고 각종 활동에 적극적으로 동참하게 만드는 동인이 되었다. 그런데 단체 구성원이 합의하는 정상성의 범위가 원거리 민족주의로만 환원될 경우 또 다른 과제에 봉착할 수 있다. 촛불행동JKT는 물리적으로 재외동포 단체이며 거주국의 법과 제도를 따라야 하는 구성적 시민들의 결사체이기 때문이다. 이러한 한계는 촛불행동JKT가 활동 과정에서 자연스럽게 실천해왔던 '세계시민되기' 정체성과의 연결을 통해 극복할 수 있다. 촛불행동JKT의 활동은 글로벌 한인으로 국가와 민족적 주제를 보편가치로 확대시키며 인도네시아 현지 사회 및 글로벌 한인단체와의 연대로 이어졌다. 또한 세계시민성 실천을 위해 활동 주제를 보편언어로 재구성함으로써, 인도네시아 한인 사회 내부의 갈등을 완화하거나 외국인이기에 제약이 있는 정치적 이슈에 대해서도 발언할 공간을 만들어낼 수 있었다.

현대 사회에서 비전통적 안보 이슈를 외교적으로 해결하고자 할 때 이제는 다중심적 외교 패러다임이 적극적으로 요구된다(주동진·김성주 2016). 이처럼 다중심적 외교 패러다임으로의 전환에서 새로운 외교 자원으로 NGO 등의 비정부 행위자의 역할에 주목할 필요가 있다. 이 관점은 재외동포 사회에서 공식 단체들 이외에 현지 사회에 긴밀히 연결되어 상호작용하는 각종 형태의 교민 단체활동에도 정당성을 부여해준다. 한국 사회 문제에 국제 지원을 호소할 때, 혹은 한국과 인도네시아의 관계 심화를 고려할 때, 공식적 정부 대 정부의 상호작용을 넘어 시민 사회 간의 교류와 협력이 중요한 역할을 수행할 수 있을 것이다.

물론 촛불행동JKT의 활동이 우리 민족과 국가 문제를 글로벌과 로컬을 향해 번역하고 공유하는 쪽에 머물러 있다는 점에서 아직은 세계시민성의 실천보다 세계시민 '되기becoming'의 한 가능성으로 해석하는 것이 바람직할 것이다. 향후 촛불행동JKT의 활동 혹은 새롭게 만들어질 재외교민 사회의 풀뿌리 조직들이 민족 과제의 번역과 확산을 넘어 로컬 과제의 수용과 재번역에 이르기 위해서는 글로벌 이슈 혹은 다른 민족과 국가의 문제 역시 인식하고 수용하는 쌍방향적 또는 순환적 세계시민성 실천까지 나아가야 할 것이다.

결론

세계시민성을 실천하는 글로벌 한인

1980~1990년대 한인 사회 형성 초기에 인도네시아 한인 사회는 종교단체, 동문회, 향우회 등 친목단체 위주로 형성되었다. 마치 가족처럼 지내는 분위기의 한인공동체였다. 하지만 2020년대의 인도네시아 한인 사회는 현지 거주자가 2만 5,000명이 넘고, 처음 한인 사회를 개척한 1세대부터 허리를 이루는 2세대를 넘어 3세대 아동·청소년이 함께 살아가는 공동체로 변모했다. 한인 사회의 산업구조도 과거에는 목재업종과 노동집약산업 중심이었다면, 이제는 이를 기반으로 한 중화학공업과 물류, 유통, 금융, 정보통신 등 서비스업으로 변화하면서 많은 젊은이가 일자리를 찾아 인도네시아로 이주해 한인 사회의 새로운 축을 형성한다.

필자는 인도네시아 한인 사회에서 특징적인 점으로 사회활동에 적극적으로 참여하는 여성 교민도 많다는 점을 확인하고 이들의 사회 기여와 역할을 이해하기 위해 노력하였다. 사실 주재원과 그 가족이 주를 이루던 1990년대 중반까지 한인 여성의 삶은 학부모, 종교별 신도, 부인회(여성회) 등으로 한정되어 펼쳐졌다. 하지만 1990년대 한인 사회 규모가 급속도로 커지면서 진출 기업에 여성 주재원이 파견되는 경우도 생겼으며 시간이 경과함에 따라 직접 창업에 나서는 기술직·관리직 여성 기업인이 출현하기도 했다.

또 다른 사례로 갑자기 늘어난 한국 학생의 교육 지원을 위해 자카르타 한국 국제학교에서 폭넓게 기간제 교사를 모집했는데, 이때 교사자격증을 가진 한인 여성이 많이 채용되었다.

이와 같이 여성의 사회활동이 늘어나면서 동아리나 사교클럽에 머물던 소소한 모임들이 한·인니문화연구원, 문인회, 예총 등의 형태가 되어 한인회 산하 공식 조직으로 변신하는 경우도 있었다.

또 인도네시아 한인 사회에는 자기 삶의 경험을 적극적으로 글로 쓰는 교민이 상당히 많은데 기록과 창작을 즐기는 사람들이 늘어 1994년 이후 한인회가 공식 발행하는 월간지 『한인뉴스』가 지금까지 한 번도 결호 없이 출간되었으며, 교민 사업장 광고시장을 겨냥한 정보지 이외에 비교적 건강한 한인 언론사도 다수 존재하게 되었다. 교민 대상 시와 에세이 공모전도 꾸준히 열리는 편이다. 이처럼 구성원들의 자아정체성 발현 욕구를 반영해 한인 단체가 세분화되고 있다. 한인회 등 기존 단체에서도 별도로 청년회를 두며 경제 분야와 취미활동 등의 단체가 생겨났다. 동호회 또한 좀 더 전문화된 문화·예술 활동을 추구하는 단체로 분화하는 추세이다.

다양성이 증대된다는 말은 다른 한편 민족이라는 이름으로 통합을 강조하던 분위기가 옅어짐을 의미한다. 원과 힘의 관계에서 볼 때 원심력 운동이 커지는 셈이다. 하지만 동시에 해외 교민 사회에서는 한국인 혹은 한민족을 지향하는 구심력 운동이 커지는 조건도 강화되고 있다.

이러한 움직임은 크게 두 가지 조건의 영향하에서 이루어진다. 먼저 2009년부터 재외국민 선거제도가 도입돼 대선 및 총선에서 재외국민의 투표가 가능해지고, 한국 정부의 750만 재외동포에 대한 관심도가 높아지면서 정부 산하 단체도 분야별로 민주평통, 코윈, 한상, 옥타, 대한체육회 등 해외 지부를 늘리고 있다. 더불어 한국의 경제 위상이 높아지면서 재외국민과 동포 사회에 대한 지원이 강화되고 현지 한인 사회가 한국과의 연결성을 중심으로 교민 사회 권한의 지형도가 재편되는 양상이다(한인회, 한인상공회의소, 한국문화원, 세종어학당 등).

다음으로 통신기술의 발달로 글로벌 온라인 네트워킹이 활성화되면서 오히려 재외동포 사회에서 모국과의 연결성이 더 강화되는 경향이 발견되었다. 예컨대, 재외동포들은 여러 SNS 채널(카톡, 밴드, 페이스북) 등을 통해 민족 연결성을 강화하며, 현지 사회의 뉴스나 방송보다 한국의 뉴스와 방송에 대한 노출도가 오히려 높아졌다. 일종의 원거리 민족주의가 강화되는 현상인데, 이 과정에서 모국의 민주주의 증진을 위한 헌신이라는 긍정적 방향뿐 아니라 이주자들이 거주국 사회에 융합되지 못한 채 통신기술에 힘입어 실질적 영향력을 미칠 수도 없으면서 모국의 문제에 몰두하는 부정적 경향이 나타나기도 한다.

2015년을 전후로 인도네시아의 '디지털 전환digital transformation'이 본격화하면서 한인 사회에서 각종 온라인 커뮤니티가 만들어지고 있다. 어학 공부, 동문회나 동아리, 중고물품 교환 및 판매, 아파트별 모임 등 실용적 커뮤니티도 있지만, 2016년 한국의 탄핵 정국 속에서 개인의 정치 입장을 과감히 드러내는 커뮤니티들이 늘어났다.

국내에서 촛불집회와 탄핵 국면이 진행되던 와중에 '촛불행동JKT' 등의 시민단체가 2016년 11월 결성되면서 고국과 재외동포 간 소통이 더욱 긴밀해졌다. 2017년 국내의 정권교체 이후에는 한인 사회에서 정치사회적 목소리를 내는 이들도 나타났다. 국내에서 '촛불'과 '태극기'를 상징으로 이념 대립 구조가 나타났듯 인도네시아 한인 사회에서도 비슷한 양상이 펼쳐지기도 했다. 이로 인해 인도네시아 한인 사회 곳곳에서 충돌이, 예컨대 한인 단체 카톡방 내 논쟁 과열과 폐쇄 등이 탄핵 정국 시기에 수시로 발생했다. 인도네시아 한인 사회에 각양의 단체들이 속속 생겨나는 과정에서 교민 사회 일반은 '기대 반 우려 반'의 시절을 보내기도 했다.

하지만 재외동포가 지닌 생활세계의 특성에 주목할 필요가 있다. 재외동포는 영토 밖에서 민족적 일체감을 체현하는 '글로벌 민족 구성원'이지만 동시에 체류국의 다문화적 특성에 기여하는 '구성적 시민'이기도 하다(엄은희·박준영 2019).

특히 후자의 입장에서는 경제 측면에서든 문화 측면에서든 현지 사회에 대한 존중과 타종족·타민족과의 공존을 위해 노력해야만 하는 특수성을 지닌다. 다시 말해, 타국에서 생활인으로 살아가야 하는 재외동포는 글로벌 한인의 정체성을 유지하는 것과 체류국의 다문화 환경 속에서 세계시민적 자세를 함께 추구해야 할 존재론적 숙제를 안고 있다(이희용 2018).

그러나 인도네시아의 한인은 현지에서 생활하고 사업체를 운영하는 과정에서 현지인과 긴밀하게 접촉하지만, 현지 사회와의 상호

성보다는 독자성이 두드러지는 것으로 파악된다. 이는 이민제도가 까다로운 동남아시아 대부분에서 관찰되는 현상인데, 많은 한인이 인도네시아인이 아니라 한국인으로 살아가며 한인 사회가 제공하는 서비스에 만족하고 독립적인 생활세계를 영위하기 때문이다. 자족성은 현재의 한인 사회를 존재하게 만든 강력한 유대감의 원천이지만 다른 한편 개방도를 낮추어 현지 사회와의 교류 기회를 스스로 차단하는 기제가 될 수도 있다.

한국과 인도네시아의 양국관계는 인적·문화적 교류에서도 비약적으로 발전 중에 있다. 특히 관광과 문화의 측면에서도 인도네시아는 한국의 주요 파트너로 부상 중이다. 인도네시아로 향하는 한국인 관광객 수가 연간 30만 명을 넘어서며, 한국을 찾는 인도네시아인도 2010년 이후 연간 10퍼센트 이상씩 성장하고 있다. 인적 차원의 교류는 양국관계의 심화에서 중요한 부문이다. 특히 현지에 정착한 이주자들은 두 문화를 잇는 가교로서 중요한 의의를 지닌다.

코로나19 팬데믹 이전 인도네시아에 체류하는 한국인 수는 약 3만 5,000에서 4만 명 정도에 이르렀다. 체류 조건의 변화와 코로나19로 인해 체류자 수는 점점 줄어들지만, 2010년대 즈음 인도네시아에서 한인 사회는 최대의 외국인 커뮤니티가 된 적도 있을 만큼 인도네시아 안에서 한국인의 존재감은 여전히 뚜렷하다. 이주자는 관광이나 교류 차원의 단기 방문자와는 달리 일상적이고 장기적인 측면에서 현지인들과 상호작용하며 영향을 주고받는다. 따라서 현지 문화를 이해하고 현지에 적응하기 위한 노력을 펼침과 동시에 한국인으로서 고유의 정체성을 간직하며 한국 문화를 현지에 소개하고 전파하는 이중적 역할을 수행한다. 이러한 이중적 역할에 대한 심도 깊은 이해가 있을 때 양국의 공존과 상호교류의 깊이도 보다 심화될 것으로 기대해볼 수 있다.

정리하면, 인도네시아 한인 사회는 노동집약적 제조업과 한인 대상의 자영업 종사자들을 근간으로 하고, 이들은 사업 종목과 경제 이해관계를 고리로 밀도 있게 연결되어 있다. 이처럼 한인 사회가 경제관계 중심으로 구성된 까닭에 자칫 분란의 요인이 될 개인의 정치 신념을 드러내는 일은 극도로 경계된다. 이를 두고 일부에서는 '분란이 없는 화목한 사회'라 평하고, 다른 일부는 답답함을 느끼는 요인이라 말한다. 인도네시아 한인 사회에서 한인 단체는 공식 한인회와 경제단체가 주를 이루는 가운데, 여성과 가족 커뮤니티 및 동호회 중심의 교육·문화·예술 단체들이 활발하게 활동해왔다. 하지만 정치사회 이슈에 관심을 가진 자발적 단체는 2016년 말 이전까지 특별히 존재하지 않았다.

소위 '한 다리만 건너면 다 안다'는 한인 사회의 모든 한인이 한인 사회에 소속감을 갖는 것은 아니다. 대체로 한인 사회의 공식기구들은 주류 기업인과 원로들이 주도하는 가운데 한인 사회와 일부러 거리두기를 하는 그룹도 상당하다. 결과적으로, 통신기술의 발달과 세대 전환으로 한인 단체의 세분화와 느슨한 조직화가 진행 중이라 볼 수 있다.

한인 커뮤니티는 이익을 추구하는 기업 외에도 다종다기한 목적과 친소관계로 연결된 수많은 모임이 존재한다. 인도네시아의 영토가 넓은 만큼 수도 자카르타에서뿐 아니라 자바섬 전역 및 주요 섬에서 대체로 별도의 한인 단체가 구성되어 운영 중이다. 단체는 목적한 활동을 통해 회원들의 권익과 사회 욕구를 만족시키는 역할을 해야 한다. 앞으로는 연령, 직업, 라이프스타일, 취향, 학습한 지식, 사회 이슈에 대한 시각 등을 서로 공유하면서 공존하는 사회로 발전하고 단체와 모임은 더 세분화될 것으로 전망해본다.

한편 문재인 정부하에서 적극 추진된 신남방정책으로 동남아시아 교민 사회의 활성도가 더욱 높아졌다. 특히 인도네시아는 2017년 11월 문재인 대통령의 동남아 첫 순방지이자 신남방정책이 최초로 발표된 장소라는 점에서 인도네시아 교민은 자긍심을 느끼기도 했다.

2018년 8월 개최된 자카르타-팔렘방 아시안게임에서는 한국 사회에는 많이 알려지지 않았지만, 자카르타 교포 사회의 매우 '특별한' 경험이 있었다. 대회 기간에 남-북 스포츠 교류의 장이 다시 한 번 열렸는데, 흥미롭게 아시안게임 동안 남북 정부 간 접촉과 교류를 넘어 남측의 재외동포와 북측의 재외동포가 제3의 공간인 해외에서 접촉하는 사건이 발생한 것이다. 교민은 남북 재외동포 공동 응원단을 꾸리려 노력했고, 실제로 여자농구 등 일부 경기에서 공동응원이 성사되기도 했다. 당시 인도네시아 한인의 활동은 민족국가의 문제를 넘어 보편적 평화를 지향하는 활동으로 특별히 설명될 수 있을 것이다(엄은희·박준영 2019).

한국이 동남아와 관계를 맺기 시작한 역사는 이웃의 중국이나 일본에 비하면 매우 짧다. 접촉의 범위와 밀도는 넓어지고 깊어지지만, 한국 사회에서 동남아를 떠올릴 때는 '열대', '해변', '휴양지', '기업투자', 'ODA', '결혼 이주 여성' 등이 여전히 주로 언급된다. 우리 역시 경제 수준의 우위라는 얄팍한 근거만으로 동남아 지역을 대상화하고 수동적 존재로 인식하기도 한다.

좀 더 비판적인 시점에서 보자면, 우리의 동남아에 대한 '초기' 인식은 동남아를 식민지배했던 일본의 시각에서 유래했고 따라서 우리의 시각도 아亞제국주의적 태도 안에서 형성되었다고 볼 수 있다. 일본은 자신들의 뿌리를 남방에서 찾으려는 관점을 개발함으로써 남방(동남아)을 '태초의 기원, 생명의 기원'으로 이상화하기도 했다. 또한 열대 지역에 풍부한 자연자원을 강조함으로써 자신들의 진출을 정당화하기도 했다. 하지만 이 역시 단일한 정체성을 갖기 어려운 지역을 '열대', '평화로운 공동체', '낭만과 야만이 공존하는 땅'으로 환원하고 가공한 것이다(강희정 외 2019).

한국-인도네시아 관계의 성숙을 위해 경제와 정치외교 노력뿐 아니라 역사와 지리에 대한 이해를 포함하는 사회문화 교류를 보다 강화할 필요가 있다. 사실 우리가 동남아와 관계를 맺는 과정에서 1980년대까지 공고했던 냉전의 영향도 무시하기 어렵다. 냉전기 동안 우리와 인도네시아의 관계는 반쪽에 머물 수밖에 없었고, 이는 초기의 한-동남아 관계에서도 대체로 동일하게 반복되었다.

중국의 부상에 따라 동아시아에서 미·중 패권 경쟁과 줄세우기 압력이 강화되는 상황은 여전히 분단체제를 극복하지 못한 우리에게는 매우 위험하다. 국제 지정학의 역학구도 안에서 미국과 중국 어느 세력에게도 경도되지 않기 위해서는 역내에서 입장을 공유할 협력 파트너들을 가능한 한 많이 만들 필요가 있다. G2의 압력에 굴복하지 않기 위한 지역 차원의 전략과 협력 네트워크 구축이 필요하기 때문이다. 그런 점에서 신남방정책을 우리나라의 성장동력으로 삼으려는 경제 중심주의적 태도는 지양되어야 마땅하다. 상호호혜적 이해를 위해 역사와 사회문화적 인식을 풍부하게 만들기 위해 이제라도 노력해야 할 때이다.

이 글을 마무리하는 시점에 재일조선인 4대의 삶을 다룬 글로벌 드라마 〈파친코〉가 한참 방영 중이다. 코로나19 팬데믹을 지나면서 한국 드라마에 대한 세계적인 열풍은 여러 차례 다양한 지역에서 반복적으로 확인되었다. 그렇지만 일제강점기의 역사를 관통하는, 그것도 억압받고 철저하게 이방인 취급을 받지만 삶을 살아내려는 여성 중심의 가정 서사에 대한 뜨거운 관심은 놀랍기 그지없다.

이 드라마는 한국인의 이야기를 담았으나 글로벌 문화산업의 거두 애플TV에서 제작하고 그들의 플랫폼에서 상영된 작품이다. 주요 배역의 배우와 감독이 한국인 혹은 한국계 미국인이거나 일본인이지만, 이 드라마가 세계인의 주목을 끄는 이유는 콘텐츠가 가진 글로벌한 소구력이 있기 때문이라 생각된다.

소설과 드라마 〈파친코〉의 이야기는 변방의 사람들로서 이주자의 삶을 다루지만, 오늘날 우리가 살아가는 세상은 '이주의 시대'라 불릴 정도로 이주가 흔한 경험이 되었다. 즉 더 나은 기회를 찾아 고향을 떠나 타지에 정착하는 이민자의 이야기는 곧 우리 시대의 보편적인 이야기이기도 하다.

오랜 기간 교민 사회는 '동포' 담론으로 단일성을 강조하는 방향으로 조직화되어왔다. 이는 현지 사회에서 있을 수 있는 위험요소에서 집합적 보호장치를 마련하려는 의지의 표현이었을 것이다. 선진국의 교민 사회에서도 사회 차별에 대한 저항의 의미를 담아 민족 표상과 정체성을 강조하기도 했다.

하지만 우리의 다문화 논의는 여전히 형식에 비해 내용이 덜 채워진 상태이다. 국내의 이주민 공동체와의 관계에서든 해외의 재외국민 공동체에서든 그들이 위치한 정치사회적 현실과 문화지형에 따라 선택적인 인정과 배제 혹은 우열관계로 쉽게 서열화하는 경향이 있음을 부인하기 어렵다. 개개인의 성향 등 개인적 이유에서 찾기보다는 자본주의 혹은 자본총량의 특성과 같은 사회구조 영향에 따라 집단적으로 인식하고 구분하고 서열화하는 특성이 우리 안에 강하게 남아 있기 때문이다.

물론 시대가 달라지며 인도네시아 현지에서 한국인의 위치도 변화한다. 과거의 두드러진 대규모 투자와 현재의 한류 문화 덕에 우월감을 느끼기도 하겠지만, 인도네시아가 성장하는 중견국이자 인구 대국인 까닭에 사회경제 측면에서 평균적인 한국인을 넘어서는 부를 축적한 상류층이 많아지고 외국인과 수평적인 관계 맺기를 요구하는 것이 당연한 현지인도 늘어간다.

지금은 강제이주나 민족 이산, 즉 디아스포라의 시대가 아니라, 국민 혹은 국가 간의 경계를 넘나드는 트랜스내셔널리즘 시대이다. 해외 교포들이 이민 간 나라에만 의리를 지킬 필요가 없고 두 나라 모두에 충성심을 가져도 되는 시대, 즉 두 나라를 다 오가도 되는 시대가 되었다고 보는 게 더 옳다. 한국을 포함해 많은 나라가 다문화 시대를 인정하고, 다문화가정을 포용한다. 그럼에도 타민족에 대한 편견과 차별은 여전히 어디에나 남아 있다. 아직도 보이지 않는 편견이 우리 안에 존재한다.

한국어 번역본 『파친코』의 해제를 쓴 김성곤(서울대학교 명예교수)은 재일교포의 감동적인 이야기 『파친코』를 통해 우리 사회에서도 소수민족에 대한 편견과 차별이 근절되었으면 하는 바람을 전한 바 있다. 소설을 통해 우리가 얻을 수 있는 최고의 교훈은 "매일의 삶을 살아내려 하는 사람들의 성실과 용기는 힘이 있다"는 점이다.

책을 마무리하며 인도네시아의 국가이념인 '다양성 속의 통합'의 가치를 다시 한 번 떠올려본다. 개방된 대양을 배경으로 다양한 문화와 교류해온 인도네시아에는 분명히 다양성을 인정하며 갈등과 혼란 방지를 위한 통합의 정신이 공존한다.

필자의 전공인 지리학에서는 영어단어 Community를 공동체보다는 지역 사회로 번역한다. 인적 결사체를 넘어 사람들이 발 딛고 살아가는 장소와 공간의 맥락적 특성이 존재하며 그에 따라 사람(사회)과 공간(환경)은 언제나 상호 영향을 주고받는다고 믿기 때문이다. 차이를 인정하는 다양성은 한국인과 인도네시아인 사이에서만 발견되는 것이 아니라 한국인 커뮤니티와 인도네시아 커뮤니티 안에도 존재한다.

인도네시아에서 뿌리내리고 살아가는 한인 사회이기에 이 땅이 지닌 긍정적 가치를 충분히 품을 준비가 되어 있다고 본다. 한인 사회에는 개별 구성원들의 개성을 존중하는 다양성의 정신과 그 안에서 세계시민성을 실천하는 글로벌 한인으로 필요할 때는 서로 협력하는 단합의 정신이 조화롭게 공존해야 할 것이다.

지난 100년의 역사를 자산으로 앞으로의 100년을 준비하는 인도네시아 한인 사회의 발전을 기대하며 이 책의 마침표를 찍는다.

강정숙. 2011. "인도네시아 팔렘방의 조선인 명부를 통해 본 군'위안부' 동원." 『지역과 역사』 28: 277-317.

_____. 2012. "제2차 세계대전기 인도네시아 팔렘방으로 동원된 조선인의 귀환 과정에 관한 연구." 『한국독립운동사연구』 41: 275-316.

강희정 · 송승원. 2021. 『신이 된 항해자: 21세기 말레이 세계의 정화 숭배』. 국립아시아문화전당(ACC).

강희정 · 송승원 · 김종호 · 김지혜 외. 2019. "신남방정책 인적 교류 활성화를 위한 인문학적 토대 구축 방안: 근현대 동남아 인식의 재구성." 『경제인문사회연구회 인문정책연구총서』(2019-04).

국가보훈처 · 독립기념관. 『국외 독립운동 사적지 실태 조사 보고서 동남아 지역 IV』.

권명아. 2005. "태평양전쟁기 남방 종족지와 제국의 판타지." 『상허학보』 14: 327-361.

김남준 · 박찬구. 2015. "세계화 시대의 세계시민주의와 세계시민성: 어떤 세계시민주의? 어떤 세계시민성?" 『윤리연구』 105: 1-34.

김도형. 2003. "해방 전후 자바 지역 한국인의 동향과 귀환활동." 『한국근현대사연구』 24: 152-174.

김명환. 2010. "일제 말기(日帝末期) 남양척식주식회사(南洋拓殖株式會社)의 조선인(朝鮮人) 동원 실태(動員實態).”『한일민족문제연구』 18: 197-234.

김문환. 2013.『인도네시아 한인 개척사: 적도에 뿌리내린 한국인의 혼』. 자카르타: 자카르타경제일보사.

김상술. 2010.『외교관이 본 인도네시아의 사회/문화/한류: 아빠 까바르 인도네시아』. 그린누리.

김우재. 2009.『홍사 회고록: 인도네시아에 핀 무궁화』. 서울: 현문미디어.

김정현. 1994. “동아시아 경제권의 향방과 통일한국: 일제의 ‘대동아공영권’ 논리와 실체.”『역사비평』 28: 70-81.

김형준. 2012.『적도를 달리는 남자: 어느 문화인류학자의 인도네시아 깊이 읽기』. 서울: 이매진.

______. 2018.『히잡은 패션이다: 인도네시아 무슬림 여성의 미에 대한 생각과 실천』. 서울: 서해문집.

김혜순. 2008. “결혼 이주 여성과 한국의 다문화사회 실험: 최근 다문화 담론의 사회학.”『한국 사회학』 42(2): 36-71.

녹색사업단. 2013.『해외 산림투자 실무 가이드: 인도네시아』. 녹색사업단.

로스티뉴. 2009. “한국인 군속의 인도네시아에서의 독립운동.” 인하대학교 석사학위 논문 248.

박번순. 2019.『아세안의 시간: 동남아시아 경제의 어제와 오늘 그리고 내일』. 서울: 지식의 날개.

박지현. 2016. “인도네시아 한류 수용의 변화와 특성: 한류 팬 커뮤니티 한사모를 중심으로.” 서울대학교 석사학위 논문.

서지원·전제성. 2017. “대한민국 해외투자 선구자들의 초국적 연계성과 의식세계: 인도네시아 한인 기업가 회고록 분석.”『동아연구』 36(1): 295-337.

설동훈. 1999. “한국 기업의 인도네시아 진출: 역사와 미래.” 고려대학교 노동문제 연구소 편.『노동인력의 세계화: 인도네시아편』. 서울: 미래인력연구센터.

손인식. 2019.『경영이 예술이다』. 자카르타경제일보.

신교환. 2007.『젊은이여, 세계로 웅비하라』. 해누리.

신윤환. 1995. "인도네시아 진출 한국 기업의 노사관계: '한국적 경영방식' 이미지 형성과 '노동자 담론'의 확산." 『사회과학연구』 4: 293-335.

양승윤. 1997. "대동아공영권 구도하 일본의 인도네시아 식민통치." 『동남아연구』 7: 67-98.

______. 2014. 『인도네시아사』. 서울: 한국외국어대학교출판부(5쇄).

엄은희. 2013. "한국 기업의 인도네시아 진출의 역사와 현재." 『동남아 이슈페이퍼』 통권 2호. 서울: 서울대학교 아시아연구소 동남아센터. (http://snuac1.snu. ac.kr/seacenter/?p=7433)

______. 2014. "산림개발 기업과 지역 사회 공존의 과제: 인도네시아 코린도의 사례." 오명석 외. 『말레이로 간 한국 기업들: 삼성, 미원, 삼익, 코린도의 동남아 현지화 전략』. 서울: 눌민: 171-232.

______. 2015. "인도네시아 자동차 시장 분석." 『동남아 이슈페이퍼』 통권 12호. 서울: 서울대학교 아시아연구소 동남아센터. (http://snuac1.snu.ac.kr/seacenter/?p=7433)

______. 2017. "해외 진출 한국 기업의 현지화와 CSR: 인도네시아를 사례로." 『한국지리학회지』 6(3): 479-493.

엄은희 · 박준영. 2019. "재외동포의 사회운동과 정치적 역동: 416자카르타촛불행동의 활동을 중심으로." 『기억과 전망』 41: 61-104.

에드워드 사이드 저 · 박홍규 역. 2015. 『오리엔탈리즘』. 교보문고 (Said, Edward. W. 1978, *Orientalism*. New York: Pantheon Books.)

오명석 외. 2014. 『말레이로 간 한국 기업들: 삼성, 미원, 삼익, 코린도의 동남아 현지화 전략』. 서울: 눌민.

외교부. 2019. 『재외동포 현황』. (https://www.mofa.go.kr/www/wpge/m_21507/contents.do).

외교부. 2022. 『재외동포 현황』. (https://www.mofa.go.kr/www/brd/m_4075/view.do?seq=368682)

우쓰미 아이코. 이호경 옮김. 2007. 『조선인 B · C급 전범 해방되지 못한 영혼』. 서

울: 동아시아.

우쓰미 아이코·무라이 요시노리. 김종익 옮김. 2012.『적도에 묻히다: 독립영웅, 혹은 전범이 된 조선인들 이야기』. 서울: 역사비평사.

유병선. 2011. "일본 군정기 자바 조선인 군속의 항일비밀결사와 암바라와 의거." 고려대학교 석사학위 논문.

______. 2013. "일제 말기 인도네시아 한인 군속의 항일투쟁."『한국 독립운동사 연구』 44: 207-245.

유인선. 2010. "일본에서의 동남아시아사 연구 동향 1990년-2007년."『동양사학 연구』 110: 335-369.

이성준 · 권정윤 · 이용우. 2016. "브라질 현지 한국 기업 내 효과적인 조직 리더십에 관한 연구: CSP 제철소 건설 현장을 중심으로."『이베로아메리카연구』 27(3): 97-131.

이옥순. 2002.『우리 안의 오리엔탈리즘: '인도'라는 이름의 거울』. 푸른역사.

이인희 · 황경아. 2013. "다문화 관련 미디어 보도 프레임 연구에 대한 메타분석."『다문화사회연구』 6(2): 83-108.

이지평 · 손민선. 1998.『동남아 진출 기업의 통화위기 대응방안과 현지화 전략: 일본 기업 사례를 중심으로』. LG경제연구원.

이지혁. 2014.『인도네시아 바틱(batik): 지역문화에서 국민문화로의 확대』. 부산대학교 국제전문대학원 박사학위 논문.

______. 2019. "현대판 향신료 전쟁, 인도네시아에 진출한 한국 기업의 도전과 기회."『다양성아시아』 2(4). 서울대학교 아시아연구소. (https://diverseasia.snu.ac.kr/?p=3426)

이충열 · 홍석준 · 윤대영 편저. 2014.『한-아세안 관계: 우호와 협력의 25년』. 서울: 눌민: 185-196.

이호. 2007.『나는 아스팔트 깔린 길은 가지 않는다: 해외 자원개발의 살아 있는 신화 최계월 회장의 영광과 도전』. 서울: 올림.

이희용. 2018.『세계시민 교과서: 본격 글로벌 시대를 앞서가기 위한 지구촌 다문화 인문교양서』. 서울: 라의눈.

인도네시아한인100년사편찬위원회. 2020. 『인도네시아 한인 100년사: 한인과 한인 기업의 성공 진출사』. 서울: 순정아이북스.

인도네시아 한인회. 『한인뉴스』 1997~2020년 각 호.

일제강점기 강제동원피해진상규명위원회. 2009. 『인도네시아 동원여성 명부에 관한 진상조사』.

자카르타 한국 국제학교. 2006. 『자카르타 한국 국제학교 30년사』.

장세진. 2011. "역내 교통의 (불)가능성 혹은 냉전기 아시아 지역 기행." 『상허학보』 31. 123-171.

전제성 · 유완또. 2013. 『인도네시아 속의 한국, 한국 속의 인도네시아: 투자와 이주를 통한 문화 교류』. 서울: 이매진.

조성윤. 2010. "제국 일본의 남양군도 지배와 연구 동향." 『탐라문화』 37: 127-155.

주동진 · 김성주. 2016. "한국 외교 정책의 과제와 NGO를 통한 대안적 외교 패러다임." 『한국정치외교사논총』 37(2): 265-302.

주인도네시아 한국 대사관. 2014. 『한국-인도네시아 수교 40주년 기념집』. 자카르타: 외교부.

한경구. 1996. "IV. 인도네시아의 한인." 『세계의 한민족: 아시아, 태평양』. 171~209.

한국경제. 2015.07.13. "파크랜드 '인도네시아 신발공장 확장… 글로벌 톱5 제조사 도약'." (http://ww w.hankyung.com/news/app/newsview.php?aid=2015071327821)

한-아세안센터. 2020. 『2020 한-아세안센터 통계집』. (https://www.aseankorea.org/kor/Resources/)

홍석경. 2021. "한류와 아시아(5): 한류의 세계화에 대한 이해와 오해." 『아시아브리프』 1(23). (http://asiabrief.snu.ac.kr/?p=355)

황경아 · 이인희. 2018. "다문화 담론 지형의 변화와 언론의 재현: 조선일보와 한겨레신문의 다문화 관련 기사 분석을 중심으로." 『다문화사회연구』 11(1): 85-119.

Alatas, Syed Hussein. 2013, *The Myth of the Lazy Native: A Study of the Image of the Malays, Filipinos and Javanese from the 16th to the 20th Century and Its Function in the Ideology of Colonial Capitalism*. London: Routledge.

Reid, Anthony. 1988, *Southeast Asia in the Age of Commerce 1450-1680*. Volume one & two. Yale University press.

The Jakarta Post. 2018.07.18. "Indonesia to invite Kim Jong-un, Moon Jae-in to attend Asiad." (https://www.thejakartapost.com/news/2018/07/18/indonesia- to-invite-kim-jong-un-moon-jae-in-to-attend-asiad.html)

찾아보기

ㄹ

ㅁ

ㅂ

ㅅ

엄은희

서울대학교 지리교육과에서 학사, 석사, 박사학위를 받았으며, 현재 서울대학교 사회과학연구원 선임연구원으로 재직 중이다. 동남아 지역전문가로 필리핀과 인도네시아를 주로 연구한다. 저서로 『여성 연구자, 선을 넘다』(공저), 『흑설탕이 아니라 마스코바도』, 『말레이 세계로 간 한국 기업들』(공저)이 있으며, 주요 논문으로는 "재외동포의 사회운동과 정치적 역동: 416자카르타촛불행동의 활동을 중심으로", "재난관리 관점에서 본 필리핀의 코로나19 대응에 관한 비판적 분석" 등이 있다.

동남아 한인 연구 총서 3

인도네시아: 국경과 민족을 넘어 코스모폴리탄 사회로

1판 1쇄 찍음 2022년 9월 5일
1판 1쇄 펴냄 2022년 9월 15일

지은이 엄은희
펴낸이 정성원·심민규
펴낸곳 도서출판 눌민

출판등록 2013.2.28. 제 2022-000035호
주소 서울시 강북구 인수봉로37길 12, A-301호
전화 (02) 332-2486 팩스 (02) 332-2487
이메일 nulminbooks@gmail.com
인스타그램·페이스북 nulminbooks

Printed in Seoul, Korea

ISBN 979-11-87750-63-5 94910
ISBN 979-11-87750-45-1 94910 (세트)

이 저서는 2016년 대한민국 교육부와 한국학중앙연구원(한국학진흥사업단)을 통해 해외한인연구사업의 지원을 받아 수행 중인 연구임(AKS-2016-SRK-1230004)